한 눈에 보는 신약성경

홍성국 저

성경말씀사관학교

한눈에 보는 신약성경

2014. 02. 14 초판 발행

성경말씀사관학교

저 자 | 홍성국
발행인 | 최현기
발 행 | 도서출판 기쁜날
서울시 종로구 숭인2동 207- 40 영화빌딩 206호
전화 | 070-4126-3496
등 록 | 제1-2910호

ISBN | 978-89-91570-70-2 **가격: 25,000원**

서 문

한 눈으로 보는 신약 성경을 집필해달라는 청탁을 받은 후에 어떻게 접근해야 다양한 독자층에게 다가갈까? 고심을 많이 했다. 왜냐하면 신약과 관련한 다양한 주제들을 다룬 책들이 너무나 많이 나돌고 있고 누구나 손쉽게 손에 넣어 볼 수 있기 때문이다. 신약 개론, 신약 신학, 역사적 예수, 바울 서신 혹은 신학, 신약 각권에 대한 주석, 본문 비평 혹은 양식비평이나 역사 비평을 다룬 책들이다.

이 같은 다양한 주제들을 일별하면 대개의 경우 지나치게 학문적이거나 비평적이기 때문에 신약 자체를 보디 쉽고 인이하게 일기를 원하는 독사들에게는 거리감이 생길 수 있다. 그렇다고 학문 성 없이 단순하게 신약의 내용을 나열하는 것 또한 독자들에게 별로 가치가 없는 것일 수 있다. 독자들이 신약을 읽으면 대략은 알 수 있기 때문이다. 그렇다고 이미 출판된 신약개론과 같이 다룬다면 그 역시 또 다른 유사한 책을 저술할 명분이 없게 된다.

그러므로 본 저술의 특색은 기존의 개론학에서 다루고 있는 방식을 피하면서 동시에 신약의 내용을 단순하게 나열하는 방식도 피하면서 나름대로의 특색을 지녀야 할 필요가 생긴 것이다. 일면으로는 기존의 접근법을 원용하면서 학문성을 유지하며 동시에 신약 자체의 내용 전개에도 충실해야만 하는 과제를 안게 된 것이다.

신약의 대 전제는 여기에 포함된 27권의 책은 예외 없이 교회의 탄생과 확장 그리고 역사 안에서의 교회와 역사와의 상관관계 속에서 태어난 교회의 책이라는 것이다. 신약이 쓰이기 전에 이미 교회는 로마세계 속에 탄생되었고 확장되어나가기 시작하였다. 그와 아울러 주변 세계는 새로 태어난 교회가 자신들의 종교와 삶의 문화와의 차이를 가지고 있기 때문에 곱지 않은 시선을 보이고 있거나 힘으로 억압하기도 하기 시작했다. 뿐만 아니라 이방인과 유대인들의 회심자들에 의해 구성된 교회 자체에도 인종적 문화의 차이로 인한 갈등 혹은 회심 이전의 삶의 양태로 인한 생긴 교회 내에서의 내부적 갈등과 같은 양상이 발생하였다.

이 같은 맥락에서 교회는 외부적으로는 자기변호도 필요했고 내부적으로는 갈들의 해결도 필요했다. 인류 구원을 위한 하나님의 섭리를 성취하는 예수 그리스도의 일대기에 대한 목격담의 저술은 교회의 존재의 이유와 의미와 정체성에 대한 결정적 토대가 되는 것이었다. 그리고 교회가 로마 사회 속에서 확장되면서 발생한 내적 외적 사건들로 인한 많은 갈등에 대해서 교회는 반드시 적절한 대응이 필요했다. 이와 같은 상황에 대처하기 위해 글들이 쓰였고 교회는 이 글들을 소장하고 후에 27개의 글들 모은 신약이라는 한 권의 책으로 보존하게 된 것이다.

그러므로 본 책은 신약이 교회의 책이라는 대 전제하에서 교회의 탄생에 직접적인 원인인 예수님의 생애와 그의 사도들에 의한 교회의 확장을 역사적으로 다룬 내용을 객관적으로 살펴보고 난 후에 교회의 확장 과정에서 발생한 내적 문제를 다루고 있는 제반 서신을 당시의 상황적 관점에서 살펴보며 끝으로 교회가 세상에 존재하면서 주님 재림 시까지 발생하는 상호 관계를 다루고 있는 계시록을 살펴볼 것이다. 물론 간략하게나마 신약의 생성과 전수에 대하여도 기초적으로 다루며 신약의 배경으로서의 로마 세계에 대한 언급도 하게 된다.

이 책을 읽는 독자들은 신약의 생성 과정으로부터 그것의 전수는 물론 신약 자체의 내용을 포함한 1세기의 교회가 당면한 상황과 그에 대처하고 있는 사도들의 노력에 대해서 그들의 글을 통하여 일별할 수 있는 기회가 주어질 것이다. 그러므로 이 책을 읽은 독자들은 한 눈에 머릿속에 신약에 대한 전체 그림을 그리게 될 수 있다고 믿어 의심치 않는다.

이 책이 나오도록 수고하고 격려하신 도서출판 기쁜날 최현기 사장님께 심심한 사의를 표한다.

홍 성 국

목 차

제 1 부

교회의 책 신약의 서론적 이해

신약의 형성

1. 신약의 구성 : 27권 260장 7879절

1) 역사적 기록 5권 120장 4721절

<u>예수님의 생애 4권</u>
마태복음 28장 1042절
마가복음 16장 677절
누가 24장 1116절
요한복음 21장 879절
<u>기독교회 탄생과 화장의 초기 역사</u>
사도행전 28장 1007절

2) 바울서신 13권 87장 2032절

<u>교회에 보낸 서신 9권</u>
로마서 16장 433절; 고린도전서 16장 437절; 고린도후서 13장 256절;
갈라디아서 6장 149절; 에베소서 6장 155절; 빌립보서 4장 104절;
골로새서 4장 95절; 데살로니가전서 5장 89절; 데살로니가후서 3장 47절;
<u>개인에게 보낸 서신 4권</u>
디모데전서 6장 113절; 디모데후서 4장 83절; 디도서 3장 46절; 빌레몬서 25절

3) 일반서신 8권 34장 722절

히브리서 13장 290절; 야고보서 5장 108절; 베드로전서 5장 105절;
베드로후서 3장 61절; 요한1서 5장 105절; 요한2서 13절; 요한3서 15절
유다서 25절

4) 묵시에 관한 책 1권 22장 404절

요한계시록

2. 신약의 27권이 정경이 되기까지의 간략한 역사(정경화)

기독교회가 형성된 후에 처음부터 27권의 신약이 교회의 정경으로 받아들여진 것은 아니다. 대략 50년 이후 1세기 말경에 요한 문서를 끝으로 모든 신약의 책들이 기록되었고, 그 외에도 사도적 전통을 가진 자료들이 기독교 내에 퍼져 있었다. 그런 가운데 27권이 최종적으로 정경으로 인정되기까지는 오랜 역사의 과정을 통과해야만 했다(대략 300년간). 그 간략한 역사를 살펴봄으로써, 우리는 지금의 신약 27권이 하나님 말씀으로서의 권위를 가지고 있을 뿐만 아니라, 우리의 신앙생활에 있어서 완전무결한 토대가 됨을 교회 역사가 증거하고 있다는 사실을 알 수 있다.

1) 정경화의 초기 단계

2세기로 넘어가면서 기독교회는 다양한 종류의 글들을 보유하게 되었다. 지금의 신약 27권을 포함해서, 로마의 클레멘트 서신, 디다케, 헤르마의 목자, 바나바서신, 이그나티우스의 7서신, 폴리캅의 서신, 베드로의 묵시, 바울행전 등이 있었다. 각 교회마다 조금씩 다르게 이런 문서들을 권위 있는 문서로 사용하거나 용인하였다. 그러나 이 같은 문서들 중에서 무엇이 정경인가에 대한 논의나 제안은 전혀 없었다. 그런데 이단으로 파문된 말시온(85-160)이 바울서신 10권과 누가복음의 개역 판이 정경에 속한다고 주장하였다. 그는 바울서신 중에서 디모데전서와 디모데후서, 그리고 디도서를 제외시킨 10개의 서신서를 용인하였다. 그 같은 주장의 이유는 사랑의 하나님과 대치되는 구약의 하나님은 율법의 하나님이고, 교회 시대의 은혜의 하나님보다 열등한 하나님이므로 율법적인 냄새를 풍기고 있는 문서들을 용인할 수가 없었기 때문이었다. 그 결과 오직 10권의 바울 서신과 누가복음만이 정경이라고 주장했던 것이다.

이를 이단으로 파문한 정통 교회의 지도자들 예를 들면, 이레니우스라든가 저스틴 마타는 그를 공격하였고, 그 결과로 정통 교회에서 사용하고 있던 문서들의 정경성에 대해 심각하게 고려하기 시작했다. 그 결과 180년경에 무라토리 정경 목록이 등장하였다. 이 목록에는 히브리서, 야고보서, 베드로전서 베드로후서가 빠져 있다.

2) 정경화의 마무리 단계

그 후의 교부들은 비록 27권의 신약 전체를 인정하지 않고 부분적으로 사도적 권위를 가지고 있는 책들을 인용하기도 했다. 기독교 역사학자 유세비우스(263-339)는 레고메나(legomena: 정경으로 인정된 책들)과 안티레고메나(antilegomena: 의심스러운 책)으로 분류했다. 안티레고메나의 목록은 야고보서, 베드로후서, 유다서, 요한2서, 요한3서, 히브리서, 그리고 계시록이다. 그러나 아다나시우스(296 혹은 298-373)는 정경 27권을 전부 인정하였다. 그 후 칼타게 공의회(397, 419)에서 27권이 정경으로 공식적으로 용인되었다.

3) 정경으로 결정되는 요건

이미 밝힌 바와 같이, 27권의 문서 외에 다른 문서들을 교회가 사용하고 있는 가운데 왜 그들 27권만이 정경으로 인정받게 되었는가? 무려 300년간에 걸친 긴 역사를 통해서 27권이 확정되었다는 사실은 다른 문서들과는 달리 그 27권만이 가지고 있는 요건들이 있다는 것을 보여준다. 그렇다면 그 요건들은 무엇인가?

(1) 사도적 권위에 의한 인증

27권이 정경으로 인정됨에 있어서 가장 중요한 것은 사도적 권위를 가지고 있는가에 대한 것이다. 이 요건에 따라, 소위 안티레고메나에 속하는 책들이 처음에는 사도적 권위를 가지고 있지 못하다고 평가되었기에 정경의 권위에 속하지 않는 책들로 분류된 것이다. 그 외의 다른 책들도 예를 들면, 디다케, 헤르마의 목자 등은 사도적 권위가 없기 때문에 탈락한 것이다. 그러나 사도적 권위가 없는 것으로 여겨졌던 몇몇 책들은 후에 사도적 권위를 인정받았으므로 정경에 포함된 것이다.

(2) 교회의 수용에 의한 인증

기독교회의 역사를 일별하면 서방 교회와 동방 교회로 양분되었음을 안다. 27권중 어떤 책들은 서방 교회에서는 용인하는데, 동방 교회에서는 정경으로 수용하지 않았다. 그 반대의 경우도 마찬가지였다. 이런 과정에서 자연스럽게 27권외의 다른 문서들은 제외되었고, 27권만이 양 진영에서 모두 정경의 권위를 인정하게 되었다. 그것이 칼타게 공의회의 결과였다.

(3) 교회 경험의 인증

사도적 권위를 가지고 있지 않은 문서들이 정경으로 수용됨에 있어서 양대 진영이 정경의 권위를 인정하였다고 했는데, 그 문서들은 비록 사도적 권위를 직접적으로 가지고 있지 않지만, 그 안에 기록된 내용이 교회의 실제 삶에 있어서 그 내용에 따라 경험되어지는 힘을 가지고 있으므로 그것이 영감에 의한 진리임을 교회가 확인할 수 있었다.

그러므로 이런 요건을 갖춘, 그리고 검증된 27권의 신약은 교회가 소유한 가장 귀한 유산이다. “모든 성경은 하나님의 감동으로 된 것으로 교훈과 책망과 바르게 함과 의로 교육하기에 유익하니 이는 하나님의 사람으로 온전하게 하며 모든 선한 일을 행할 능력을 갖추게 하려 함이라”(딤후 3:16-17).

3. 신약의 본문

27권의 신약 성경은 전부 코이네 헬라어로 쓰였다. 그것은 일반 사람들이 일상적으로 사용하는 평범한 언어였다. 알렉산더 대왕(356-323 B.C.)에 의해서 시작된 광범위한 헬레니즘화의 영향으로 초기 기독교회가 탄생할 때까지 약 300년간의 지중해 세계는 헬라어를 공통적인 언어로 사용하게 되었다. 27권의 신약 책들은 처음에는 파피루스(이집트 지역에서 서식하는 식물을 종이처럼 만들어서 사용함)에 코이네 헬라어로 쓰였다. 그 원본들은 현재에는 존재하지 않고 다만 필경사들이 필사한 사본들이 남아있을 뿐이다. 파피러스 사본은 대략 3세기까지 이어가다가 4세기에 이르러 양피지(parchment)에 필사되기 시작하였다. 헬라어 글씨체는 처음에는 모두 대문자 사본(악센트나 기식이 없는 헬라어 알파벳의 대문자: 엉셜-uncial-이라고 함)으로 쓰였는데, 현재까지 약 250개의 대문자 사본이 남아있다. 그 후에 약 10세기 후부터는 소문자 사본(이는 악센트나 기식이 첨가된 헬라어의 소문자를 사용함: 미뉴스큘-minuscule-이라고 함)이 출현하였다. 현재까지 파피루스, 양피지, 그리고 종이로 된 신약과 관련된 모든 문서는 약 5,000점이 있다. 이 문서들은 신약의 본문, 번역본, 교부들의 인용본, 예배에 사용된 신약 본문(lectionary: 성구집) 등으로 나뉜다.

그림1) 헬라어 대문자 사본 시내 사본의
일부 마태복음 6: 9–10

그림 2) 알렉산드리아 사본 요한복음 1: 1–7

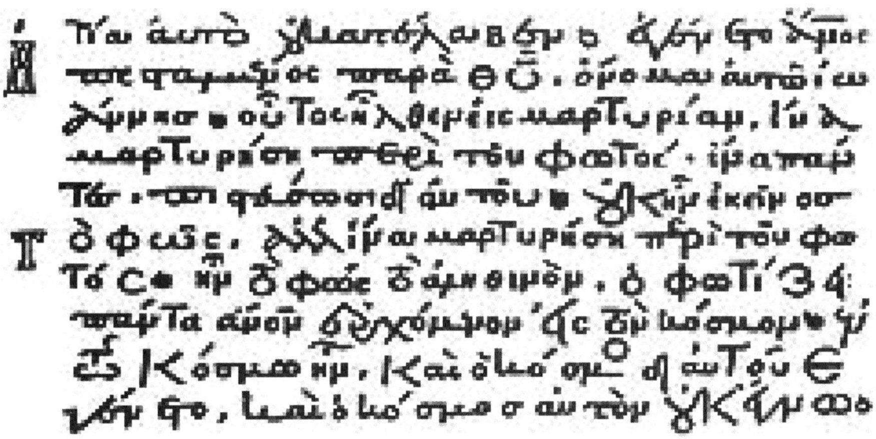

그림 3) 소문자 사본(요한복음 1: 5–9)

그림 4) 비잔틴 성구집의 예
995년

그림 5) 파피루스 사본 P75
요한복음 1: 1–15

이 사본들을 보면 장절이 표기 되어 있지 않음을 알 수 있다. 우리가 지금 사용하고 있는 장절은 처음부터 구분되어 있지 않았다가, 1205년 이후에 스데반 랭톤(Stephen Langton)에 의해서 신구약의 장이 구분되었고, 신약의 절 구분은 1551년 스테파누스에 의해서 이루어졌다. 구약의 절은 1571년에 최초로 히브리어 구약 인쇄본에 적용되었다.

1) 사본들 간의 이문

원본이 아닌 사본을 필사하는 과정에서 여러 가지 요인으로 사본의 내용들이 약간씩 다른 내용으로 필사되었기 때문에 사본들 간에 완전히 일치하지 않는 문제가 대두되었다. 이 문제는 1492년에 금속활자 인쇄술이 발명되고 헬라어 신약본이 1516년 처음 인쇄될 때까지 계속된 문제였다. 그러나 헬라어 신약본이 인쇄된 후에는 기존 문서들의 사본이 정확하게 복사될 수 있었다. 그 후에도 새로운 신약과 관련된 헬라어 문서들이 발견되었다. 예를 들면, 1859년 콘스탄틴 티센도르프(Constantine Tischendorf)가 시내사본(구약 거의 전부와 신약, 그리고 바나바서신, 헤르마의 목자 대부분)을 시내 산의 성 캐더린 수도원에서 발견하였다. 그런데 이 사본은 지금까지 발견된 성경 전부가 포함된 사본 중에서 가장 오래된 사본으로서, 그 후의 사본들과 대조하였을 때 상호간의 차이가 있음이 발견되었다. 예를 들면, 어떤 사본에는 마가복음 16장 9-20절이 없고, 또 다른 사본에는 그것이 포함되어 있다.

2) 사본들 간의 대조와 원문 추적

사본들 간의 차이점을 대조하여 가능한 원본을 찾아내려고 하는 과정을 본문 비평이라고 한다. 많은 학자들의 본문 대조의 노력이 있어 왔는데, 결정적 역할을 한 사람들은 케임브리지대학의 두 학자 부르크 웨스크코트(Brooke Westcott)와 앤서니 호트(Anthony Hort)이다. 그들은 28년간 사본들을 대조 연구한 끝에, 1881년에 본문 비평의 학문적 기틀을 마련하였다. 1881년에 출판된 영어 개역판(Revised Standard Text)은 그들이 제시한 방법론에 의한 헬라어 본문에서 번역된 것이다. 그 후에 여러 학자들이 그의 방법론에 추가하여 원본에 가장 가깝다고 여겨지는 현재의 헬라어 본문들을 찾았고, 그러한 본문들이 인쇄되어 나온 것이다. 연합 성공회(United Bible Society)에서 출판한 네슬 앨런드판(Nestle-Aland)이 그 대표적 예이다. 이 헬라어 신약 본에는 이문이 발견된 곳에 각주 처리하여 다른 사본에 나타나는 이문들을 표시해 놓았다. 다음의 그림은 그 한 예이다.

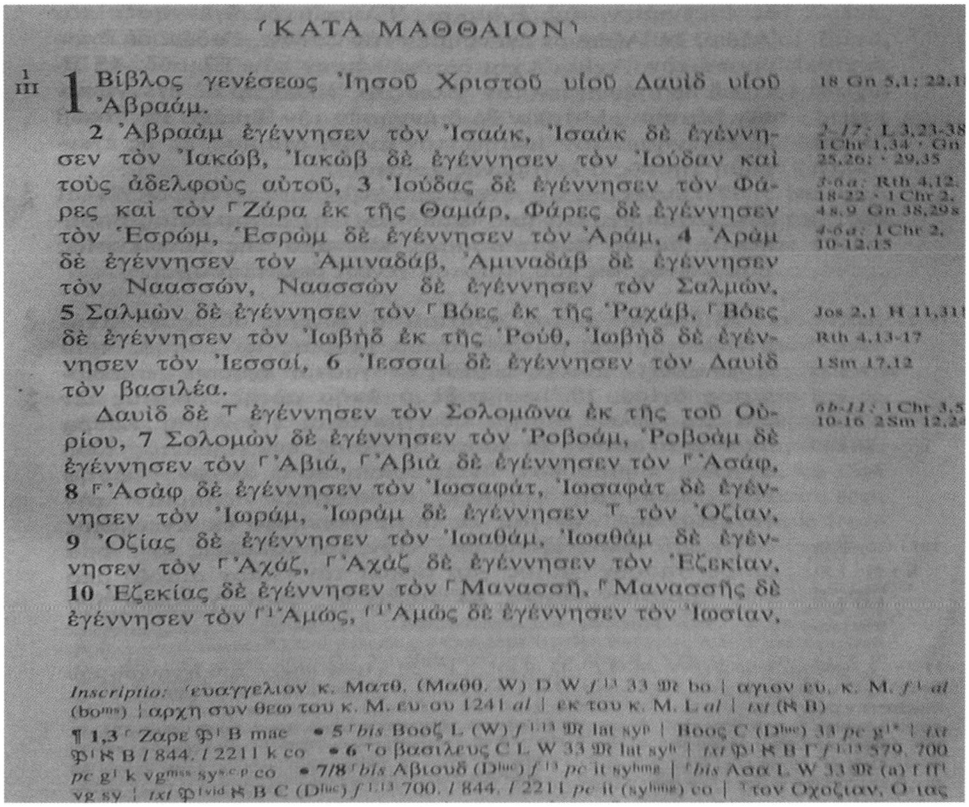

ΚΑΤΑ ΜΑΘΘΑΙΟΝ

1 Βίβλος γενέσεως Ἰησοῦ Χριστοῦ υἱοῦ Δαυὶδ υἱοῦ 18 Gn 5,1; 22,1
Ἀβραάμ.
2 Ἀβραὰμ ἐγέννησεν τὸν Ἰσαάκ, Ἰσαὰκ δὲ ἐγέννη- 2-17: L 3,23-38 1Chr 1,34 · Gn
σεν τὸν Ἰακώβ, Ἰακὼβ δὲ ἐγέννησεν τὸν Ἰούδαν καὶ 25,26; · 29,35
τοὺς ἀδελφοὺς αὐτοῦ, 3 Ἰούδας δὲ ἐγέννησεν τὸν Φά- 3-6a: Rth 4,12. 18-22 · 1Chr 2,
ρες καὶ τὸν Ζάρα ἐκ τῆς Θαμάρ, Φάρες δὲ ἐγέννησεν 4s.9 Gn 38,29s
τὸν Ἑσρώμ, Ἑσρὼμ δὲ ἐγέννησεν τὸν Ἀράμ, 4 Ἀρὰμ 4-6a: 1Chr 2, 10-12.15
δὲ ἐγέννησεν τὸν Ἀμιναδάβ, Ἀμιναδὰβ δὲ ἐγέννησεν
τὸν Ναασσών, Ναασσὼν δὲ ἐγέννησεν τὸν Σαλμών,
5 Σαλμὼν δὲ ἐγέννησεν τὸν Βόες ἐκ τῆς Ῥαχάβ, Βόες Jos 2,1 H 11,31
δὲ ἐγέννησεν τὸν Ἰωβὴδ ἐκ τῆς Ῥούθ, Ἰωβὴδ δὲ ἐγέν- Rth 4,13-17
νησεν τὸν Ἰεσσαί, 6 Ἰεσσαὶ δὲ ἐγέννησεν τὸν Δαυὶδ 1Sm 17,12
τὸν βασιλέα.
Δαυὶδ δὲ ἐγέννησεν τὸν Σολομῶνα ἐκ τῆς τοῦ Οὐ- 6b-11: 1Chr 3,5. 10-16 2Sm 12,24
ρίου, 7 Σολομὼν δὲ ἐγέννησεν τὸν Ῥοβοάμ, Ῥοβοὰμ δὲ
ἐγέννησεν τὸν Ἀβιά, Ἀβιὰ δὲ ἐγέννησεν τὸν Ἀσάφ,
8 Ἀσὰφ δὲ ἐγέννησεν τὸν Ἰωσαφάτ, Ἰωσαφὰτ δὲ ἐγέν-
νησεν τὸν Ἰωράμ, Ἰωρὰμ δὲ ἐγέννησεν τὸν Ὀζίαν,
9 Ὀζίας δὲ ἐγέννησεν τὸν Ἰωαθάμ, Ἰωαθὰμ δὲ ἐγέν-
νησεν τὸν Ἀχάζ, Ἀχὰζ δὲ ἐγέννησεν τὸν Ἑζεκίαν,
10 Ἑζεκίας δὲ ἐγέννησεν τὸν Μανασσῆ, Μανασσῆς δὲ
ἐγέννησεν τὸν Ἀμώς, Ἀμὼς δὲ ἐγέννησεν τὸν Ἰωσίαν,

Inscriptio: ευαγγελιον κ. Ματθ. (Μαθθ. W) D W f 13 33 𝔐 bo | αγιον ευ. κ. Μ. f 1 al (bo^mss) | αρχη συν θεω του κ. Μ. ευ ου 1241 al | εκ του κ. Μ. L al | txt (ℵ B)

¶ 1,3 Ζαρε 𝔓1 B mae • 5 bis Βοοζ L (W) f 1.13 𝔐 lat sy^p | Βοος C (D^luc) 33 pc g1* | txt 𝔓1 ℵ B l 844. l 2211 k co • 6 ο βασιλευς C L W 33 𝔐 lat sy^h | txt 𝔓1 ℵ B Γ f 1.13 579. 700 pc g1 k vg^mss sy^s.c.p co • 7/8 bis Αβιουδ (D^luc) f 13 pc it sy^hmg | bis Ασα L W 33 𝔐 (a) f ff1 vg sy | txt 𝔓1vid ℵ B C (D^luc) f 1.13 700. l 844. l 2211 pc it (sy^hmg) co | τον Οχοζιαν, Οιας

그림 6) 마태복음 1장의 네슬 알랜드 본 각주에는 이문에 대한 정보가 제공되고 있다.

원본이 없고 사본만 있으므로 서로 대조할 수 있다는 사실은 암시하는 바가 크다. 한 마디로 요약하면, 원본을 없애고 원본을 보존시키는 아주 놀라운 방법이라는 것이다. 원본은 없기 때문에 위조나 변조될 가능성은 완전히 사라졌다. 또한 많은 사본들이 있으므로, 서로 간에 감시가 가능해졌다. 어느 한 사본이 다른 것과 많은 차이를 내면, 그것은 다른 사본들에 의해 위조된 것으로 분별해 낼 수 있다. 현재 소유하고 있는 신약은 이처럼 사도들이 증언한 내용이 보증되어 전수된 교회의 가장 귀한 자산이다.

신약의 배경

위에서 본 바와 같이 27권의 신약은 예수님의 사도적 권위를 가진 사람들에 의해 하나님의 영감을 받아 기록된 기독교회의 자산이다. 그러므로 신약은 예수님, 사도, 교회를 떠나서는 생각조차 할 수 없다. 예수님, 사도, 교회는 처해있는 사회-역사적 상황과 상관없이 하늘에서 떨어진 외계인과 같은 기형적인 존재가 아니라, 역사의 흐름과 사회적 상황이 전제되고 있다. 그러므로 예수님을 사람의 모양으로 성육신했다고 말하며, 때가 찰 때에 사람의 아들로 태어났다고 말하는 것이다. 뿐만 아니라 어떤 특정한 공간 안에 태어났고, 활동했으며, 사도들도 그런 사회-역사의 존재이고, 교회는 두 말할 것 없이 사회 안에 생성된 새로운 사회적 실재임을 고려해야만 한다. 이 같은 맥락에서 사회 역사적 배경을 일별해 봄으로 신약 생성의 역사적 배경을 더 잘 이해하는 것이다.

1. 예수님의 탄생과 관련한 "때가 찼다"는 때의 배경

갈라디아서 4장 4절에서 "때가 찼다"고 말하는데, 그 때에 대해서 알아보려면 무엇을 살펴보아야 하는가? "때"로 번역되는 헬라어는 두 단어가 있다. 하나는 '크로노스'이고 다른 하나는 '카이로스'이다. 전자는 일반 역사의 흐름 속에 있는 어느 한 때를 말하고, 후자는 역사의 흐름 어느 시점에 결정적 역사적 사건이 있는 어느 때를 말한다. 그런데 갈 4장 4절의 "때"는 '크로노스'이다. 즉 역사의 흐름 속에서 그 때가 무르익은 시점에 예수님이 출생했다는 말이다. 그 때가 어떤 때인데 무르익었다는 말인가? 이 점에 대해서 예수님이 탄생한 지역인 이스라엘과 그곳이 위치한 로마 제국의 역사적 배경을 관찰해야 한다.

1) 이스라엘

알렉산더 대왕의 죽음과 함께 분열된 그리스 제국 중 셀루키드 왕국과 프톨레마이 왕국(이집트) 사이에 낀 이스라엘은 두 왕국 사이에서 줄타기를 계속하다가 셀루키드의 안티오쿠스 에피파네스 4세에 이르러 결정적 전환기를 맞았다. 즉 기원전 167년부터 시작된 마카비의 독립 운동이었다. 이 독립 운동의 혼란기에 아주 중요한 종교 집단들이 형성된다. 그것은 후에 사두개파, 바리새파, 에세네파, 그리고 열심당원 파로 발전된 파벌이 출현했다는 것이다. 더욱이 기원전 63년에 멸망한 하스몬 왕조 시대에는 제사장이자 왕의 통치가 이스라엘 역사에서 최초로 나타난다. 그러나 로마에 의해서 멸망당하므로 역사에서의 왕이며 제사장의 통치 실현은 사실상 불가능한 것으로 판명되었다. 그 후 로마의 지배 하에서 이스라엘 땅의 유대인들은 뿌리를 잃고 떠돌이 삶을 살 수 밖에 없게 되었다. 예수님이 떠돌면서 사역을 한 사회적 정황이 이미 존재했다. 위에서 말한 종파들의 입장을 면밀히 살펴보면, 더 이상의 종교 형태가 있을 수 없지만, 모두 참 종교성을 드러내는데 실패한 종교 형태였음을 알 수 있다. 그러기에 예수님의 운동은 사실상 그들과 전혀 다른 운동이어야만 하고, 그들이 실패한 참 종교성을 나타내야만 그 정당성을 인정받게 되는 것이다.

2) 로마 제국

기원전 49년부터 시작된 내분에 의한 전쟁들은 무려 20년이 지나서 끝이 난다. 먼저 시저와 폼페이의 대결에서 시저가 승리했지만, 시저가 시해당하면서 안토니와 옥타비아누스 연합군과 부르투스와 캐시어스 연합군과의 내전이 있었다. 이 내전은 빌립보 평야에서 안토니와 옥타비아누스 연합군의 승리로 끝났다. 마지막으로 기원전 30년에 옥타비아누스와 안토니-클레오파트라와의 전투가 옥타비아누스의 승리로 끝나면서 공화정 시대에서 황제의 시대가 시작된다. 20년간의 내전은 아우구스투스의 이름으로 황제가 된 옥타비아누스로 하여금 평화정책을 펼치도록 강요했다. 그래서 그가 시작한 평화 정책은 네로 황제까지 약 100년간 지속되었다. 이때를 로마의 평화시대(Pax Romana)라고 한다. 그리고 그의 평화정책은 기독교의 발흥과 확장에 지대한 영향을 끼친다. 신약에는 아우구스투스(아구스도, 눅 2: 1), 티베리우스(디베료, 눅 3: 1)), 클라우디우스(글라우디오, 행 18: 2) 황제의 이름이 언급된다. 뿐만 아니라 대부분의 신약 성경은 이 시대에 쓰였다.

아우구스투스 황제가 로마 제국의 평화를 유지시키기 위해 펼친 정책은 첫째, 군사적 절대 우위 유지, 둘째, 종교적 혼합정책, 셋째, 최대한 자유권 부여에 집약된다. 어떤 동요나 반발도 로마의 적으로 삼고 강한 군사력으로써 제압함으로 평화를 유지한다는 것이며, 제국 내의 모든 종교가 본질은 같지만 문화와 관습의 차이에 의해서 형식의 차이를 가지고 있기 때문에 서로 용인한다는 종교 혼합 정책이며, 가능한 자율을 부여함으로 각 지역 내의 귀족들에 의해서 그 지역의 안정을 유지시킨다는 것이다. 종교 혼합정책으로 모든 종교가 다른 지역으로 자유롭게 이전될 수 있었는데, 그 수단은 전쟁터에 나간 군인들의 그 지역의 종교 수용, 노예들이 자신들의 고유한 종교를 고수, 상인들을 통한 종교 전파, 그리고 전문적인 종교 전파자 등이다. 인류 역사상 이때처럼 완벽하게 기독교가 각기 다른 문화권을 초월하여 자유롭게 전파될 수 있는 시기는 없었다.

다음의 지도는 이때에 로마 제국이 얼마나 큰 영토를 확장하였으며, 이 거대한 제국의 한 조그만 땅 이스라엘에서 출생하고 활동한 예수님으로부터 시작한 참 종교 운동이 사도들과 바울의 선교 활동을 통하여 로마 제국의 광범위하고 다양한 토양에 교회가 세워지고 확장된 사실을 생각하게 한다.

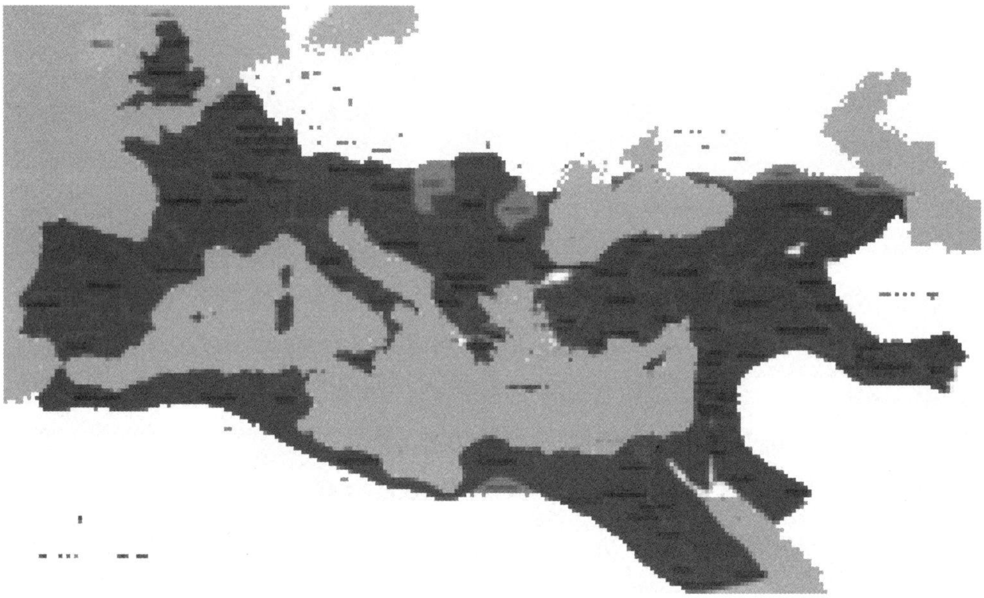

그림 7) 광활한 로마 제국(짙은 영역)

신약 시대의 로마의 황제들은 다음과 같다: 1) 아우구스투스 30 B. C. - A. D. 14; 2) 티베리우스 14-37; 3) 칼리큘라 37-41; 4) 클라우디우스 41-54; 5) 네로 54-68; 6) 갈바 68; 7) 오토 69; 8) 비테리우스 69; 9) 베스파시안 69-79; 10) 디도 79-81; 11) 도미티안 81-96

3) 말라기서의 예언

구약의 종결부인 말라기 선지자는 구약의 종결과 함께 새로운 "공의로운 해가 떠올라서 치료하는 광선을 비추리니"(말 4: 2)라고 예언했고, 그 일을 준비하는 사자를 미리 보내겠다고 하였다. "내 사자를 보내리니 그가 내 앞에서 길을 준비할 것이요"(말 3: 1), 그리고 회개의 역사가 일어날 것이라고도 했다. "그 때에 너희가 돌아와서"(말 3: 18), "그가 아버지의 마음을 자녀에게로 돌이키게 하고 자녀들의 마음을 그들의 아버지에게도 돌이키게 하리라"

(말 4: 6). 이 같은 구약의 종결이 예수님의 때를 지칭하고 있다.

2. 예수님의 목격자로서의 사도들과 교회

사도들은 기독교회가 로마 세계 속에서 확장되기 위한 결정적 역할을 하였다. 교회가 확장되기 위해서 가장 필요한 것은 교회의 머리된 예수님에 대한 기술이다. 이것은 절대로 왜곡되어서는 안 될 사안이다. 그러기에 예수님에 대한 기록은 반드시 목격자의 증언내지는 검증을 거쳐야 되는 것이다. 목격자들의 증언과 검증에 의해 예수님의 생애가 그려지고, 그 생애가 의미하는 바가 보존되는 것이다. 그 보존은 복음서를 통하여 가능해진다.

다음, 사도들의 역할에 있어서 다음으로 중요한 것은 이 같은 전통을 담고 전수시키는 그릇을 만들어 놓는 것이었다. 그 그릇은 사도들의 증언을 통해서 예수님을 구주로 고백한 사람들의 모임 공동체, 즉 교회인 것이다. 계시된 그리스도를 품는 계시 공동체가 바로 교회이다. 교회가 없으면 기독교는 지구상에서 사라졌을 것이다. 이것도 보존해야만 했다.

다음, 사도들은 세워진 교회에서 그리스도의 성육신, 삶, 죽음, 부활, 그리고 재림의 의미를 설명해 주어야 할 중차대한 역할을 감당해야 했다. 뿐만 아니라, 사회 역사적 정황 속에서 발생하는 공동체 내의 제반 문제에 대해 대처하는 방안에 대해서도 설명하고, 문제를 진단하고, 대안을 제시하고, 권면하고, 책망도 하고, 그 전통을 전수시킬 방안에 대해서도 공동체 내에서 알려주어야만 했다. 그리고 사도들은 교회의 미래와 세속의 역사에 대해서도 알려주어야만 했다. 이런 모든 것들을 문서로 기록해 놓은 것이 신약이다. 사도들의 권위가 인친 문헌이다. 신약을 집대성한 사도 전통의 중요성은 교회를 위한 신약의 생성에서 끝나는 것이 아니고, 기독교 역사, 특별히 기독교의 중요한 교리가 교회 안에서 정립될 때까지 약 400년간에 걸쳐서 분명하게 드러났다.

이 일에 가장 적합한 사도 중의 한 사람이 바로 사도 바울이다. 그는 당대 유대 종교의 깊은 배경을 가지고 있음은 물론, 헬레니즘의 체계를 몸으로 체험한 사람이다. 그는 또한 로마제국을 종횡무진 할 수 있는 모든 권리를 가지고 있는, 즉 로마시민권을 가진 사람이었다. 바울은 교회를 세우고 전수시키는 데 있어서 절대적으로 필요한 사람이었으며, 바로 이때에 그가 준비되어 있었다는 것이다. 요약하면 이스라엘에서 시작한 기독교 운동이 헬라어가 공용되고 있는 로마 전역에 퍼져나가게 하는 그릇들과 토양과 분위기가 완벽하게 준비되어 있었다는 것이다. 즉 때가 완전히 무르익었다는 말이다.

제 2 부

교회 탄생과 확장의 역사적 기록

사복음서와 예수님의 생애

예수님의 생애는 여럿이 아니라 단 하나의 생애가 있을 뿐이다. 그 생애는 한 마디로 압축하면 교회 창조를 위한 준비라고 할 수 있다. 물론 그 같은 말은 지나친 단순화라고 말할 수 있지만, 그것이 의미하는 바를 부연설명하면 반드시 그렇지 않다. 교회는 그리스도의 구속 사역을 받아들인 신자들의 모임이고, 사회 내에 존재하는 제도화된 새로운 사회 실재이다. 그러므로 교회 창조를 위한 준비에는 그것을 위한 핵심 멤버들의 선택과 훈련, 그리고 십자가 희생을 통한 구속의 완성과 교회의 출현에 대한 약속이 포함되어 있다. 그런데 이 생애가 단 하나의 그림이 아닌 네 개의 그림으로 그려지고 있음을 우리는 안다. 왜 네 개의 그림이 필요한가? 그리고 그 네 개의 그림 속에 나타난 예수님의 생애를 하나의 그림으로 다시 복원시킬 수 있을까? 이러한 질문을 가지고 본 장을 이끌어 간다.

‖ 왜 네 개의 그림인가

세종 대왕의 예를 들어 이해해보자. 왕으로서, 아버지로서, 남편으로서, 또는 한 인간으로서의 그의 그림이 다를 수 있다. 그를 온전히 이해하려면 한두 가지 그림으로는 불충분하다. 그를 온전히 이해하려면 위에서 지적한 네 가지의 그림이 그려져야만 충분한 그림이 그려질 것이다. 마찬가지로 예수님의 생애도 한두 가지로는 충분히 그려질 수가 없기 때문에 네 가지의 그림이 필요했을 것이다. 네 개의 복음서는 서로 다르게 예수님의 다른 모습을 그리고 있으며, 이들을 종합하면 서로 보완되어 완전하고도 충분한 그림이 그려지기 때문에 네 개의 복음서가 필요했다는 말이다.

그렇다면 왜 네 개의 복음서가 필요했다는 말인가? 먼저 성경에서 넷이라는 숫자는 세상을 의미한다. 세상은 사계절을 가지고 있으며, 세상을 구성하고 있는 요소는 땅, 공기, 물, 불이다. 세상의 방향은 동서남북 네 방향이다. 건축물도 최소 네 기둥이 있어야 지어진다. 이와 같이 넷은 세상을 대표하는 숫자인 것이다. 예수님의 사역을 네 복음서가 조명하고 있다는 것은 하늘로부터 내려온 하나님의 아들이 세상에서 사역하는 모습을 완벽하게 그리고 있다는 의미인 것이다. 계시록 4장 7절에서 보면, 보좌 주변에 네 생물이 있는데, 첫째는 사자 같고, 둘째는 송아지 같고, 셋째는 사람 같고, 넷째 생물은 독수리 같다고 한 상징적 표현을 보좌에 앉아 있는 예수님과 그 예수님을 증거 하는 네 생물, 즉 4복음서로 이해하고 있는 것이 전통적이다. 사자 같은 첫 번째는 마태복음, 송아지 같은 두 번째는 마가복음, 사람 같은 세 번째는 누가복음, 독수리 같은 네 번째는 요한복음을 상징적으로 표현하고 있다는 것이다.

이 같은 인식은 기독교 예술 작품 속에서도 그대로 반영되고 있다. 그림 8은 벽화에서, 그림 9는 조각품으로 반영되고 있다.

그림 8) 사복음서에 대한 상징 벽화

그림 9) 사복음서에 대한 조각화

그림 10) 예수님과 사복음서에 대한 조각 작품

네 가지의 서로 다른 사역의 양상에 대해서 이미 구약에서 언급되고 있다. 예를 들면, 스가랴서 4장 8절에서 "네 동료들은 내 말을 들을 것이니라 이들은 예표의 사람이라 내가 내 종 순(branch)을 나게 하리라"고 하였다. 예표의 사람, 즉 내 종 순은 예수님의 모형이며, 네 동료들은 복음서를 쓴 네 명의 전도자가 예수님의 생애를 그릴 것을 상징하고 있다. 에스겔서 10장 12절에서도 역시 네 그룹들에 대한 언급을 하며, 얼굴이 그룹의 얼굴, 사람의 얼굴, 사자의 얼굴, 독수리의 얼굴(14절)을 하고 있다고 상징적으로 표현하고 있다.

예수님을 순(branch)로 묘사한 스가랴서에 근거해서 보면, 예수님은 다윗의 순, 하나님의 종으로서의 순, 인자로서의 순, 그리고 하나님의 아들로서의 순의 상징을 완벽하게 그려야만 그 예언이 완벽하게 성취된다. 다윗의 순은 이스라엘 왕의 후손이어야만 하는 것이고, 하나님의 종으로서의 순은 하나님의 명을 준행하는 메시야로서의 역할을 해야 하는 것이고, 인자로서의 순은 사람의 아들로서의 역할을 감당해야하는 것이고, 하나님의 아들로서의 순은 신성을 가진 존재로서 이 땅에서의 하나님에 대한 계시의 역할을 감당해야 하는 것이다.

마태복음은 이스라엘의 왕의 후손임을 처음부터 분명하게 제시하고 있다. 그 계보도 아브라함과 다윗의 자손이라고 하였으며, 왕권을 가진 자의 명을 마지막에서 하고 있다는 것 또한 그렇다. 뿐만 아니라, 왕국에 대한 비유라든가 왕국의 법을 선포하는 점들이 이를 뒷받침하고 있다. 그래서 이 복음서를 동물의 왕인 사자로 묘사하고 있는 것이다.

마가복음은 하나님이 보내신 봉사하는 종의 모습(10: 45)을 가장 극적으로 묘사하고 있다. 마가복음에만 예수님의 족보가 나오지 않고 있으며(요한복음은 태초로 묘사하고 있음) 처음부터 봉사의 일을 하는 모습을 묘사하고 있다. 다른 복음서보다 기적들을 더 자세하게 다루고 있다는 것도 하나님의 종으로서의 행위를 잘 묘사하고 있다. 그러기에 이 복음서를 열심히 일하며 사람들을 위해 봉사하는 송아지로 묘사하고 있는 것이다.

누가복음은 그 계보를 마태복음처럼 아브라함과 다윗으로부터 시작하지 않고, 사람의 시조인 아담으로 거슬러 올라간다. 이 복음서에서는 예수님을 인자로 묘사하면서 가장 정확하게 아담과 대조시키고 있다. 아담으로 시작한 인간의 비극적인 상태에 대해서 해방시키는 사역의 방향이 4장에서 제시되고 있다. 저자가 의사 누가라고 할 때, 그는 인간을 가장 정확하게 분해할 수 있는 특징을 가진 사람이다. 이 복음서에는 예수님이 한 인간으로서 자주 기도하는 모습이 묘사되어 있고, 연약하며 도움이 필요한 사람에 대한 사역을 4복음서 중에서 가장 많이 묘사하고 있다. 인간이 가지고 있는 인간애에 대한 묘사인 것이다. 그래서 이 복음서를 사람으로 묘사하고 있는 것이다.

요한복음은 반복적으로 예수님이 하나님의 아들임을 선포하고 있다. 시작은 창조 이전으로 거슬러 올라가며, 하나님의 품에 있다가 성육신한 독생자임을 강조하고 있다. 성령도 아들과 아버지로부터 보내진다는 사실을 선언하고 있다. 하나님의 아들이 세상에 와서 하나님을 계시하고 있으며, 하나님의 뜻을 실현하려는 삶, 즉 세상 죄를 지고 가는 하나님의 어린양의 역할을 한다는 것이다. 그런 삶이 하나님에 의한 것임을 입증하기 위해 하나님이 기사와 이적을 나타냈다고 한다. 이와 같은 관점에서 요한복음은 독수리로 묘사되고 있는 것이다.

‖ 예수님의 행적

이처럼 네 복음서가 각기 다르게, 그러면서도 서로 보완해가며 예수님의 하나의 행적에 대해서 표현하고 있는데, 과연 그 하나의 행적을 그려낼 수 있을까? 이 네 복음서를 면밀히 대조해 보면 그의 행적을 대략적으로 추정해 볼 수 있을 것이다. 다음 그림 11은 예수님의 사역 무대였던 팔레스타인의 오늘날의 지도이다. 예수님의 행적은 다음과 같이 요약될 수 있다.

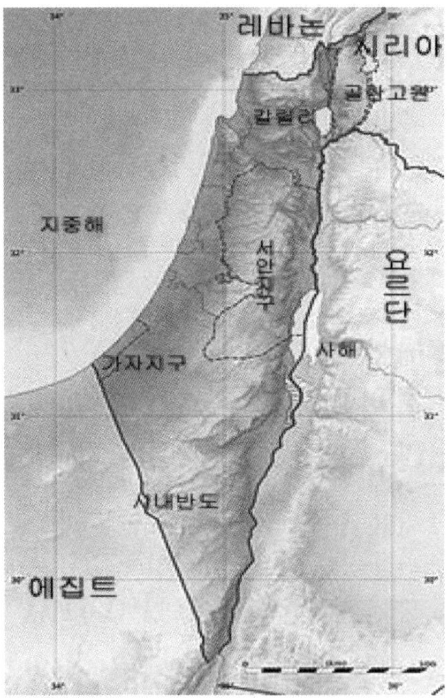

그림 11) 예수님 사역 무대인 현재의 팔레스타인

그림 12) 예수님 시대의 팔레스타인

1. 유년기

요셉과 마리아가 나사렛에서 호적하기 위해 베들레헴에 온 후에 예수님은 탄생한다. 그가 탄생할 시기에 목자들에게 이 사실이 알려지고 동방박사들에게도 알려진다. 동방박사들은 그에게 경배하고자 헤롯왕에게 가서 이 사실을 고하고 그 위치를 문의한다. 그들은 아기 예수에게 경배하고 선물을 바친 후에 헤롯왕을 피하여 고향으로 귀환한다. 목자들도 아기 예수님을 찾아서 천사가 아기에게 대하여 말한 것을 알려주었다. 그 후 가족은 이집트로 피신하였다가 헤롯이 죽었다는 소식을 듣고 고향 나사렛으로 돌아간다. 12살에는 성전을 방문하고, 다시 돌아가서 거기서 아버지 요셉을 도와서 목수 일을 하다가 30세쯤 되어서 공생애를 시작한다.

여정: 나사렛 → 베들레헴 → 성전 할례 → 애굽으로의 피신 → 나사렛으로의 귀환 → 성전 방문 → 나사렛으로의 귀환 30세까지 아버지를 도움.

2. 공생애 준비와 초기 사역

그는 요단강에서 세례 요한에게 세례를 받은 후에 광야로 가서 40일간을 금식한 후에 마귀로부터 세 번의 시험을 받았지만 이를 물리치고 다시 나사렛으로 귀환한다. 이 때 세례 요한이 그를 보고 세상 죄를 지고 가는 어린 양으로 증거하며 자기의 두 제자 안드레와 요한을 그에게 보낸다. 예수님은 이어서 베드로, 빌립, 그리고 나다나엘을 제자로 삼는다. 그들은 갈릴리 지역에 위치한 가나의 혼인 잔치에 초청을 받아 그곳에서 첫 번째 기적을 행한다. 그 후 예수님은 예루살렘으로 올라가서 성전 청결을 시행하고 첫 번째 유월절을 맞는다. 그리고 그곳에서 니고데모를 만난다. 그 후 나사렛으로 돌아가는 길에 사마리아를 지난다. 거기서 사마리아 여인과 만나서 메시아 선언을 한 후 나사렛으로 돌아간다. 고향으로 돌아온 예수님은 안식일에 회당에서 이사야서 61장의 예언이 자신을 통하여 이루어졌음을 선포한다. 이것은 메시아의 구속 사건에 대한 예언이다. 그렇지만 그곳에 모인 사람들은 예수님을 죽이려고 한다. 예수님은 죽음의 위협을 피하여 가버나움으로 옮긴다. 그 후 이름이 알려지지 않은 절기에 예수님은 다시 예루살렘을 찾았고, 주변에 있는 베데스다 연못에서 38년 된 병자를 고친다.

여정: 나사렛 → 요단강에서 세례 받음 → 광야의 시험 → 요단강 근처에서 제자들 선택 → 갈릴리 가나 혼인 잔치 → 예루살렘 방문 → 사마리

아 통과
가나 두 번째 방문 ⟶ 나사렛 회당 ⟶ 가버나움 ⟶ 예루살렘 방문(베데스다 연못의 기적)

3. 본격적 갈릴리 사역으로부터 변화 산까지

첫 번째 유월절을 예루살렘에서 보내고, 다시 갈릴리로 귀환한 예수님은 본격적으로 이 지역에서 사역을 펼친다. 그 사역을 요약하면 다음과 같다:

- 회당에서 귀신들린 자를 고쳐줌.
- 갈릴리 해변에서 네 명의 어부가 예수님을 따름.
- 그 후 예수님은 베드로의 장모의 병을 고쳐줌.
- 문둥병 환자를 고쳐줌.
- 중병병자를 고침.
- 가버나움에서 레위 마태가 예수님을 따름.
- 그 후 12제자를 선택함.
- 제자들을 모아놓고 산상에서 수훈을 가르침.
- 백부장의 아들을 고쳐줌.
- 나인성 과부의 아들을 살려줌.
- 한 죄인인 여자가 예수님에게 기름을 붓다.
- 막달라 마리아와 다른 여인들이 예수님을 섬기다.
- 예수님이 왕국에 관한 비유를 설파하다.
- 예수님이 풍랑을 잔잔케 함.
- 거라사에서 귀신들린 자를 고쳐줌.
- 12해째 혈루증을 앓고 있는 여자를 고쳐줌.
- 야이로의 딸을 살려줌.
- 예수님이 12제자를 파송함.
- 세례 요한이 희생당함.
- 예수님이 5,000명을 먹이다.
- 그 후 예수님이 물위를 걷다.
- 두로와 시돈지방으로 은거했다가 가나안 여자의 딸을 고쳐줌.
- 갈릴리로 다시 와서 벙어리, 절뚝발이 등을 고쳐줌.

- 그곳에서 4,000명을 먹이다.
- 가이사랴 빌립보 지방에서 베드로가 예수님은 하나님의 아들이라고 고백하며, 예수님은 곧 죽을 것이라고 예언하다.
- 변화 산에 이르러서 예수님이 모세와 엘리야 사이에서 변화됨.

4. 변화 산에서 예루살렘까지

- 산에서 내려온 후 귀신들린 자를 고쳐줌.
- 세금 바치게 함.
- 갈릴리에서의 마지막 일정 중 여러 가지 주제에 대해 가르침.
- 예루살렘을 향한 사마리아 통과를 허용치 않음.
- 베레아 지방을 지나 예루살렘으로 향함.
- 70인을 파송함.
- 베다니에 도착하여 마리아와 마르다의 영접을 받다.

5. 유다와 예루살렘에서의 사역

- 초막절에 예루살렘을 방문하다.
- 간음하다가 잡힌 여인의 죄를 용서하다.
- 자유에 대한 유대인과의 긴 논쟁.
- 나면서부터 소경된 사람의 눈을 뜨게 하다.
- 양의 문에 대한 선언과 설명.
- 수전절을 지낸 후 다시 베레아 지역으로 퇴거하다.
- 베레아 지역에서 각종 논쟁과 담론 그리고 비유로 가르침.
- 여리고에서 소경 바디메오를 고친 후 삭개오를 만나다.
- 베다니의 마리아와 마르다 방문.
- 베다니에서 퇴거. 다시 베다니로 와서 나사로 살림.
- 유월절이 가까이 오면서 나귀타고 예루살렘 입성.

6. 고난 주간

- 무화과나무를 저주하다.
- 성전을 척결하다.
- 마지막 만찬에 참석하다.
- 제자들의 발을 씻어주다.
- 고별 담화를 하다.
- 가롯 유다가 배신하다.
- 겟세마네에서 기도하고 마침내 체포되다.
- 빌라도가 십자가 처형을 명하다.
- 십자가에서 처형된 후 무덤에 묻히다.

7. 십자가상에서의 일곱 말씀

- "아버지여 저희를 사하여 주옵소서 자기의 하는 것을 알지 못함이니이다"(눅 23: 34)
- "내가 진실로 네게 이르노니 오늘 네가 나와 함께 낙원에 있으리라"(눅 23: 43)
- "여자여 보소서 아들이니이다 하시고 또 제자에게 이르시되 보라 네 어머니이니라" (요19: 26-27)
- "엘리 엘리 라마 사박다니"(막 15: 34)
- "목 마르다"(요 19: 28)
- "다 이루었다"(요 19: 30)
- "아버지여 내 영혼을 아버지 손에 부탁하나이다"(눅 23: 46)

8. 부활 후의 행적

- 막달라 마리아가 빈 무덤과 부활한 그리스도를 보고 이를 베드로에게 보고하다.
- 베드로와 요한이 빈 무덤을 확인하다.
- 엠마오로 가던 두 제자에게 부활한 그리스도가 나타나다.
- 다락방에서 10 제자에게 그리스도가 나타나다.
- 다락방에서 11 제자에게 다시 나타나다.

- 디베랴 바닷가에서 7제자에게 나타나고 베드로에게 사명을 주다.
- 11 제자가 갈릴리의 어느 산에서 지상 명령을 듣다.
- 동생 야고보에게 나타나다.
- 부활 후 40일 지나서 승천하기 전에 제자들에게 전도의 명령과 약속을 주다.

마태복음

‖ 마태복음의 저자

신약을 시작하는 마태복음의 저자는 가버나움의 세관에서 세리로서 일하던 레위라고 하는 이름을 가진 마태이다. 그는 세관에서 일하던 중 어느 날 그곳을 지나치던 예수님에 의해 부르심을 받아 따라나선 예수님의 열 두 제자 중 한 사람이다. 이 복음서의 저작 시기에 대해서 정확히 알 수 있는 것은 없다. 하지만 현대의 많은 신학자들이 특히 Q 자료설에 입각하여 마태복음이 마가를 근거로 해서 마태가 가지고 있는 특수 자료를 편집하여 기록되었다고 주장하면서 이 복음서가 70년 이전에 기록될 수 없다고 한다. 그리고 저자도 미상이며, 후대에 마태가 아닌 어떤 사람이 Q 자료와 마가를 편집하여 마태라는 이름으로 기록하였다고 한다. 그러나 초대 교회의 전통으로부터 전해진 마태 저작설을 부정할 충분한 이유를 발견하지 못한다. 만일 상호 의존적으로 복음서를 기록하였다면, 마가가 마태를 의존했다고 하는 주장 또한 개연성 있는 주장이다.

최근에 모들린 파피루스(마 26: 6-7)를 분석한 결과, 마태복음은 70년 이전에 목격자에 의해서 기록되었다고 결론을 내리고 있다(청림출판사의 '신의 파피루스'를 참조할 것). 마태는 세리 출신이기 때문에 속기술에 능했고, 그는 그 속기술을 활용하여 자신이 직접 목격한 예수님의 생애를 기록하였다는 것이다. 그러므로 이 같은 과학적 분석의 결과에 의한 결론은 초기 기독교의 전통과 일치한다는 것이다. 이에 따라서 마태복음서는 70년 이전 66년 유대전쟁이 시작되기 전에 유대 지방에서 사역하던 마태에 의해서 기록되었다는 개연성이 있다. 전설에 따르면 마태는 유다 지방에서 사역하다가 후에 에티오피아 혹은 히에라폴리스에서 사역하다가 순교 당했다고 한다.

그림 13) 헝가리의 한 교회에 있는 13세기의 마태 상

그림 14) 바티칸의 성 요한 라테란 마태 조각상

∥ 마태복음의 특징

"유대인의 왕으로 나신 이가 어디 계시냐"(마 2: 2).

마태는 일차적으로 유대인 기독 공동체를 염두에 두고 이 복음서를 기록하지만, 유대인에게만 제한적으로 적용한 것이 아니라, 유대인으로부터 시작한 이 그리스도에 대한 복음이 온 천하에게까지 적용된다는 점을 강조하기 위해서 기록했다. 일차적으로 유대인 기독 공동체를 염두에 두었다는 사실은 가나안 여인에게 인자가 이스라엘의 잃어버린 자를 위해 왔다고 강조한 점과, 예언을 성취하였다고 언급한 곳이 15군데이며(1: 22; 2: 6; 2: 15; 2: 17-18; 3: 3; 4: 14; 8: 17; 12: 21; 13: 14; 13: 35; 21: 4-5; 24: 15; 26: 54; 26: 56; 27: 9-10), 4복음서 중에서 가장 많이 언급되었다는 점, 이스라엘의 왕으로 왔다고 강조한 점, 계속해서 율법에 대한 권위 있는 재해석이 집중되었다는 점에서 그렇다. 반면 온 천하에게까지 복음이 적용된다는 사실은 이 복음서의 마지막의 대 사명에서 모든 족속으로 제자를 삼으라고 한 데서 알 수 있다.

마태복음은 예수님이 유대적인 전통 위에 있지만, 단순히 그 전통을 수용하고 적용한 것이 아니라 유대 전통이 가지고 있는 취약점에 대해서 지적하면서 그 취약점을 뛰어 넘는 전혀 새로운 차원의 참 종교성을 성취한 메시야로 그리고 있다. 예수님은 왕으로서, 위대한 교사로서, 또한 모세가 신명기에서 말한 그 선지자로서 와서, 왕국의 도래를 선포하고, 회개를 통하여 왕국의 신민이 된다는 사실을 선포하며, 왕국의 법칙을 가르친다. 마태복음은 이러한 특징을 드러내면서 구성되어 있다.

마태복음은 말라기의 예언을 이어받아서 흑암에 앉은 백성이 큰 빛을 보았다고 말하면서 예수님의 본격적 사역의 서막을 알리고 있다. 4장 12절에서 요한이 잡혔다는 소식을 들으시고 갈릴리로 물러가셨다가. 나사렛을 떠나 가버나움으로 왔는데 바로 그곳에서 흑암에 앉은 백성이 큰 빛을 보았다는(4: 16) 것이다. 의의 태양이 떠오른다는 말라기 예언의 성취가 예수님의 등장으로 이루어졌다는 말이다. 4장 17절에서 마태는 예수님 사역의 핵심적 개념을 천국에 연결시키고 있다. 즉 "이때부터 전파하여 가라사대 회개하라 천국이 가까웠느니라." 마태는 세례 요한(3: 2)이나 예수님이 천국이 가까이 왔다고 전파한 사실을 유일하게 기록하고 있다(4: 17; 10: 7). 아울러 그는 예수님이 천국 복음을 전하면서 행동했음을 기록하고 있다(4: 23; 9: 35; 24: 24). 네 복음서 중 오직 마태복음만이 "천국"이라는 어휘를 사용하고 있는데, 약 36회 나온다. 이러한 사실을 미루어 생각해 볼 때, 예수님의 가르침은 천국과 관련된 것들이고, 그의 기사들은 천국이 가까이 임하였다는 사실을 입증하기 위한 것이며, 그의 율법의 해석은 천국에서 적용될 하나님의 법을 천명한 것임을 알 수 있다. 또한 그 천국에 들어가기 위해서는 다른 어떤 외형적인 행위에 근거하지 않고 회개를 통하여 가능하다는 사실도 마태는 강조하고 있다.

‖ 마태복음의 개요

마태복음의 구조는 1) 예수님의 사역의 준비, 2) 갈릴리 지역에서의 중심적 사역, 3) 유대와 예루살렘 지역에서의 사역, 4) 고난과 부활의 사건으로 구분될 수 있다.

1. 예수님의 사역의 준비(1: 1 - 4: 16)

"흑암에 앉은 백성이 큰 빛을 보았고 사망의 땅과 그늘에 앉은 자들에게 빛이 비취

었도다"(4: 16)

예수님이 흑암에 앉은 백성들에게 큰 빛으로 백성들을 빛으로 인도하기 위한 본격적 사역을 위한 준비는 그의 출생의 근본으로부터 시작된다. 마태는 1장에서 예수님은 다윗의 혈통을 이어 받은 왕족으로 태어났다고 강조한다. 그의 역사 내의 출현은 하나님이 백성과 함께 하심을 확증하는 것이었다. 백성을 향한 하나님의 구원의 시작, 바로 그것이 그들에게 비추는 빛인 것이다. 이 빛은 이방 사람에게 알려지고 이 빛을 따라서 동방에서 온 이방인들에 의해 인지되고 경배된다. 그러나 유대인의 왕이 된 헤롯은 그 빛을 역사 속에서 지워버리려고 한다. 하나님은 그 구원의 빛을 일시적으로 이방을 대표하는 이집트로 옮겼다가 다시 고국으로 돌아가게 한다.

이 빛을 들어내기 위해 택함을 받은 세례 요한이 등장하면서, "회개하라 천국이 가까이 왔느니라"고 외친다. 많은 사람들이 죄를 회개하고 요단강에서 세례를 받는다. 예수님도 그에게 와서 세례를 받은 후에 광야에서 40일간 금식하면서 마귀로부터 시험을 받는다. 그러나 예수님은 하나님의 말씀으로 마귀의 세 가지 시험을 이긴다. 그 세 가지 시험은 아담이 불순종하여 범한 세 가지 시험과 동질의 시험이었다. 즉 "육신의 정욕, 안목의 정욕, 이생의 자랑"이었다. 이 세 가지 시험을 극복함으로 예수님은 인류를 구원하기 위한 오염되지 않은 완전한 빛임을 입증하였다. 그 시험을 극복하고 그는 잠시 고향으로 돌아온다. 이와 같이 그는 완전한 구원의 빛을 위한 내적 외적 준비가 완료된 것이다.

그림 15) 예수님의 세례

그림 16) 예수님이 시험받은 광야로 추정되는 산악지대

그림 17) 시몬 베닝의 16세기 그림 마귀가 돌을 가지고 예수님께 접근하고 있다

2. 갈릴리 지역에서의 사역(4: 17 - 18: 35)

마태복음에서 밝히고 있는 사역의 중심지는 갈릴리 지역이다. 예수님이 요단강가에서 요한에게 세례를 받고 광야에서 시험을 받은 후 갈릴리 지역으로 물러갔다가, 나사렛에서 가버나움으로 이전하였고, 거기서부터 본격적인 사역을 시작하였음을 기록하고 있다(4: 17). 그 후 예루살렘으로 향하기까지(19: 1) 그 지역에서 머물면서 사역을 집중적으로 하였다고 기록하고 있다. 이 같은 갈릴리 사역은 제 1차와 제 2차 갈릴리 사역으로 분류될 수 있다. 19장 1절 이후부터 28장 6절까지 유대 땅과 예루살렘 지역에서의 사역을 기록하며, 다시 부활 후에 갈릴리로 가서 제자들을 만나서 대 사명을 주었다고 기록하고 있다(28: 7-20). 그러므로 예수님의 사역 준비 기간이 끝난 후 마태복음의 구조는 이 같이 갈

릴리 지역에서의 집중적 사역, 유대와 예루살렘에서의 사역과 고난, 그리고 부활 후 다시 갈릴리로의 귀환이라는 틀로 나누어진다.

갈릴리 지역은 동쪽 접경에 갈릴리 호수가 있어서 그 이름을 따서 갈릴리로 명명하였다. 갈릴리 지역은 크게 상부, 하부, 그리고 서부 갈릴리로 구분된다. 북쪽으로는 헤르몬 산 시작점에 이르고, 레바논 산을 따라서 갈멜 산과 길보아 산 접경에 이른다. 동쪽으로는 요단강 계곡까지 이르며, 서쪽으로는 지중해 연안에 이르는 광활한 지역이다. 이 지역에는 예수님의 고향인 나사렛, 사역의 중심지인 가버나움, 첫 번째 기적을 베푼 가나, 나인, 그리고 디베랴 호숫가 도시가 자리 잡고 있다. 또한 가버나움과 디베랴 호숫가 도시 사이에 막달라가 자리하고 있다. 갈릴리 호수는 최장 길이가 21km, 최대 폭이 13km, 호수 표면적이 166 제곱 km나 되는 거대한 호수다.

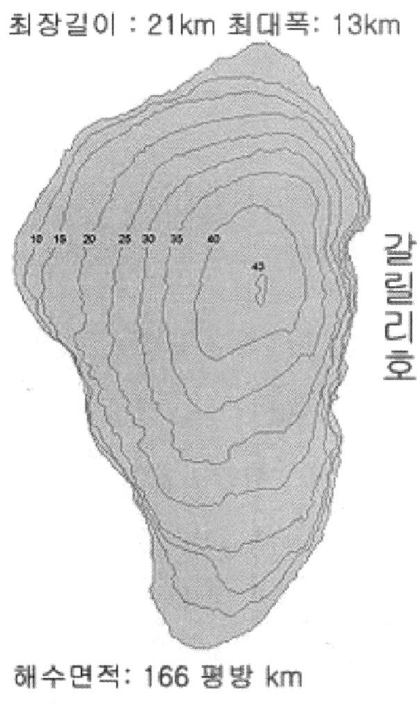

그림 18) 갈릴리호의 크기 울릉도보다 2배 이상 크다

그림 19) 갈릴리호의 전경

1) 제 1차 갈릴리 사역(4: 17 – 13: 58)

(1) 사역의 중심인 추종자들(4: 17 - 4: 25)

예수님이 "회개하라 천국이 가까이 왔느니라"고 전파하면서 제일 먼저 한 일은 핵심적인 제자들을 부르는 것이었다. 그들은 베드로와 안드레 형제, 세베대의 아들들인 야고보와 요한 형제들이었다. 그 메시지와 함께 이룬 기적들은 갈릴리 사역의 핵심적인 내용이다. 그의 메시지와 그에 따르는 이적들은 그의 메시지가 참인 것으로 확인되기에 충분한 것이었다. 그 기적들은 "각색 병, 고통에 걸린 자, 귀신들린 자, 간질 하는 자, 중풍병자"의 치료에 집중되어 있다. 예수님은 이들 추종자들의 무리를 모아놓고 산에 올라가 산상 설교를 하는 것으로 마태는 기록하고 있다. 예수님이 구체적으로 갈릴리 사역을 시행하기에 앞서서 마태복음 5장에서 7장까지 3장에 걸쳐서 천국과 관련한 참 종교적 행위에 대해 핵심적인 내용들을 제자들에게 가르친 것으로 마태는 기록하고 있다.

(2) 산상 수훈(5: 1 - 7: 29)

"이는 그 가르치시는 것이 권위 있는 자와 같고 그들의 서기관들과 같지 아니함일러라" (7: 29)

산상수훈은 8복(5: 1-12), 빛과 소금으로서의 정체성과 역할(5: 13-16), 천국에 들어갈 의(5: 14-20), 살인과 간음에 관한 계명(5: 21-32), 맹세의 불용(5: 33-37), 사랑의 범위(5: 38-48), 외식적 구제와 기도(6: 1-5), 기도에 대한 교훈(6: 6-15), 금식에 대한 교훈(6: 16-18), 보화와 세상 염려(6: 19-34), 눈 속의 들보와 티(7: 1-5), 구하고, 찾고, 두드리라(7: 6-12), 좁은 문(7: 13-14), 참 선지자와 거짓 선지자(7: 15-27), 권위 있는 자의 가르침(7: 28-19).

그림 20) 칼 블로크의 산상수훈

산상 수훈에 대한 해석은 각 파에 따라서 다양하다. 예를 들면, 1) 중세 기독교에서는 성직자들에게만 적용되고 평신도에게는 그렇지 않다는 견해이었고, 2) 루터 파에서는 이것은 유대인에게 주어진 율법처럼 우리가 지킬 수 없다고 한 반면, 3) 재세례파에서는 문자적으로 윤리적 가르침으로 해석했고, 4) 사회복음에서는 사회적 정의를 실현하기 위한 기독교 윤리라고 해석한 반면, 5) 슈바이처는 임박한 종말 사이의 윤리라고 해석했으며, 6) 세대주의는 미래에 있을 하나님의 왕국을 언급하는 것이라고 했고, 7) 실현된 종말론자들은 성취할 목표로서 후에 실현될 윤리라고 주장한다.

산상 수훈을 이해하는 데 있어서 가장 중요한 것은 예수님이 전통적인 유대주의와 대면하고 있다는 사실에 있다. 예수님이 대면한 유대주의는 내면의 실체와는 상관없는 외형적 형식주의였다. 예수님은 그 같은 형식주의를 외식이라고 공격했고, 그것은 결코 하나님이 요구하는 의에 도달하지 못한다고 했다. 하나님이 주신 율법과 계명의 본질을 왜곡하여 그들의 삶에 적용시켰다는 것이다. 그래서 그들은 절기를 지키며, 전통을 따르고, 안식일을 철저히 지키지만, 종교의 이름으로 사람을 정죄하며, 편 가르는 종교적 위선 자들이라고 예수님은 질책하였다. 요약하면 하나님이 요구하고 원하는 참 종교성의 실천과는 상관없는 종교적 행위라는 것이다. 이에 대해 예수님은 자신을 통하여 그들이 실패한 참 종교성의 실천이 가능하다는 사실을 제시하고 있다. 그러므로 산상수훈은 참 종교성의 실현 가능한 최상의 목표인 것이므로 그리스도를 통하여 실현하여야 하는 과제인 것이다.

(3) 연약함을 짊어진 예수님(8: 1 - 9: 38)

"우리의 연약한 것을 친히 담당하시고 병을 짊어지셨도다"(8: 17)

우리의 연약한 것을 친히 짊어졌다는 예언의 성취를 확증하기 위해 이 부분에서는 10가지의 기적들이 기록되어 있다. 이 기적들을 기록하고 있는 중간에 두 개의 담화(8: 18-22; 9: 14-17)와 세리 마태를 부르는 내용(9: 9-13)이 실려 있다. 10가지의 기적들은 1) 나병환자의 치유(8: 1-4), 2) 가버나움의 백부장의 하인 치유(8: 5-13), 3) 베드로의 장모와 다른 사람들 치유(8: 14-17), 4) 풍랑을 잔잔케 함(8: 23-27), 5) 가다라 지방의 귀신 들린 자 고침(8: 28-34), 6) 중풍병자 고침(9: 1-8), 7) 12년 동안 혈루증 앓고 있는 여자 고침(9: 18-22), 8) 죽은 야이로의 딸 일으킴(9: 23-26), 9) 맹인 둘의 눈을 뜨게 함(9: 27-31), 10) 귀신들려 말 못하는 자 고침(9: 32-38).

두 개의 담화 중 첫 번째 담화는 예수님을 따르는 제자가 갖추어야 할 기본자세를 보이고 있다. 10장에 나오는 12 제자들은 이 같은 기본자세를 갖춘 사람들일 것이다. 두 번째 담화는 금식과 관련한 전통에 대한 반론이며, 옛 종교적 의식과 새 종교의 본질이 혼합할 수 없다는 것을 보여주고 있다. 마태를 부르는 장면에서 이스라엘 백성으로부터 멸시받는 종류의 직업을 가진 그와 같이 식사를 하는 예수님이 비난 받지만, “건강한 자는 의원이 필요 없고” 하나님의 뜻은 죄인을 구원하는 것이라고 선언한다.

(4) 이방이 그 이름을 바라리라(10: 1 - 12: 50)
“상한 갈대를 꺾지 아니하며 . . . 이방들이 그의 이름을 바라리라”(12: 20)

① 제자들 선택과 파송(10장)

이방이 그 이름을 바라기 위해서는 그리스도에 대한 전파가 필수적이다. 그러기 위해 그를 전파할 제자들을 예수님은 택하시고 그들에게 전파를 위한 지침을 주며 (10:1-15), 닥치는 위험을 경고하며 그것을 두려움 없이 견딜 것을 권면하고 (10:16-33), 갈등이 나타날 것을 예언하고 (10:34-39), 뒤따르는 상급에 대해서 약속한다 (10:40-42).

그림 21) 부룩클린 박물관에 소장된 제임스 티솟의 12사도 파송 장면

예수님이 선택한 제자들은 다음과 같다:

- 베드로는 네로의 핍박시 로마에서 십자가에 거꾸로 달려 순교 당했다고 함.
- 안드레는 콘스탄티노플 북부지역에서 선교하다가 고린도가 위치한 아가야 지방의 북

부 파트라에서 십자가에 달려 순교 당하였다고 함.

- 세베대의 아들 야고보는 큰 야고보로 불리면서 예수의 형제 야고보와 다른 야고보와 구분된다. 그는 헤롯왕에 의해서 12 사도 중 최초로 순교자가 되었다.
- 위의 야고보의 형제 요한은 에베소로 예수님의 어머니를 모시고 가서 그곳에서 선교하다가 자연사했다고 함.
- 빌립은 수리아, 부리기아, 그리고 미지막에 히에라볼리에서 사역하다가 그곳에서 십사가에 거꾸로 달려 순교 당하였다고 함.
- 바돌로매는 공관복음에서 항상 빌립과 함께 나오는데, 요한복음에만 언급된 나다나엘과 동일 인물로 알려져 있는데, 인도로 선교 여행을 하고 그곳에 마태복음을 남겨 놓고 후에 아르메니아에서 사역하다가 십자가에 거꾸로 달려 순교 당하였다고 함.
- 도마는 인도로 가서 선교하다가 창에 찔려 순교 당하였다고 함.
- 세리 마태는 이미 언급되었음.
- 알패오의 아들 야고보는 작은 야고보라고 불리면서 세베대의 아들 야고보와 구별된다. 그는 이집트로 가서 선교하다가 십자가에 처형당하였다고 함.
- 다대오는 마태복음과 마가복음에 나오는 이름으로 누가복음에 나오는 야고보의 아들 유다와 동일시되는 사도이다. 그는 유대, 사마리아, 이두메와 수리아, 그리고 메소포타미아 등지에서 선교하다가 베이루트에서 순교 당하였다고 함.
- 가나안인 시몬은 누가복음에서는 열심당원 시몬이라고 불린다. 이집트에 가서 선교하다가 페르시아와 아르메니아에서 다대오와 합류하여 그와 함께 베이루트에서 순교 당하였다고 함.
- 가룟 유다는 예수님을 팔고 나중에 자결함.

② 빛 된 예수님을 위한 요한의 역할과 빛을 받지 않은 마을(11: 1-30)

옥에 갇힌 세례 요한이 자기 제자들을 보내어 예수님의 정체에 대해서 묻는다. 그 때 예수님은 자신이 행하는 기적들이야말로 천국 복음의 전파를 증명하는 것이라고 대답하면서, 요한의 역할을 자기 앞에 길을 예비하라고 보낸 받은 사람임을 공식적으로 인정한다. 그리고 모든 선지자와 율법에서 예언한 것이 요한의 때까지라고 종말론적 선언을 한다. 그 후 많은 권능을 행함으로 자신이 참 빛임을 증거 했는데도 그것을 받아들이지 않는 마을들에 대해서 경고하며, 이것을 깨닫는 것은 하나님에 의해서 가능하다고 말한다. 그런 다음 어둠 속에서 수고하고 무거운 짐을 지고 고통을 당하는 사람에게 자신에게로 오라고 권면한다. 자신을 바라라는 것이다.

③ 긍휼을 원하는 예수님(12: 1-50)

유대 전통 중에서 가장 중요한 것 중 하나인 안식일이 예수님을 정죄할 단초가 되었다. 이스라엘과 유다 왕국이 멸망당한 가장 큰 원인이 조상들이 안식일을 제대로 지키지 않은 탓으로 여겨졌기 때문에, 그들은 안식일을 철저히 지키기 위해 무려 39가지의 규례를 만들었다. 그런데 예수님은 자신이 안식일의 주인이므로 그 안식일에 자신을 죄인이라고 말할 수 없다고 선언하였다. 뿐만 아니라, 안식일에 병을 고침으로써 긍휼을 베풀고 안식일의 참 뜻은 사람을 온전하게 하는 것임을 천명하였다. 이 일로 인해 바리새인들은 예수님을 죽일 방도를 강구하기 시작했다. 그 후 귀신들려 벙어리 된 자를 고쳤을 때, 그의 능력이 귀신의 왕의 힘을 빌려온 것이라는 생각에 대해 성령의 힘을 빌어서 능력을 행한 것이고, 이것은 하나님의 나라가 이미 사람들에게 임하였음을 증거 하는 것이라고 선언한다.

바리새인들이 예수님에게 표적 보여주기를 구했을 때, 예수님은 요나의 표적을 인용하면서 자신의 십자가 죽음과 부활의 표적 외는 보여줄 것이 없다고 대답했다. 어머니와 형제들이 그를 찾았을 때, 그 이름을 바라는 것은 자기 가족들과 동족들에게만 적용되는 것이 아니라 모든 사람들에게 해당된다는 사실을 암시하는 계기로 삼고 있다.

(5) 천국의 비밀을 비유로 가르치다(13: 1-52)

"내가 입을 열어 비유로 말하고 창세부터 감추인 것들을 드러내리라"(13: 35)

천국이 가까이 왔으니 회개하라고 전파하기 시작한 예수님의 지금까지의 사역에서 천국에 대해 아직 가르치지 않았으나, 13장에서 드디어 천국의 비밀에 대해서 7가지 비유를 들어 가르치고 있다.

첫째 비유는 비록 직접적으로 천국의 비밀과 연결시키지 않고 있으나, 천국에 대한 말씀의 비유를, 즉 천국 말씀을 들을 때 자세의 중요성에 대한 것이다(13: 1-23).

두 번째 비유는 가라지를 몰래 덧뿌린, 즉 참인 것처럼 보이나 심판 때에 드러날 것이라는 경고이다(13: 24-30).

세 번째 비유는 겨자씨가 작은 것이지만 커지면 많은 새들이 깃든다는 비유이다(13: 31-32). 이것은 시작은 작지만 많은 사람을 수용하게 된다는 비유이다.

네 번째 비유는 여자가 가루 서 말 속에 갖다 넣은 누룩의 비유이다(13: 33). 이 비유 역시 시작은 작지만 많은 사람을 수용하게 된다는 비유이다.

다섯 번째 비유는 밭에 감추어진 보화의 비유이다(13: 44). 이 비유는 천국을 소유하는 것은 모든 것을 희생해서라도 해야만 한다는 비유이다.

여섯 번째 비유는 좋은 진주를 구하는 장사에 대한 비유(13: 45-46)로서, 위의 비유와 같은 내용의 비유이다.

일곱 번째 비유는 바다에서 물고기를 잡는 그물에 대한 비유이다(13: 47-50). 천국은 종말의 심판을 전제로 하고 있음에 대한 비유이다.

예수님은 이처럼 천국의 비밀을 비유로 가르치신 후에 다시 자신의 고향으로 간다. 제1차 갈릴리 사역이 끝난다. 그가 그곳의 회당에서 가르침으로 그 지혜에 대해서 고향 사람들이 놀라지만, 그의 배경을 아는 고향 사람들은 그를 믿지 않고 배척한다. 그래서 그는 그곳에서 능력을 행치 않고 다시 갈릴리로 향한다(13: 53-58).

2) 제 2차 갈릴리 사역(14: 1 – 18: 35)

(1) 세례 요한의 죽음(14: 1-12)

세례 요한이 분봉 왕 헤롯의 불륜에 대해 질책하자, 헤롯은 그를 옥에 가두고 있다가, 아내가 된 헤로디아의 증오를 받아 목 베어 죽이게 하였다. 여자의 증오심이 의인을 죽이게 할 수 있다는 사실은 인간의 역사 속에 늘 존재한다. 요한의 제자들이 이 사실을 예수님께 고한다. 요한의 제자들이 예수님에게 이 사실을 고해줄 정도로 예수님과 요한의 관계가 밀접해 있었고, 그의 제자들은 그러한 관계를 잘 알고 있었음을 단적으로 증명하는 것이다.

그림 22) 세례 요한의 머리로 추정됨–로마에 보관되어 있음

(2) 기적과 담론(14: 13 - 15: 20)

요한이 죽었다는 소식을 들은 예수님은 배를 타고 빈들로 간다. 그 때 많은 사람들이 그를 좇아갔고 거기서 병자들을 고쳐주었다. 그리고 물고기 두 마리와 보리떡 5개로 5,000명이 넘는 사람을 먹이셨다. 그 후 제자들이 배를 타고 가는 동안 풍랑을 맞자 예수님이 물위를 걸어서 배로 올 때, 베드로가 물 위를 걷다가 물에 빠지게 되자 그를 건져주고 배가 안전하게 목적지인 게네사렛(이곳은 눅 5: 1에 나오는 호수가의 이름으로서 다른 이름은 디베랴 호수가라고 불린다)으로 간다. 예수님은 이곳에서 바리새인들과 장로들의 유전에 대해 논쟁한다.

(3) 시돈과 두로 지방으로(15: 21-28)

예수님은 갈릴리 지역을 잠시 벗어나서 시돈과 두로 지방으로 전도 여행을 간다. 그 때에 딸이 흉악히 귀신들린 가나안 여자를 대면한다. 그 때 예수님은 "나는 이스라엘 집의 잃어버린 양 외에는 다른 데로 보내심을 받지 않았다"고 대답한다. 그렇지만 그 여자의 믿음을 보고 그 딸의 병을 고쳐준다.

(4) 다시 갈릴리에서 담론과 기적(15: 29-12)

거기서 다시 갈릴리로 온 예수님은 무리들이 굶주려 있는 것을 보시고, 떡 일곱 개와 생선 두 마리를 가지고 4,000명을 먹이신다. 그 후 예수님은 마가단(이는 막달라의 다른 이름)으로 배를 타고 간다. 거기서 바리새인들과 사두개인들로부터 표적 보이기를 요청받자, 요나의 표적 밖에는 보일 표적이 없다고 대답한다. 그리고 제자들에게 바리새인과 사두개인들의 누룩, 즉 그들의 교훈을 주의하라고 경고한다.

(5) 가이사랴 빌립보와 변화 산(16: 13 - 17: 21)

그곳을 떠나서 예수님은 가이사랴 빌립보 지방에 제자들과 함께 이른다. 거기서 예수님이 사람들이 자신을 누구라고 생각하느냐고 물었을 때. 베드로는 "주는 그리스도시오 살아 계신 하나님의 아들"이라고 고백한다. 그러자 예수님은 베드로에게 "이 반석 위에 내 교회를 세우리니 음부의 권세가 이기지 못한다"고 말하면서, "내가 천국 열쇠를 네게 주리니 네가 땅에서 무엇이든지 매면 하늘에서도 매일 것이요 네가 땅에서 무엇이든지 풀면 하늘에서도 풀리리라"고 약속한 후에, 예루살렘에서 고난을 받아 죽임을 당하고 제 삼일에 살아날 것이라고 가르친다. 그 후 6일이 지나서 예수님은 베드로, 야고보, 그리고 요한을 데리고 변화 산으로 올라간다. 변화 산의 위치는 3곳으로 추정된다. 전통적으로 인정되고 있는 곳은 나사렛 인근에 자리 잡고 있는 다보르 산(Tabor)이다. 이 산의 정상은 575m이며, 이곳에 변화기념교회가 있다. 다른 하나는 가이사랴 빌립보에서 가깝고 높은 산인 헤르몬 산이다. 이 산은 오늘의 레바논과 시리아 접경과 골란 고원에 맞닿아 있으며, 그 정상은 2814m이다. 세 번째는 모세가 마지막으로 올라간 느보 산이다. 이 산의 높이는 817m이며, 정상에 올라가서 서쪽을 보면 성지 전체가 한 눈에 들어온다고 한다.

그림 23) 전통적으로 알려진 변화 산인 다보 산에 위치한 변화기념교회

예수님은 거기서 변화하여 모세와 엘리야와 함께 대화한다. 베드로는 이곳에 장막을 짓고 살자고 제안하지만, "이는 내 사랑하는 아들이요 내 기뻐하는 자니 너희는 저의 말을 들으라"는 하나님의 음성이 들린다.

산에서 내려오면서, 예수님은 제자들에게 다시 한 번 세례 요한이 주의 길을 예비하는 엘리야의 역할을 하였다고 확인해 준다. 그리고 제자들이 고쳐주지 못하는 간질병을 앓고 있는 아이의 병을 고쳐준다. 제자들에게 믿음이 적기 때문에 그들이 그 병을 고쳐주지 못하였다고 말하며, 한 겨자씨만한 믿음이 있으면 "이 산을 명하여 옮기라 하여도 옮길 것"이라고 가르치신다.

그림 24) 1594년의 로도비코 카라치의 예수님의 변화: 모세와 엘리야가 예수님 곁에 있으며 제자들은 놀라서 바라보고 있다.

(6) 갈릴리에서의 마지막 담론(17: 22 - 18: 35)

갈릴리 지역의 가버나움으로 돌아와서 갈릴리를 떠날 때까지는 이적을 행하는 사역이 아니라, 1) 세금 내는 문제(17: 24-27), 2) 천국에서 큰 자에 대한 담론(18: 1-4), 3) 실족케 하는 문제(18: 5-10), 4) 잃은 양의 문제(18: 12-14), 5) 징계와 관련한 문제(18: 15-20), 6) 용서의 문제(18: 21-35)에 대해서 제자들이 의문을 제기할 때 대답하는 형식의 가르침에 중점을 두고 있다.

3. 유대와 예루살렘에서의 사역(19: 1 - 28: 20)

1) 유대 지역에서의 사역(19; 1 - 20: 28)

갈릴리를 떠나 요단강 건너 유대 지경에 이르렀다고 했는데, 그림 12)에서 보이고 있는 로마 행정 구역으로서의 유대 지방이라기보다 요단강 건너 동쪽에 위치한 베레아 지방일 것이다(그 당시에는 이 지역도 광의적으로 유대 지역으로 부른다).

이 지역에 이르렀을 때에 큰 무리가 따랐으며, 그곳에서 예수님은 많은 병자들을 고쳐준다. 어떤 병자들을 고쳐주었는지 명확하게 언급되어 있지 않았지만, 다양한 종류의 질병일 것이다. 이러한 치유에 대한 언급 외에는 다른 이적을 행하셨다는 것을 기록하지 않고, 단지 사건의 전개와 질문과 대답에 대해 기록하고 있다.

(1) 결혼과 이혼(19: 3-12)

(2) 어린아이들 축복(19: 13-15)

(3) 선행과 영생에 대한 질문(19: 16-30)

(4) 일꾼과 연결시킨 천국에 대한 비유(20: 1-16)

(5) 받을 고난에 대한 세 번째 예언(20: 17-19)

(6) 큰 자에 대한 정의(20: 20-28)

2) 예루살렘에서의 사역(20: 29 - 25: 46)

예루살렘에서 예수님이 당할 고난을 앞두고 예수님은 적대자들과의 논쟁을 통하여 그들의 분노와 시기심을 불러일으키며, 결정적으로 그들에게 자신을 잡아 죽일 빌미를 제공한다. 그러나 예수님은 그것을 개의치 않고 바리새인들과 서기관들의 위선적 행위에 대하여 신랄하게 비판한다. 그리고 예루살렘이 멸망할 날이 올 것이라고 예언하며, 그 날을 대비하여 깨어 있으라는 권면을 마지막으로 하고 있다.

(1) 예수님이 요단강을 건너 예루살렘으로 가기 위하여 여리고를 지날 때에 두 사람의 소경을 고쳐주었고 그들은 예수님을 따른다(20: 29-34).

(2) 예수님이 나귀 타고 예루살렘에 입성하다(21: 1-11).

(3) 성전을 척결하다(21: 12-17).

(4) 무화과나무를 저주하다(21: 18-22).

(5) 적대자들과의 논쟁(21: 23 - 22: 14)

예수님이 도전받다(21: 23-27)

두 아들의 비유(21: 28-32)

악한 농부들에 대한 비유(21: 33-46)

잔치 초청에 대한 비유(22: 1-14)

(6) 네 가지 질문들(22: 15-46)

첫 번째 질문: 가이사에게 세금을 바치는 문제(22: 15-22)

두 번째 질문: 부활에 대한 문제(22: 23-33)

세 번째 질문: 큰 계명에 대한 문제(22: 34-40)

네 번째 질문: 그리스도가 누구인지에 대한 문제(22: 41-46)

(7) 예수님의 담화(23: 1 - 25: 46)

서기관과 바리새인들에 대한 비판(23: 1-12)

그들의 외식에 대한 7가지 경고 "화있을 진저"(23: 13-39)

종말론적 사건들(24: 1-41)

네 가지 비유(도적, 충성된 종, 열 처녀, 달란트)를 통한 깨어 있으라는 권면 (24: 42 - 25: 46)

3) 예수님의 고난과 부활(26: 1 - 28: 20)

마태복음은 마지막 일주간의 기간에서 나귀타고 입성할 때 사람들이 종려나무를 깔고 환영하는 장면을 빼놓고, 오직 유월절에 있을 사건을 집중적으로 조명하고 있다. 이때에 마태는 예수님이 받을 고난을 선지자의 말씀이 성취되는 사건으로 연결시키고 있다(26: 54, 56).

(1) 고난에 대한 네 번째 예언(26: 1-5)

(2) 한 여자가 옥합을 깨뜨림(26: 6-13)

(3) 가룟 유다의 배신(26: 14-16)

(4) 마지막 유월절 만찬(26: 17-29)

(5) 제자들이 자신을 버릴 것이라는 예언(26: 30-35)

(6) 잡히기 전 겟세마네에서의 기도(26: 36-46)

(7) 예수님의 잡힘과 제자들의 도주(26: 47-56)

(8) 대제사장 앞에 선 예수님(26: 57-68)

(9) 베드로의 세 번 부인(26: 69-75)

(10) 가룟 유다의 자결(27: 1-10)

(11) 빌라도의 판결(27: 11-31)

(12) 십자가 처형(27: 32-66)

(13) 부활과 대 사명(28: 1-20)

마가복음

‖ 마가복음의 저자

마가복음은 "마가에 의한"이라는 제목이 말해주듯이, 마가에 의해서 기록된 것이다. 전통적으로 이 복음서는 요한 마가에 의해서 기록되었다고 인정되었다. 그러나 역사적 예수의 문제를 비평적으로 다루는 학자들이 마가복음이 최초로 기록된 복음서이고, 마태와 누가는 그에 의존하고 있다는 주장과 함께 마가복음만이 신빙성 있는 예수님의 생애에 대해서 기록하고 있다고 한다. 그 결과 지금까지 받아들여졌던 다른 복음서의 권위가 상실되면서 마가복음이 두각을 나타내었다. 그러면서 마가복음의 저자는 마가가 아니라, 우리가 모르는 사람에 의해 기록되었다고 주장한다.

그러나 이 복음서는 베드로의 설교를 기억한 마가가 기록하였다는 파피아스의 최초의 주장은 다른 교부들에 의해서 지속적으로 인정되었다. 이레니우스는 바울과 베드로가 로마를 떠난 후에 "베드로의 제자이며 해석자인 마가가 베드로가 행한 설교를 기록해서 우리에게 전달해 주고 있다"고 말한다. 이에 대해 알렉산드리아의 클레멘트, 터툴리안, 오리겐, 유세비우스 등 모두가 동조하고 있다.

만일 마가가 이 복음서를 기록하지 않았다면, 어떻게 사도적 권위를 가지고 있지 않은 마가라는 사람에게 초대 교회가 그 저작권을 부여했는지 알 수 없다. 차라리 사도의 권위를 가진 다른 사람, 예를 들면, 베드로의 이름을 붙였을 것 아닌가? 마가복음서에만 나오는 도망간 청년에 대한 기사(14: 51, 52)는 자전적 성격이 있다. 즉 자신도 직접적으로 예수님과의 접촉이 있었다는 주장을 하고 있는 듯하다. 마지막 만찬에 대한 기사(막 14: 12-16)도 이 복음서에서 다른 복음서보다 상세하게 제시되고 있는데, 그것은 그 다락방이 마가의 어머니의 것이므로 상세한 설명이 가능했다는 것이다.

마가의 원명은 요한 마가(행 12: 12, 25; 15: 37)이다. 마가는 바울과 바나바를 따라서 바울의 제 1차 전도 여행을 떠났으나 도중에 버가에서 예루살렘으로 돌아갔다. 그 후 바나바와 함께 구브로로 갔다. 이후 약 10년간 그의 이름은 나타나지 않다가 빌레몬서 24절과 골로새서 4장 10절에, 그리고 디모데후서 4장 11절에 다시 등장한다. 더욱이 베드로전서 5장 13절에서는 마가가 베드로의 영향을 받은 사람이라는 것이 언급되고 있다. 전통에 따르면,

마가는 후에 베드로를 따라서 본도, 비두니아, 갈라디아, 갑바도기아, 아시아를 방문했고, 로마까지 간 후에 알렉산드리아로 가서 그곳에서 복음을 전하다가 붙잡혔고, 68년에 그곳 사람들이 밧줄을 목에 묶어서 죽을 때까지 거리를 끌고 다녔다고 한다.

그림 25) 러시아 국립 박물관에 있는 11세기 작품의 마가

그림 26) 트레스 리치스 휴레스의 마가의 순교 장면

‖ 마가복음의 특징

"인자가 온 것은 섬김을 받으려 함이 아니라 도리어 섬기려 하고 자기 목숨을 많은 사람의 대속물로 주려 함이니라"(막 10: 45)

마가복음은 예수 그리스도를 하나님의 종으로 묘사하는 데 중점을 두고 있다는 것에 대해서 이미 언급한 바 있다. 그 같은 특징을 드러내기 위해 마가복음은 다른 복음서와는 구조적으로나 내용면에 있어서 다르다. 마가복음에는 예수님의 족보와 출생에 관한 이야기가 없다. 종에게는 그 같은 계보가 없는 것이 특징이다. 누가복음에 나오는 12세 때 예수님이 성전을 방문하고 고향에 내려가서 부모를 섬겼다는 기사도 없다. 왕국의 강령과 같은 산상수훈도

없다. 종에게는 왕국이나 법, 권위 있는 위치나 법 집행과 같은 것이 있을 수가 없다.

마가복음에는 다른 복음서보다 비유로 가르친 것이 매우 적다. 고작 네 개의 비유밖에 나오지 않는다. 마태복음에는 14가지의 비유가 나오는데 반하여 매우 적다. 이 사실은 종은 행동으로 보여주는 것이지, 말로 가르치는 위치에 있지 않다는 사실과 맥을 같이 한다. 이 복음서에는 포도원에서 일하는 일꾼에게 임금을 지불하는 비유가 없다. 종은 일꾼의 위치에 있고 고용주의 위치가 아니기 때문이다. 또한 달란트 비유도 없는데, 이는 하나님의 종은 달란트나 상급을 기대하지 않음을 암시한다. 바리새인들과 서기관들을 향하여 "화있을 진저"라는 저주의 글도 없는데, 이는 종이 다른 사람을 심판하지 않음을 의미한다.

구조적인 특징도 마가복음이 하나님의 종으로 묘사하는 데 중점을 두고 있음을 뒷받침하고 있다. 예를 들면, 마가복음은 마태복음과 달리 천국의 복음이 아닌 예수님의 복음의 시작이라고 한다. 그리고 마가복음에는 "즉시"라는 어휘가 반복적으로(약 41회, 마태는 7회, 누가는 1회) 사용되고 있는데 이는 종은 부지런히 움직이며 그 사명이 위급함을 암시하는 것이다. 뿐만 아니라 마가복음은 "그리고"라는 말로 사건의 연속성을 강조하고 있는데, 이는 종은 어떤 휴식이나 중단이 없음을 상징적으로 나타내는 특별한 구조인 것이다. 네 개의 비유 모두 종의 봉사와 관련된 비유이며, 손과 관련된 사역도 중점적으로 다루어져 있다(1: 31; 5: 41; 7: 32; 8: 22, 23, 25; 10: 28). 이 사실 역시 종의 임무와 연관되어 있다.

‖ 마가복음의 개요

마가복음은 "예수 그리스도에 관한 복된 소식의 시작"이라는 말로 문을 연다. 그러므로 이 복음서는 처음부터 예수 그리스도가 복된 소식이며, 왜 그가 복된 소식인지 설명하고 있다는 의미가 된다. 그가 복된 소식이라는 것은 그의 사역을 통하여 나타나고 있다. 그렇게 문을 열자마자 다른 부연의 말이 필요 없이 즉각 예수님의 길을 예비하는 세례 요한의 준비에 대해서 기록하고 있다. 예수님에 대한 세례 요한의 예비는 이스라엘 백성을 회개하라고 촉구하고, 그에 대해 증거하며, 그에게 세례를 줌으로 완수된다.

예수님은 세례 요한으로부터 세례를 받은 후, 광야에서 사십일 동안 금식하며 사단에게 시험을 받았다. 마가복음에서는 어떤 종류의 시험을 받았는지 밝히지 않고 있다. 그 후 아주 빠르게 세례 요한이 잡혔다는 소식을 듣고 갈릴리에 와서 본격적인 사역을 감당한다(1: 1-13).

1. 갈릴리 안팎 사역(1: 14 - 9: 50)

세례 요한이 무대에서 사라진 후, 예수님은 자신의 고향이 있는 갈릴리 지역에서의 사역을 시작한다. 갈릴리의 사역은 갈릴리 내에서의 사역과 갈릴리 근방에서의 사역으로 나뉜다. 예수님은 어느 한 곳에 머물러 있지 않고 계속해서 움직이며 복음을 선포하며, 제자들을 세우며, 기적을 행하며, 가르치며, 논쟁을 한다. 계속해서 움직이지만, 가버나움을 중심으로 순회 사역을 한다.

1) 1차 가버나움에서의 사역(1: 14–45)

1장 14-45절에서 하나님 나라가 가까이 왔으니 회개하고 복음을 믿으라고 선포한 후에 갈릴리 해변에서 시몬과 그 형제 안드레와 세베대의 두 아들 야고보와 요한을 첫 번째 제자로 삼는다. 예수님은 그들을 "사람을 낚는 어부가 되리라"고 부른다. 그 후 가버나움의 회당에 들어가서 가르친다.

그림 27) 가버나움의 회당

회당에서 더러운 귀신 들린 사람에게서 귀신을 내어 쫓으므로 그의 가르침의 권위가 입증되면서 소문이 갈릴리 사방에 퍼져 나갔다(1: 23-28). 회당에서 나와서 시몬 베드로의 집으로 들어가서 그의 장모의 열병을 고쳐준다(1: 29-31). 그 후 계속해서 병자들을 고쳐주며, 귀신들을 내쫓으며, 기도하며 온 갈릴리를 다니며 회당에서 전도한다(1: 32-39). 그리고 한 문둥병자를 고쳐준다. 예수님은 이 사실을 알리지 말라고 엄히 명한다. 그러나 그는 이 사실을 널리 퍼지게 한다(1: 40-45).

2) 2차 가버나움에서의 사역(2: 1 – 3: 6)

갈릴리 여러 곳을 순회하면서 사역하다가 예수님은 다시 가버나움으로 돌아온다. 그곳에서 네 사람이 지붕을 뚫고 중풍병자를 예수님 앞에 놓이게 하였을 때, 예수님은 그들의 믿음을 보시고, 그를 고쳐주기 전에 죄 사함을 선언한다. 그 후 그의 병을 고쳐준다(2: 1-12). 그 후 세관에 앉아 있는 알패오의 아들 레위를 부르시고 제자로 삼는다(2: 13-17). 금식에 관한 질문을 받았을 때, 예수님은 새 포도주를 낡은 가죽 부대에 넣는 자가 없다고 답하신다(2: 18-22). 안식일에 제자들이 보리 이삭을 자르므로 안식일을 범했다고 바리새인들이 예수님께 송사했을 때 인자는 안식일의 주인이라고 선언한다(2: 23-28). 회당에서 손 마른 사람을 안식일에 고쳐줌으로 바리새인들이 헤롯당과 그를 죽일 모의를 한다.

3) 갈릴리 호수를 중심으로 한 사역(3: 7 – 5: 43)

갈릴리는 물론 유대, 예루살렘, 이두매, 시돈과 두로 지방으로부터 온 많은 사람들이 예수님을 에워싸 미는 것을 면하기 위하여 예수님은 갈릴리 호수를 이용한다. 어떤 때는 배를 타기도 하고, 산으로 가기도 하고, 집으로 들어가기도 한다.

그림 28) 예수님이 사용했던 배는 이런 종류의 것이었을 것이다.

(1) 많은 무리가 병 고침을 받고자 예수님을 좇음(3: 7-12)
(2) 12 제자를 부르심(3: 13-19)
(3) 바알세불 논쟁(3: 20-30)
(4) 형제자매의 개념(3: 31-35)
(5) 씨 뿌리는 자의 비유(4: 1-20)
(6) 등불의 비유(4: 21-25)
(7) 하나님 나라의 비유(4: 26-34)
(8) 배에서 풍랑을 잔잔케 함(4: 35-41)
(9) 거라사의 귀신 들린 자(5: 1-20)
(10) 야이로의 딸과 혈루증 여인 치유(5: 21-43)

4) 고향으로부터 변화 산까지(6: 1 – 9: 8)

갈릴리 호수를 중심으로 한 사역을 마친 후, 예수님은 잠시 고향으로 퇴거한다. 그러나 고향에서 환영을 받지 못하자, 다시 그곳을 나와 갈릴리 지역의 여러 마을로 순회하면서 전도하며 가르친다. 뿐만 아니라, 이때에 예수님은 제자들을 전도하기 위하여 파송한다. 많은 무리들이 따르게 되고, 때로는 먹을 것을 기적적으로 나누어 주기도 하며, 예루살렘에서 파송된 바리새인들과 서기관들과의 여러 가지 주제에 대해서 논쟁하기도 한다. 그 후 가이사랴 빌립보 지방에 이르러 예수님의 정체성에 대한 질문이 있고, 고난에 대한 예언을 한다. 그리고 변화 산에 올라 변화되어 제자들에게 보이게 된다.

(1) 목수로 알았던 예수가 고향에서 배척받음(6: 1-6)

그림 29) 예수님이 목수로 일했을 요셉의 목공소 요한 에버렛 말리아스의 그림

(2) 제자들의 파송과 소문, 그리고 세례 요한의 죽음(6: 7-29)
(3) 5,000명을 먹임(6: 30-44)
(4) 벳새다로 항해 도중 풍랑을 잔잔케 함(6: 45-52)
(5) 게네사렛에서 바리새인과 서기관들과의 장로의 유전에 대한 논쟁(6: 53 - 7: 23)
(6) 두로, 시돈 지방을 거쳐 데가볼리를 통하여 갈릴리로 순회함: 수로보니게 여인의 딸과 귀먹은 자를 고쳐줌(7: 24-37)
(7) 4,000명을 먹이고 달마누다로 감(8: 1-10)
(8) 바리새인과 헤롯의 누룩 경계(8: 11-21)
(9) 벳새다에서 소경을 고침(8: 22-26)
(10) 가이사랴 빌립보에서 내가 누구냐는 물음과 첫 번째 고난의 예언(8: 27 - 9: 1)
(11) 변화 산에서 변화됨(9: 2 - 9: 8)

5) 변화 산에서 가버나움으로(9: 9–32)

변화 산에서의 경험 후, 예수님은 갈릴리 사역의 중심지인 가버나움으로 다시 돌아온다. 그 도중에 예수님의 경계와 귀신들린 자의 치유 문제가 대두된다.

(1) 변화 산의 경험 후 최초로 죽은 자 가운데서 살아 날 것을 예언하다(9: 9-13)
(2) 귀신들린 자를 고치다(9: 14-32)

2. 가버나움에서 예루살렘으로(9: 33 - 10: 52)

변화 산에서 가버나움으로 내려와서 예루살렘으로 가기까지의 여정에서 소경 바디메오의 눈을 뜨게 하는 기적 외에는 주로 논쟁과 의문에 대한 답변, 그리고 제자들 내부의 갈등 요인에 대해 담론하는 내용들이 기록되어 있다.

1) 누가 큰 가에 대한 쟁론(9: 33-37)
2) 반대하지 않은 자, 대접하는 자, 지체의 범죄 등에 대한 가르침(9: 38-50)
3) 이혼에 관한 담론(10: 1-12)
4) 어린 아이에 대한 축복(10: 13-16)
5) 영생을 얻음에 대한 질문과 답변(10: 17-31)
6) 큰 자에 대한 제자들 사이의 갈등(10: 31-45)
7) 여리고에서 소경 바디메오를 고쳐줌(10: 46-52)

3. 예루살렘에서의 사역(11: 1 - 13: 37)

여리고를 지나서 예루살렘에 입성하면서부터 대제사장들과 서기관들이 여러 가지 시험으로 예수님을 잡으려는 시도를 한다. 그러나 예수님은 그러한 꼬임에 빠지지 않고 역으로 그러한 시도를 이용하여 필요한 것들을 가르친다. 예수님은 예루살렘과 베다니를 왔다 갔다 하면서 마지막 고난의 길을 준비한다.

1) 베다니로부터 나귀타고 예루살렘 입성(11: 1-10)

2) 성전을 둘러본 후 베다니로 퇴거(11: 11-12)

3) 베다니에서 나와서 무화과나무 저주(11: 13-14)

4) 성전 척결(11: 15-18)

5) 예루살렘에서 퇴거하면서 기도의 능력에 대해 가르침(11: 19-26)

6) 다시 예루살렘에 들어와서의 논쟁들(11: 27 - 12: 44)

(1) 예수님의 권위에 대한 논쟁(11: 27-33)

(2) 포도원 지기에 대한 비유(12: 1-12)

(3) 가이사에게 세 바침에 대한 논쟁(12: 13-17)

그림 30) 가이사 디베료 상의 데나리온(이 같은 은전을 예수님께 보여 주었을 것임, 막 12: 15. 데나리온은 로마의 화폐 단위로 1 데나리온은 노동자 하루 품삯에 해당됨)

(4) 죽은 자의 부활에 대한 논쟁(12: 18-27)

(5) 제일가는 계명에 대한 질문과 답변(12: 28-34)

(6) 다윗이 그리스도를 주라 부름(12: 35-37)

(7)과부의 헌금(12: 38-44): 두 렙돈은 1/64 데나리온에 해당됨

7) 예루살렘의 종말에 대한 예수님의 예언(13: 1-37)

4. **고난과 부활**(14: 1 - 16: 20)

유월절이 이틀 후로 다가왔을 때, 예수님은 마지막으로 베다니에 거하면서 예루살렘에 들어가 고난을 받고 십자가에 달려 돌아갈 준비를 한다. 가룟 유다의 배신으로 말미암아 감람산에서 기도하고 나서 붙잡히고, 대제사장 앞에서 심문을 받고, 빌라도에 의해서 십자가형을 당한다. 그 후 3일 만에 죽은 자 가운데서 부활하여 제자들에게 보이고 대 사명을 명하신다.

1) 베다니에서 한 여인이 옥합을 깨뜨림(14: 1-9)
2) 가룟 유다가 예수를 넘겨주려고 결정하다(14: 10-11)
3) 마지막 유월절 만찬(14: 12-25)
4) 감람산으로 옮기다(14: 26-31)
5) 겟세마네에서 기도하다(14: 32-42)
6) 유다의 입맞춤으로 예수님이 잡히다(14: 43-52)
   (1) 유다의 입맞춤(14: 44-46)
   (2) 한 사람이 대제사장의 종의 귀를 칼로 치다(14: 47-49)
   (3) 제자들이 도망하고 한 청년은 벗은 몸으로 도망하다(14: 50-52)
7) 예수님이 위증을 당하고 베드로는 세 번 부인하다(14: 53-72)
   위증(14: 54-65)
   베드로의 세 번 부인(14: 66-72)
8) 빌라도의 선고와 십자가의 고난(15: 1-41)
9) 무덤에 묻히다(15: 42-47)
10) 부활과 대 사명(16: 1-20)
   "너희는 온 천하에 다니며 만민에게 복음을 전파하라"(16: 15)

그림 31) 감람산 전경

그림 32) 겟세마네 동산

누가복음

‖ 누가복음의 저자

신약성경에서 누가라는 이름을 가진 이름은 바울의 편지에 세 번 정도 나온다. 골로새서 4장 11절, 디모데후서 4장 14절, 빌레몬서 24절이다. 그런데 골로새서 4장 11절에서는 그를 "사랑을 받는 의사 누가"로 칭하고 있다. 그는 수리아 안디옥 출생인 이방인 의사였고, 바울의 2차전도 여행 기간에 드로아에서 바울 일행과 합류한다. 그 이전에는 바울에 대해서 3인칭으로 사용하다가 이때부터 바울 일행을 언급하면서 1인칭 복수형을 사용하는 것으로 보아 알 수 있다(행 16: 10). 바울이 빌립보를 떠날 때, 그는 그곳에 남아 있었던 것으로 추측된다. 그 후 바울의 3차전도 여행 기간 중 빌립보에서(여기서부터 다시 1인칭 복수형이 사용됨, 행 20: 5) 바울 일행을 다시 만나 그와 동행하여 로마까지 함께 한 것으로 알려지고 있다.

이 누가가 누가복음과 사도행전을 기록한 사람이라고 전통적으로 알려져 왔다. 예를 들면, 최초의 정경 목록이 언급되어 있는 무라토리 단편에서는 바울과 동행했던 이 누가가 자신의 이름으로 이 복음서를 저술하였다고 말한다. 뿐만 아니라, 이레니우스도 누가가 자신이 들은 복음을 하나의 책으로 기록했다고 말한다. 그 외의 초기 교부들은 그의 복음서를 종종 인용하고 있다. 비록 그는 예수님의 생애에 대한 목격자는 아니더라도, 사도 바울과의 관계 때문에 그의 두 작품은 사도적 권위를 가진 것으로 처음부터 인정되었고, 그래서 자주 인용되었다는 말이 된다.

그는 바울이 로마에서 순교할 때까지 바울 곁에 있다가 후에 84세의 일기로 죽었다. 그의 무덤이 에베소 입구에서 발견된 점으로 미루어 보아, 그는 이곳에서 사역하다가 자연사 한 것으로 보인다. 그는 이방인 그리스도인들을 위해 그들이 믿은 예수님의 생애에 대해서 그들의 신앙을 공고하기 위한 목적으로 이 복음서를 기록한 것으로 보인다. 그는 데오빌로가 "알고 있는 바를 더 확실하게 하려 함이라"고 그 목적을 말한다. 데오빌로는 이방인이고 상당한 지위를 가지고 있었던 사람으로, 누가는 그의 이름을 빌어서 모든 이방인 그리스도인을 염두에 두고 이 글을 쓴 것이라고 결론을 내려도 무방하다.

‖ 누가복음의 특징

누가복음은 서두에서 누가가 밝힌 것처럼 이방 세계로 확장되고 있는 기독교 운동의 근원을 살피고, 이해시키고, 확인시켜 주는 목적이 있다. 누가 자신은 그 운동의 시작인 예수님을 직접 목격하지 못한 사람이기에 자신의 기억이나 비망록을 사용할 수가 없고, 자신이 들은 것들과 탐구한 자료들을 근거로 누가복음과 사도행전을 기록하였다. 그는 이 운동이 예루살렘을 중심으로 하여 시작되었고, 그곳으로부터 이방 세계로 확장된 것임을 역사 기록적인 차원에서 다루고 있다.

예루살렘을 중심으로 하여 퍼져나간 이 운동의 창시자인 예수님은 누구이며, 무슨 일을 했으며, 그를 통해서 어떻게 이 운동이 시작되었고 확장되었는가에 대한 추적이라는 목적을 가지고, 누가복음에서는 일차적으로 인간으로 오신, 그리고 사람 사이에서 사역하신, 특별히 소외된 사람들에게 관심을 가지신 예수님의 인간성에 초점을 맞추고 있다. 그것은 예루살렘을 중심으로 한 유대인들에게만 국한되는 것이 아니라 이방인에게도 넓혀지고 있다는 점을 강조하고 있는 것이다. 이 목적을 드러내고자 누가는 다른 복음서에는 나타나지 않는 특수한 자료들을 선택하여 특별한 방법으로 복음서를 엮고 있는 것이다.

누가복음은 예수님 탄생과 관련하여 베들레헴 방문과 이집트로의 피신과 같은 이야기는 피하면서, 대신 그의 출생과 관련한 전혀 다른 이야기를 담고 있다. 그것은 세례 요한의 출생과 예수님 탄생의 정황을 상세하게 설명하고 있다는 것이다. 출생에 관련한 자세한 설명은 처음부터 그의 사역을 준비하는 세례 요한과의 관계 설정과 성전에서의 정결예식에 있다. 누가는 예수님의 계보를 마태복음과는 달리 아담으로까지 거슬러 올라간다. 이러한 사실들은 누가가 예수님에 대한 인간성을 강조하고 있음을 암시하는 것이다.

누가가 예수님의 인간성에 대해 초점을 맞추고 있다는 사실은 누가복음의 여러 곳에서 포착된다. 누가복음에는 나병 환자를 고치는 사건(5: 12), 귀신들린 자를 고치는 사건(8: 27), 야이로의 딸을 고치는 사건(8: 41), 예수님을 따르겠다는 사람 이야기(9: 57) 등이 기록되어 있는데, 그들에 대해 다른 복음서에서는 '사람'이라고 표기하지 않지만, 누가복음에서만 나병 들린 사람, 귀신들린 사람, 야이로라는 이름을 가진 사람, 예수님께 따르겠다는 한 사람 등 '사람'으로 표기되어 있다. 누가복음에서는 예수님의 출생부터 사역의 성격에 대해서 언급할 때 '성령'의 역사를 강조하고 있다. 이 점은 인간 예수님이 사역은 성령을 힘입고 있음을 전제하고 있는 것이다. 또한 누가복음에만 나오는 나인 성 과부의 아들을 살린 사건, 선한 사마리아인의 비유, 유산을 나누게 도와 달라는 요청, 곡간에 곡식을 쌓아둔 사람의 예, 탕자의 비유, 나사로와 부자와의 관계, 세리장 삭개오의 이야기를 볼 수 있다. 이들은 모두 예수님의 사역이 사람 중심이었음을 암시하는 것이다.

누가복음에서 예수님은 죄인과 세리의 친구라는 언급이 자주 등장하고(5: 29; 7: 33, 34; 15: 2; 19: 7), 여러 곳에서 기도의 사람으로 제시되고 있다(3: 21; 5: 16; 6: 12; 9: 28, 29; 11: 1; 18: 1-7; 22: 31, 32, 41, 44; 23: 34). 더 나가서, '인자'라는 명칭이 많이 나온다(약 27회). 그 대표적인 것은 19장 10절인데, "인자가 온 것은 잃어버린 자를 찾아 구원하려 함이니라"고 누가복음의 주제 구절을 제시하고 있다. 이 사실 또한 예수님의 인간성에 초점을 맞춘 언급이다.

‖ 누가복음의 개요

누가는 복음서를 쓰는 배경을 간단히 설명한 뒤(1: 1-4) 예수님의 사역 준비 과정을 비교적 상술한다. 나사렛으로부터 시작하여 세례 후의 시험과 나사렛으로의 귀환과 배척이 다루어지고, 이어서 본격적 갈릴리 사역의 정황을 알리며, 예루살렘으로 향하는 과정, 예루살렘에서의 사역과 고난, 그리고 부활 사건을 다룬다. 이 같은 일련의 과정을 6단계로 분류해서 누가복음의 구조를 이해할 수 있다.

1. 사역의 준비(1: 5 - 4: 13)
2. 전기 갈릴리 사역(4: 14 - 7: 50)
3. 후기 갈릴리 사역(8: 1 - 9: 50)
4. 예루살렘을 향하는 도중 갈릴리 변방에서의 사역(9: 51 - 13: 21)
5. 예루살렘을 향하여(13: 22 - 19: 27)
6. 예루살렘에서의 사역(19: 28 - 24: 53)

1. 사역의 준비(1: 5 - 4: 13)

1) 세례 요한의 출생 선언(1: 5-25)

2) 예수님의 수태 고지(1: 26-38)

그림 33) 마리아 수태 고지 기념 교회

그림 34) 마리아의 수태 고지

그림 35) 수태 고지 기념 교회 내부

3) 엘리사벳의 마리아 방문(1: 39-56)

4) 세례 요한의 출생(1: 57-80)

5) 예수님의 출생과 성전의식(2: 1-40)

6) 12살 때의 성전 방문(2: 41-52)

7) 세례와 시험(3: 1 - 4: 13)

예수님이 시험을 받을 때 누가복음에서는 마태복음과 달리 성령의 충만 함을 입어 성령에 이끌려서 광야에서 사십일 동안 이끌리며 마귀에게 시험을 받았다고 하면서, 밤낮으로 금식하였다는 말은 나오지 않는다. 그리고 마태복음에서의 시험 순서와는 달리, 성전 꼭대기에 뛰어 내리라는 시험과 천하만국을 보이며 절하라는 시험이 바뀌어서 두 번째가 세 번째로 세 번째가 두 번째로 기록되었다. 마귀의 시험이 끝난 후, 마태복음과는 달리 마귀가 잠시 동안 예수님을 떠났다고 기록하였다. 이 말은 마귀의 시험이 일회적이 아님을 뜻하는 말이다.

2. 전기 갈릴리 사역(4: 14 - 7: 50)

이제 예수님은 광야에서의 시험 후, 갈릴리 사역을 위해서 성령의 능력으로 갈릴리로 돌아갔다. 그리고 나사렛으로 귀환하여 갈릴리 사역을 시작한다. 이 시기에 있어서 가장 중요한 사역 중 하나는 12 제자를 확정짓는 것이다.

1) 나사렛에서의 배척(4: 14-30)

2) 가버나움에서의 사역(4: 31-44)

(1) 회당에서 귀신들린 자 고침(4: 31-37)
(2) 시몬의 장모 고침(4: 38-41)
(3) 전도의 지역 확장(4: 42-44)

3) 게네사렛 호숫가에서 어부들을 제자로 삼다(5: 1–11)

누가복음에서는 어부들을 제자로 삼는 것이 처음 있는 일로 기록하고 있으나, 요한복음의 내용을 보충하여 보면, 이미 요단강 가에서 세례 요한의 제자들이 예수님을 따랐다가 고향에서 고기잡이를 계속한 후에 다시 예수님을 따르는 것으로 나온다.

그림 36) 라파엘의 어부들을 부르는 장면

4) 나환자와 중풍병자를 고침(5:12–26)

5) 세관에 있는 세리 레위를 부르다(5: 27–39)

6) 안식일 사건(6: 1–11)

(1) 안식일에 제자들이 이삭을 자르다(6: 1-5)
(2) 안식일에 손 마른 자를 고치다(6: 6-11)

7) 12 제자를 사도로 부르다(6: 12–19)

12 제자들의 이름에서 마태와 마가는 다대오라는 이름을 사용하고 있는 반면, 누가는 다대오 대신 야고보의 아들 유다로 표기하고 있다. 따라서 다대오와 유다는 다른 이름을

가진 동일 인물로 보아야 한다.

8) 평지 수훈(6: 17–49)

마태복음과는 달리 누가는 산상에서의 수훈이 아니라, 평지에서 가르친 것으로 기록하고 있다. 마태는 앉아서 가르친 것으로, 누가는 서서 가르친 것으로 되어 있다. 이 차이에 대해 추측이 가능한 것은 예수님은 여러 상황에서 유사한 내용을 반복적으로 가르친 것으로 이해할 수 있다는 것이다.

(1) 복 있는 사람(6: 17-26)
(2) 사랑의 범위(6: 27-38)
(3) 눈 속의 들보와 티(6: 39-42)
(4) 열매에 의한 평가 기준(6: 43-45)
(5) 듣고 행함(6: 46-49)

9) 가버나움에서의 또 다른 사역(7: 1–50)

(1) 백부장의 종을 고침(7: 1-10)
(2) 나인 성에서 과부의 아들 살림(7: 11-17)
(3) 요한의 질문과 그에 대한 예수님의 평가(7: 18-35)
(4) 옥합을 깨뜨린 여자(7: 36-50)

3. 후기 갈릴리 사역(8: 1 - 9: 50)

1) 여인들이 예수님 일행을 섬기다(8: 1–3)

2) 씨 뿌리는 비유와 그에 대한 해설(8: 4–15)

3) 등불의 비유(8: 16–18)

4) 가족에 대한 새로운 정의(8: 19–21)

5) 바다 물결을 잔잔케 함(8: 22–25)

6) 거라사의 귀신들린 자 고침(8: 26-39)

7) 야이로의 딸을 일으키고 혈루증에 걸린 여자를 고침(8: 40-56)

8) 12 제자 파송(9: 1-11)

9) 오병이어의 기적(9: 12-17)

10) 베드로의 고백과 고난의 예고(9: 18-27)

11) 변화 산에서 변화(9: 28-36)

12) 귀신들린 아이 고치다(9: 37-43)

13) 두 번째 고난의 예고와 큰 자에 대한 담론(9: 44-50)

4. 예루살렘을 향하는 도중 갈릴리 변방에서의 사역(9: 51 - 13: 21)

예수님은 갈릴리 사역에서의 정점인 변화 산에서의 변화된 모습을 제자들에게 보이고 나서 자신이 하나님께 돌아갈 시간이 임박했음을 알고 예고한 대로 예루살렘에서 고난을 받기 위해 예루살렘으로 가기로 작정한다. 그리고 제자들을 데리고 갈릴리 지역을 떠나 갈릴리 변방에 머물며 다양한 사역을 한다. 예수님은 사마리아 지역을 통과하기를 원하여 제자들을 미리 보냈으나, 그들이 허락하지 않았기 때문에 그곳을 피하여 갈릴리 변방을 거쳐서 예루살렘으로 가기를 원한다. 그 도중에 있었던 사역은 주로 가르침에 있고, 몇 가지의 기적이 포함되어 있다. 누가는 다른 복음서보다도 이 시기의 사역에 대해 많은 부분을 할애하고 있다.

1) 사자들을 사마리아로 앞서 보냄(9: 51-56)

2) 예수님을 따르는 여건(9: 57-62)

3) 70인 파송(10: 1-24)

(1) 파송과 지침(10: 1-11)

(2) 믿지 않는 고을들에 대한 경고(10: 12-16)
(3) 70인의 귀환과 보고(10: 17-20)
(4) 예수님의 감사기도(10: 21-24)

4) 선한 사마리아 사람에 대한 비유(10: 25–37)

5) 마르다와 마리아의 차별화(10: 38–42)

6) 기도에 대한 가르침(11: 1–13)

7) 바알세불을 힘입어 기적을 행하는가?(11: 14–26)

8) 참 복 있는 자(11: 27–28)

9) 악한 세대가 구하는 표적(11: 29–32)

10) 등불의 비유(11: 33–36)

11) 바리새인과 율법 교사와의 논쟁(11: 33–54)

12) 바리새인의 외식에 대한 경고(12: 1–12)

13) 유산 상속의 문제와 부자의 비유(12: 13–21)

14) 염려하지 말라(12: 22–34)

15) 깨어 있어야 할 이유(12: 35–48)

16) 예수님이 오신 목적(12: 49–53)

17) 시대의 분간(12: 54–59)

18) 회개하지 않으면 망한다(13: 1–5)

19) 무화과나무의 비유(13: 6–9)

20) 18년간 귀신들려 꼬부라진 여인 치유(13: 10–17)

21) 하나님 나라의 비유(13: 17-21)

5. 예루살렘을 향하여(13: 22 - 19: 27)

이제 예루살렘으로 입성하기 전에 갈릴리 변방에 있는 각 성과 각 촌으로 다니며 마침내 예루살렘으로 방향을 정한다. 이 시기에 예수님은 여러 가지 교훈을 가르치며, 하나님이 잃은 양을 찾으시는 마음을 비유를 통하여 드러낸다. 예수님 일행은 여리고를 지나 예루살렘으로 입성하는데, 여리고에서 삭개오를 만나고, 삭개오와의 대면을 통하여 예수님은 이 복음서의 주제 구절인 "인자의 온 것은 잃어버린 자를 찾아 구원하려 함이니라"고 선포했음을 기록하고 있다.

1) 좁은 문으로 들어가라(13: 22-30)

2) 예루살렘에 대한 송사(13: 31-35)

3) 안식일에 고창병 든 사람 고침(14: 1-6)

4) 상석과 말석의 비유(14: 7-11)

5) 잔치에 가난한 사람을 초청하라(14: 12-14)

6) 강권하여 내 집을 채우라(14: 15-24)

7) 제자가 되기 위한 조건(14: 25-35)

8) 잃은 자를 찾는 세 가지 비유(15: 1-32)

(1) 한 마리 잃은 양을 찾는 비유(15: 1-7)
(2) 한 드라크마를 잃은 여자의 비유(15: 8-10)
드라크마는 헬라 화폐의 단위로 1 드라크마는 2 데나리온에 해당된다.
(3) 탕자의 비유(15: 11-32)

9) 불의한 재물에 대한 비유(16: 1-18)

10) 부자와 나사로의 비유(16: 19–31)

11) 용서하라(17: 1–4)

12) 겨자씨 한 알만한 믿음(17: 5–6)

13) 참 종의 자세(17: 7–10)

14) 열 명의 나병환자를 치유함(17: 11–19)

15) 종말의 때(17: 20–37)

16) 과부의 간청과 불의한 재판관(18: 1–8)

17) 세리와 바리새인의 기도(18: 9–14)

18) 어린아이와 같이 하나님의 나라를 받들라(18: 15–17)

19) 영생을 얻기 위한 질문과 대답(18: 18–30)

20) 세 번째 고난에 대한 예고(18: 31–34)

21) 여리고에서 맹인의 눈을 뜨게 함(18: 35–43)

22) 여리고에서 삭개오를 만남(19: 1–10)

23) 종에게 므나를 맡긴 비유(19: 11–27)

므나는 헬라의 화폐 단위로 약 100 데나리온에 해당된다.

5. 예루살렘에서의 사역(19: 28 - 24: 53)

예수님과 일행은 여리고를 지나서 예루살렘 인근의 베다니로부터 나귀를 타고 예루살렘에 입성한다. 이때 많은 사람이 호산나를 외치며 예수님을 환영한다. 예수님은 성전을 드나들면서 가르치며 척결하지만, 적대자들은 그를 잡아 죽일 계획을 세운다. 그러나 예수님은 그것을 상관하지 않고 계속해서 그들을 자극할 만한 가르침과 비유를 제시한다.

결과적으로 그는 가룟 유다의 배신으로 감람산에서 잡히고, 베드로는 부인하고, 예수님은 조롱당하며 십자가에 달린다. 거기서 함께 십자가에 달린 강도 중 하나가 회개했을 때, 그에게 낙원에 대한 약속을 한다. 예수님은 "내 영혼을 아버지께 맡긴다"는 마지막 말을 하며 죽으시고, 삼일 만에 부활하여 엠마오로 가는 두 제자에게 나타나시고, 성령의 강림을 약속하고 베다니 앞에서 승천하신다.

1) 나귀타고 입성하다(19: 28-40)

2) 예루살렘을 향하여 우시다(19: 41-44)

예수님이 우셨다는 사실은 복음서에 단 두 번 나온다. 한 번은 요한복음 11장 45절이고, 다른 하나는 이곳이다. 예수님은 예루살렘을 향하여 우시고, 예루살렘의 멸망을 예언하였다.

그림 37) 이슬람 황금 돔 사원이 제 2 성전 자리를 차지하고 있다.
이것은 예수님의 예언에 대한 극명한 상징이다.

3) 성전 청결(19: 45-46)

4) 적대자들의 음모(19: 47 - 20: 8)

5) 포도원 비유(20: 9–26)

6) 부활에 대한 논쟁(20: 27–40)

7) 그리스도에 대한 문제 제기(20: 41–44)

8) 외식적인 기도(20: 45–47)

9) 과부의 헌금(21: 1–4)

10) 성전 멸망 예언과 종말의 징조(21: 5–36)

11) 성전과 감람산 왕래(21: 37–38)

12) 유월절 만찬(22: 1–23)

13) 큰 자에 대한 다툼과 베드로에게 위임(22: 24–34)

14) 검 둘이 족하다(22: 35–38)

15) 감람산에서의 기도(22: 39–46)

16) 감람산에서 잡힘, 그리고 베드로의 부인(22: 47–61)

17) 희롱당하고 빌라도에게 넘겨짐(22: 62 - 23: 7)

18) 헤롯의 희롱(23: 8–12)

19) 고난과 십자가(23: 13–43)

20) "내 영혼을 아버지 손에 부탁하나이다"(23: 44–56)

21) 부활 때에 일어난 일(24: 1–53)

(1) 여자들의 보고(24: 1-12)
(2) 엠마오로 가는 두 제자의 보고(24: 13-35)

(3) 제자들 사이에 나타난 예수님(24: 36-49)

(4) 베다니 앞에서 승천(24: 50-53)

그림 38) 십자가를 지고 골고다 언덕까지 가는 길목

요한복음

‖ 요한복음의 저자

요한복음도 역시 자체적으로 저자가 누구인지 명확히 밝히지 않아서 저자에 관한 논란이 있다. 그것은 근대 비평가들이 전통적으로 받아들여져 왔던 사도 요한의 저작설에 대해 문제를 제기하면서 부터이다. 비평가들의 비평 근거는 파피아스가 에베소에는 사도 요한과 장로 요한 두 사람의 요한이 있었다는 듯한 암시를 한 데서 비롯된다. 그들은 요한복음은 사도 요한에 의해서 저작된 것이 아니라, 장로 요한에 의해서 저작된 것이라고 주장한다.

그러나 다음 사항들을 고려해 볼 때, 이 복음서의 저자가 사도 요한이라는 전통적 주장을 받아들이기에 충분하다. 첫째, 이 복음서의 내용을 면밀히 검토해 보면 그것들은 목격자의 증언이라는 사실이 명백하다(20: 30-31에서 이를 암시하고 있다). 예를 들면, 오직 이 복음서에서만 가나의 혼인 잔치에 관한 사건, 니고데모와의 만남, 사마리아 여인과의 대면, 베데스다 연못에서의 38년 된 병자를 일으킨 사건, 죽은 나사로를 일으킨 사건, 5,000명을 먹일 때의 안드레와 빌립과의 대화, 베드로가 칼로 제사장의 종의 귀를 쳤을 때 그 이름을 '말고'라고 지칭한 점, 예수님이 고난당할 때 제자 중 하나가 베드로와 함께 제사장 집 뜰로 들어갔다고 기록한 점, 십자가 위에서 예수님이 어머니를 사랑하는 제자에게 부탁한 사실, 그리고 디베랴 호수에서 7 제자들이 물고기를 잡을 때 부활하신 예수님이 나타난 사실에 대한 기록은 그 현장에 있었던 사람의 증언일 수밖에 없다.

또한 이 복음서의 내용을 면밀히 검토해 볼 때, 이 저자는 팔레스타인에 거주하는 유대인이어야 한다는 사실을 인정치 않을 수 없다. 예를 들면, 10장 22절에 나오는 수전절에 관한 기록이든가, 초막절과 관련된 관습에 관한 언급, 유대인의 장래와 관련된 관습 등이 그렇다. 그는 야곱의 우물이 깊다는 사실도 알고 있었으며, 예루살렘과 그리심 산에서 행해지던 두 가지 형태의 예배 형식에 대해서도 알고 있었다. 그는 또한 베데스다의 연못에 대해서도 잘 알고 있었다. 이 같은 사실은 요한복음 21장 24절에서 암시적으로 말한 것처럼, 이 복음서의 저자가 사도 요한이라는 사실을 받아들여야만 한다는 것을 강요하고 있는 것이다.

사도 요한이 후에 사역했던 에베소에는 그를 기념해서 그의 무덤 터에 후대에 지은 요한 기념 교회가 있다. 그곳의 유적지 안내 글에는 그가 이 복음서와 계시록과 서신 서들을 기록하였다고 보고하고 있다.

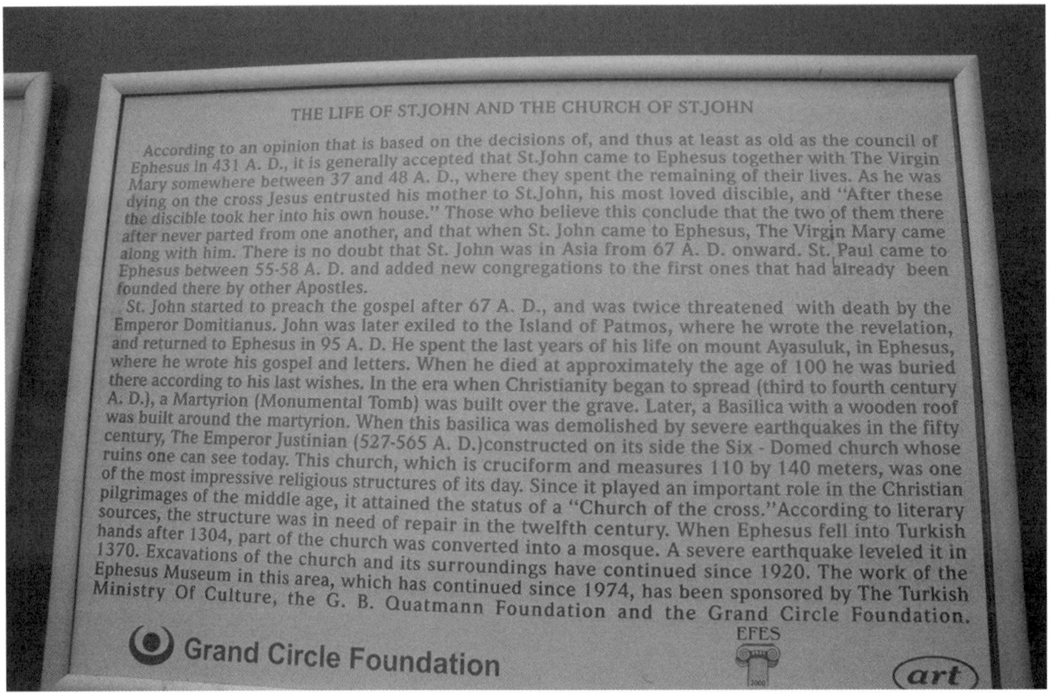

그림 39) 에베소의 요한 기념 교회 유적지 안내문

위의 글을 보면, 사도 요한과 예수님의 어머니 마리아는 늦어도 67년 이래로 에베소에 살았으며, 요한은 두 차례 도미티안 황제에게 핍박을 받았다가 100세 쯤 되어 죽었다고 한다. 그의 유언에 따라서 그는 작은 언덕에 묻혔으며, 이 언덕에 후대에 기념 교회가 건립되었다고 말하고 있다.

그림 40) 전면에 보이는 네 기중이 둘러 있는 곳이 요한의 무덤이고
뒤에 보이는 곳이 기념 교회가 지진으로 파괴되어 있는
유적지

그림 41) 위의 그림 후면 두 기둥 사이의
비석에 요한의 무덤이라고 쓰임

그림 42) 러시아의 키렐리이의 기지
수도원에 있는 사도 요한의 상

‖ 요한복음의 특징

마태복음, 마가복음, 누가복음 이 세 복음서를 공관복음서라고 한다. 기록된 내용이라든가 시기 장소 등이 서로 유사성이 있기 때문에 그렇게 붙여진 이름이다. 세 사람의 저자가 누가 누구를 의존하여 자신의 복음서를 작성하였는가에 대한 논의를 공관복음서 문제라고 한다. 오늘날 많은 사람들이 받아들이고 있는 견해는 먼저 마가복음이 나왔고, 이 복음서를 기초하여 마태와 누가는 소위 Q 자료라는 예수님의 말씀에 관한 기록물을 참조하여 자신들만의 특수 자료를 도입시켜서 복음서를 기록하였다는 주장이다. 그러나 이 주장은 Q 자료라는 가설(역사적 실체가 아직 나타나지 않았음)에 근거한 것이고, 그에 대한 반론도 만만치 않다. 누가는 자신이 지금까지 기록한 내용들을 참고하였다고 했기에 누군가를 인용하였음을 인정하더라도 최근에는 누가가 마가보다도 오히려 마태를 인용하였다는 주장이 강력하게 제기되었다.

마태가 마가를 인용하여 자신의 복음을 기록하였다는 가설은 전통적인 입장을 부인하고, 70년 이후에 누군가가 마태복음을 기록하였다고 주장하는 것이다. 마태복음이 70년 이전에 독자적으로 목격자에 의해 기록되었음을 초기 기독교에서 주장한 바 있다. 초기 기독교는 이미 목격자들의 증언들이 사도들의 설교나 가르침에서 사용되었고, 그 증언들은 그들의 감독 하에 있었기에 어떤 형태로든지 보존되었다는 것을 부인할 수가 없다. 그러므로 이 같은 구전의 형태로 보존된 증언들이 각각의 저자들에 의하여 활용되었음을 부인할 수는 없다. 이 과정에서 저자들의 신학적 입장이나 초점이 성령의 감동에 의하여 작용하였고, 기록으로 남겨졌다고 말해야 한다.

요한복음은 이 같은 공관복음의 문제와는 전혀 상관없는 요한의 특수한 신학적 입장을 반영하면서, 예수님의 생애를 태초부터 말씀으로 계셨던 하나님의 아들인 그가 하나님의 은혜와 진리에 대해서 계시하는 사역에 초점을 맞추고 있다. 그것은 요한복음이 독수리로 비교되는 이유이기도 하다. 그러기에 이 복음서에는 인간적인 계보가 없으며, 단지 말씀이 육신이 되었노라고 말하고 있다. 육신을 입은 예수님이 우리 가운데 거하면서 하나님의 생명 재창조의 은혜와 진리에 대해 계시한다고 강조하고 있다.

이 복음서에는 비유로 가르친 부분이 빠져 있고, 오히려 예수님이 누구인지에 대한 선언이 집중되고 있다. 이 선언은 7가지로 나타나고 있는데, 부활 후에 있었던 기적을 제외하고, 7가지 기적이 병행적으로 이 선언을 입증하고 있다. 예수님이 자신의 신성에 대해 선언할 때, 항상 '에고 에이미'라는 문구로 선언하고 있다고 요한복음은 기록하고 있다. 그것은 생명의 떡(6: 35), 세상의 빛(8: 12), 양의 문(10: 7), 선한 목자(10: 11), 생명이요 부활(11: 25), 길이요 진리요 생명(14: 6), 포도나무(15: 5) 등이다. 7가지 기적은 물로 포도주를 만듬(2: 9), 왕의 신하의 아들 고침(4: 50), 38년 된 병자를 고침(5: 8-9), 오병이어의 기적(6: 11), 물위를 걸음(6: 19), 소경의 눈을 뜨게 함(9: 7), 죽은 나사로를 살림(11: 44) 등이다. 이 모든 것은 이 사실을 본 사람들로 하여금 자신이 하나님의 아들이라는 것과 이를 믿는 사람들이 영생을 얻게 하려 함이라는 것이다.

"예수께서 제자들 앞에서 이 책에 기록되지 아니한 다른 표적도 많이 행하셨으나 오직 이것을 기록함은 너희로 예수께서 하나님의 아들 그리스도이심을 믿게 하려 함이요 또 너희로 믿고(믿음과 동격어가 무려 100회 이상 나온다) 그 이름을 힘입어 생명을 얻게 하려 함이니라"(요 20: 30-31).

요한복음에서는 누가복음에서처럼 다른 복음서와 달리 성령에 대해 강조를 많이 하고 있다. 복음의 시작을 알리며, 능력을 나타내며, 교회의 확장에 절대적 준행자로서 성령을 강조한 누가복음과는 달리, 요한복음은 성령의 역할을 그리스도를 통하여 계시된 사실들을 계속하며, 그리스도를 따르는 제자들의 증거의 삶에 있어서 하나님이 그들을 고아처럼 홀로 내버려 두지 않고 함께 하며, 힘을 주며, 위로하는 분으로 강조하고 있다.

요한복음이 다른 복음서와 다른 점은 이 복음서에는 계보가 없으며, 광야의 시험과 변화 산의 경험도 없다. 12 제자를 선택하여 파송하는 장면도 없고, 기도하는 장면도 나타나 있지 않다. 그의 메시지에는 "회개하라 천국이 가까이 왔느니라"가 없고, "너의 죄가 사하여졌다"는 선언도 없고, 계속해서 믿음에 대해 강조하고 있다. 이 모든 것은 그의 신성과 관련하여 볼 때, 그에게 그 같은 인간적인 사건들이 필요치 않음을 암시하는 것이며, 요한복음의 신학적 특성과 연관이 있음을 보여준다.

‖ 요한복음의 개요

요한복음은 다른 복음서와는 달리 지역을 중심으로 한 사역을 기록했다기보다는 유월절과 연관 지어서 예수님의 사역을 조명했다고 볼 수 있다. 다른 복음서에는 단지 한 번의 유월절만 언급되고 있지만, 요한복음에는 세 번의 유월절이 언급되고 있으며, 전체 구조가 이 유월절을 전후한 예수님의 사역을 조명하고 있다. 그러므로 요한복음의 구조는 이 세 유월절을 전후로 해서 엮어진다.

1. 서막(1: 1-18)

1) 빛을 영접하는 자 하나님의 자녀(1: 1–12)
2) 말씀이 육신이 되었다(1: 13–14)
3) 은혜와 진리를 드러냄(1: 15–18)

2. 첫 번째 유월절 전

1) 요단강 가에서 요한의 증거(1: 19–42)와 첫 번째 제자

요한의 증거로 그의 제자 안드레와 요한이 예수님을 따르다

2) 두 번째 제자들(1: 43–51)

예수님이 빌립과 나다나엘을 제자로 삼다

3) 가나의 혼인 잔치(첫 번째 기적 물을 포도주로 2: 1–12)

물을 포도주로 변화시킴으로 처음의 제자들이 믿게 되다

3. 첫 번째 유월절 이후(2: 13 - 6: 3)

1) 성전 청결(2: 13–22)

46년 동안 지은 성전을 헐면 3일 만에 일으키리라

2) 사람에게 의탁치 않음(2: 23–25)

그림 43) 파괴된 헤롯의 성전 터

3) 니고데모와의 대화(3: 1–21)

예수님은 니고데모와의 대화에서 복음의 핵심인 인자가 십자가에 달리며, 그를 믿으면 거듭난다고 가르침

4) 예수님에 대한 세례 요한의 증거(3: 22–30)

세례 요한은 “그는 흥하여야겠고 나는 쇠하여야 하리라”고 증거 한다.

5) 사도 요한의 해설(3: 31–36)

요한은 예수를 하나님의 아들로 증거하며, 그를 믿으면 영생이 있다고 한다.

6) 사마리아 여인과의 대화와 반응(4: 1–42)

(1) 수가의 야곱의 우물에서 여인을 만나 물 좀 달라고 요청하다(4: 1-8)

그림 44) 수가에 있는 야곱의 우물

그림 45) 물동이를 이고 있는 여자 사마리아 여자는 이런 모습이었을 것이다

(2) 여자의 반응과 예수님의 대답: 당신이 야고보다 크니이까?(4: 9-14)

(3) 남편을 데리고 오라(4: 15-19)

(4) 신령과 진리 가운데서 예배하라(4: 20-25)

(5) 메시야 계시(4: 25-26)

(6) 물동이를 버려두고 동네에 가서 증언하다(4: 27-39)

(7) 사마리아인이 믿다(4: 39-42)

7) 가버나움에 있는 왕의 신하의 아들을 고치다(두 번째 기적, 4: 43-53)

8) 베데스다 못에서 38년 된 병자를 고치다(세 번째 기적, 5: 1-18)

안식일에 이 기적을 예수님이 행하였고 하나님과 자신을 동등으로 삼았기에 유대인들은 예수님을 죽이고자 함

그림 46) 폐허화된 예루살렘의 베데스다 연못

9) 아버지의 하는 일을 예수님도 한다(5: 19–47)

(1) 모든 권세를 주셨다(5: 19-23)
(2) 믿는 자는 사망에서 생명으로 옮겼다(5: 24-29)
(3) 요한의 증거보다 더 큰 증거(5: 30-39)
(4) 불신앙은 하나님을 사랑하지 않는 증거다(5: 40-47)

4. 두 번째 유월절 전후(6: 1 - 11: 57)

1) 갈릴리 지역에서 5,000명을 먹이다(네 번째 기적, 6: 1–15)

다른 복음서와는 달리 빌립에게 묻고 안드레가 거드는 장면이 연출된다.
이 일 후에 사람들이 그를 억지로 왕으로 삼으려고 한다.

2) 물위를 걷다(다섯 번째 기적, 6: 16–21)

3) 가버나움 회당에서 생명의 떡에 대한 논쟁(6: 22–59)

예수님은 여기서 "나는 생명의 떡"이라고 선포(첫 번째 '에고 에이미')

4) 많은 사람이 예수님 곁을 떠나다(6: 60–71)

5) 초막절에 예수님이 누구인지에 대해 쟁론이 벌어지다(7: 1–53)

초막절 끝 날에 예수님이 "누구든지 목마르거든 내게로 와서 마시라 나를 믿는 자는 성경에 이름과 같이 그 배에서 생수의 강이 흘러나오리라"고 자신이 생수의 근원임을 천명하다.

6) 현장에서 간음하다 잡힌 여인(8: 1–11)

7) 성전에서 다시 가르치다(8: 12–20)

예수님이 "나는 세상의 빛이다"라고 선언하면서(두 번째 '에고 에이미') 논쟁이 벌어지다.

8) 계속되는 예수님의 근원에 대한 논쟁(8: 21–59)

9) 소경의 눈을 뜨게 하다(여섯 번째 기적, 9: 1–41)

(1) 실로암 연못에서 소경이 눈을 뜨다(9: 1-12)

그림 47) 실로암 연못

(2) 눈뜬 사실에 대한 논쟁(9: 13-34)
(3) 눈뜬 소경이 예수님을 만나다(9: 35-41)

10) 나는 양의 문이다(세 번째 '에고 에이미', 10: 1-10)

11) 나는 선한 목자다(네 번째 '에고 에이미', 10: 11-21)

12) 나와 아버지는 하나이니라(10: 22-42)

13) 나사로를 살리다(일곱 번째 기적, 11: 1-44)

죽은 나사로를 살리면서 "나는 부활이요 생명이니 나를 믿는 자는 죽어도 살겠고 무릇 살아서 나를 믿는 자는 영원히 죽지 아니하리라"(다섯 번째 '에고 에이미')고 말씀하심.

14) 예수를 죽이려고 공모하다(11: 45–53)

5. 세 번째 유월절 전후(11: 54 - 21: 25)

자신을 죽이려는 음모가 있자 예수님은 예루살렘 서북쪽에 위치한 에브라임 산지로 피신하였다가 유월절이 가까이 오자 그곳에서 베다니로 향한다. 그곳에서 예루살렘으로 나귀를 타고 입성한다. 그리고 고난 받을 것을 예고한다. 유월절 만찬을 한 뒤에 세족식과 앞으로 보낼 성령의 역할을 알려주시고, 마지막 기도를 드린 후에, 기드론 시내 건너편에 있는 겟세마네 동산으로 들어간다. 거기서 가룟 유다의 배신으로 붙잡혀서 십자가 처형을 당하지만, 죽은 지 3일 만에 부활하여 제자들에게 나타나신다.

1) 에브라임 산지로 피신함(11: 54–57)

2) 베다니에서 마리아가 예수님께 향유를 뿌리고 대제사장들이 나사로를 죽이려고 모의하다(12: 1–11)

3) 나귀를 타고 예루살렘으로 입성하다(12: 12–19)

4) 한 알의 밀이 땅에 떨어져 죽어야 한다(12: 20–36)

5) 이사야의 예언이 성취되다(12: 37–43)

많은 기적을 보았지만 사람의 영광을 하나님의 영광보다 더 사랑하였기 때문에 믿지 아니하였다.

6) 믿지 않으면 심판을 받을 것이다(12: 44–50)

7) 유월절 만찬과 세족식(13: 1–20)

8) 가룟 유다가 예수님을 배신하다(13: 21–30)

9) 새 계명과 베드로의 부인을 예고하다(13: 31–38)

10) 제자들을 위한 권면(14 – 16장)

(1) “내가 곧 길이요 진리요 생명이다”(여섯 번째 ‘에고 에이미’, 14: 1-6)
(2) “내가 아버지 안에 거하고 아버지는 내 안에 거한다”(14: 7-12)
(3) 고아처럼 버려두지 않을 것이다(14: 13-20)
(4) 나의 계명을 지키는 자(14: 21-24)
(5) 보혜사가 오면 모든 것을 생각나게 할 것이다(14: 25-31)
(6) 나는 참 포도나무다(일곱 번째 ‘에고 에이미’, 15: 1-8)
(7) 나의 사랑 안에 거하라(15: 9-16)
(8) 종이 주인보다 더 크지 못하다(15: 17 - 16: 4)
(9) 성령이 오시면 진리 가운데로 인도할 것이다(16: 5-15)
(10) 환난을 당하나 담대하라(16: 16-33)

11) 예수님의 기도(17장)

(1) 아버지를 영화롭게 하였나이다(17: 1-5)
(2) 아버지께서 나를 보내신 줄 믿었나이다(17: 6-8)
(3) 그들을 보전하소서(17: 9-12)
(4) 그들을 진리로 거룩하게 하소서(17: 13-19)
(5) 세상으로 아버지께서 나를 보내신 것을 믿게 하소서(17: 20-26)

12) 고난과 부활(18 – 21장)

(1) 동산에서 잡히시다(18: 1-11)

여기서는 겟세마네 동산 이름이 나오지 않고, 기드론 시내 건너편에 있는 동산이라고만 기록되어 있음. 이 사실은 저자가 그 지역의 지리적 지식이 정확함을 암시해준다.

(2) 대제사장 앞에 서다(18: 12-27)

예수님이 고초를 당하는 동안 베드로는 세 번 주님을 부인하다.

(3) 빌라도 앞에서 심문을 받다(18: 28-40)

빌라도는 예수님에게서 아무런 죄를 발견하지 못하였다고 선언하였다.

(4) 빌라도가 예수님을 십자가에 못 박도록 넘겨주다(19: 1-16)

(5) 십자가에서 운명하다(19: 17-37)

요한에게 어머니를 부탁하는 말을 하다. “내가 목마르다.” “다 이루었다”라고 십자가상의 일곱 마디 중 세 마디가 이 복음서에 기록되어 있다.

(6) 아리마대 요셉이 예수님의 시신을 무덤에 두다(19: 38-42)

(7) 베드로와 요한이 빈 무덤을 확인하다(20: 1-10)

(8) 막달라 마리아가 부활하신 주님을 만나다(20: 11-18)

(9) 다락방에 모인 제자들에게 예수님이 나타나다(20: 19-23)

(10) 도마는 그곳에 없었으므로 그 사실을 의심하다(20: 24-29)

(11) 이 복음서를 기록한 목적(20: 30-31)

(12) 디베랴 호수에서 부활하신 예수님을 만나고 베드로에게 사명을 주다(21: 1-25)

디베랴 호수에서 7명의 제자들이 고기를 잡다가 나타나신 예수님에 의하여 153마리의 고기를 잡다. 예수님이 베드로에게 “내 양을 먹이라”고 명한다.

그림 48) 디베랴 호숫가의 전경: 이 호숫가에서 부활하신 예수님이 제자들에게 나타났을 것이다.

사도행전

사도행전은 서두에 먼저 쓴 글, 즉 누가복음을 언급하면서 예수님의 행적과 가르침이 지금 전개되고 있는 교회 확장의 초석임을 설명하고 있으며, 사도행전은 연이은 교회의 탄생과 확장에 대한 설명을 하고 있다. 기독교회는 성령의 임재와 능력에 의해서 가능했던 것이며, 하나님의 섭리와 그리스도의 구속 사역을 계속 이어가기 위해서 성령의 충만함을 입은 그리스도의 제자들이 그리스도를 증거 하는 강력한 말씀 전파를 통하여 시작되었고, 확장되어 나가고 있음을 알리고 있는 것이다.

사도행전은 "오직 성령이 너희에게 임하시면 너희가 권능을 받고 예루살렘과 온 유대와 사마리아와 땅 끝까지 이르러 내 증인이 되리라"(1: 8)는 구절을 통해서 하나님의 섭리를 드러내고 있다. 그래서 사도행전은 그 사명을 떠맡을 12 사도의 확정과 성령의 임함으로 시작되어, 어떻게 복음 전파가 예루살렘으로부터 온 유대 지방, 사마리아, 그리고 이방 땅으로까지 이루어지고 있는지를 밝혀주고 있다.

이 같은 흐름은 크게 두 개의 축으로 구성되면서 전개되고 있다. 하나는 예루살렘, 온 유대, 사마리아로 일컫는 팔레스타인에서의 복음 전파와 교회의 시작, 그 다음은 이방 세계로의 복음 전파와 교회 확장의 흐름이다. 전자의 대표 주자는 사도 베드로이며, 후자는 사도 바울이다. 전자는 1장에서부터 12장까지(사도 베드로가 전면에서 사라진 시기)이고, 후자는 수리아 안디옥에서부터 바울의 전도여행이 시작되는 13장에서 로마에 이르는 28장까지의 두 단계로 나눌 수 있다.

‖제 1 단계

1. 팔레스타인 지역에서의 복음전파와 교회의 시작(1 - 12장)

1) 성령의 약속과 강림

(1) 서문: 성령의 약속(1: 1-5)

제자들은 예루살렘을 떠나지 않고 성령의 강림을 기다려야 했다.

(2) 예수님의 승천(1: 6-11)

예수님은 승천하기 전, 성령이 임하면 "너희가 권능을 받고 예루살렘과 온 유대와 사마리아와 땅 끝까지 이르러 내 증인이 되리라"고 약속한다.

(3) 마가의 다락방에 모인 120여 제자들(1: 12-26)

그들이 모여서 기도하며 가룟 유다 대신 맛디아를 사도로 뽑다.

(4) 오순절 성령 강림(2: 1-47)

① 성령 강림을 목격하다(2: 1-13)

유월절과 오순절, 그리고 초막절에는 유대인 남자들은 예루살렘을 방문해야 하는데, 멀리서 온 사람들은 유월절에 예루살렘을 방문하여 오순절까지 예루살렘에 약 7주간을 머문다. 그들은 바대인, 매대인, 엘람인, 메소보다미아, 유대와 갑바도기아, 본도와 아시아, 브르기아와 바빌리아, 애굽, 구레네, 리비아 여러 지방, 로마로부터 온 나그네 곧 유대인과 유대교에 들어온 사람, 그레데인, 아라비아인들이다. 이들은 각기 자신들의 방언으로 듣게 되었다.

② 베드로는 이 현상을 기회로 삼아 설교로 설명하다(2: 14-41)

베드로의 설교의 핵심은 1) 성령의 약속, 2) 십자가에 죽으신 예수님이 그리스도, 3) 예수님이 부활하였다, 4) 하나님이 그들 높이셨다, 5) 회개하고 믿으라, 6) 죄 용서의 약속이다.

③ 최초 믿는 사람의 삶의 형태(2: 42-47)

1) 가르침 받음, 2) 교제, 3) 기도에 힘씀, 4) 물건 서로 통용, 5) 성전에 모이기를 힘씀, 6) 하나님 찬미, 7) 온 백성에게 칭송을 받음.

2. 베드로와 요한에 의한 최초의 기적과 최초의 핍박, 그리고 징계 (3: 1 - 5: 11)

1) 나면서 못 걷게 된 사람을 고쳐주다(3: 1–10)

"은과 금은 내게 없지만 나사렛 예수의 이름으로 일어나라"

2) 베드로가 이어서 설교하다(3: 11-26)

설교의 요지는 너희가 죽인 예수 그리스도를 하나님이 살리셨고, 그를 믿음으로 이 사람을 고쳐주었다. 그러므로 회개하면 죄 사람을 받을 것이라는 약속이다.

그림 49) 이스라엘 박물관에 소장되어 있는 헤롯 성전의 모형:
베드로는 성전 뒤에 보이는 솔로몬의 행각에서 설교했을 것이다.

3) 최초의 핍박(4: 1-22)

너희의 말을 듣는 것이 하나님의 말씀을 듣는 것 보다 옳은가?(4: 1-22) 제사장들과 성전 맡은 자와 사두개인들이 베드로와 요한을 가두고 예수님의 이름으로 말하거나 가르치지 못하게 막았지만, 베드로는 성령이 충만하여 "보고 들은 것을 말하지 아니 할 수 없다"고 반박한다.

4) 연합기도(4: 23-31)

제자들이 풀려난 후 그들은 함께 기도하였다. 기도의 내용은 1) 저들의 위협에 대하여 신원할 것, 2) 담대히 하나님의 말씀을 전할 수 있게 할 것, 3) 예수의 이름으로 기사가 일어나게 할 것. 기도 후에 그들은 성령이 충만하여 담대히 말씀을 전하였다.

5) 최초의 징계 사건(4: 32 - 5: 11)

제자들은 서로의 물질을 나눔으로 도움이 필요한 사람들에게 도움을 준 공동체의 이상을 추구하기 시작하였다. 그러나 아나니아와 삽비라 부부는 스스로 땅을 팔아 판값을 바친다고 하고는 땅값의 일부를 감추고 나머지만을 속여서 바침으로 비참한 죽음을 맛보았다. 이는 기독교 내에 발생한 최초의 징계 사건이었다.

3. 계속되는 핍박과 첫 번째 집사들(5: 12 - 6: 6)

1) 사도들에 의해 이적이 계속하여 나타남(5: 12-16)

2) 옥에 갇히지만 풀려나서 전도하다(5: 17-32)

(1) 대제사장이 시기심으로 그들을 옥에 가두게 하다(5: 17-18)
(2) 주의 사자가 그들을 풀어주어 가르치게 하다(5: 19-25)
(3) 사람보다 하나님을 순종한다(5: 26-32)

3) 가말리엘의 충고(5: 33-42)

4) 첫 번째 집사들(6: 1-6)

(1) 집사들을 택한 동기: 헬라파 유대인과 히브리파 유대인 사이의 구제 문제에 관한 갈등 해결
(2) 사역의 차별화: 사도들은 말씀 전하는 일과 기도에 힘쓰고, 집사들은 봉사의 일
(3) 집사들의 자질: 성령과 지혜의 충만하며 칭찬 받는 자

(4) 일곱 집사
스데반: 유대인들에게 돌 맞아 죽은 최초의 순교자

빌립: 그의 집은 가이사랴에 있고 네 딸이 있다. 그는 후에 에베소 인근의 트랄스 (Tralles: 이그나티우스의 7 편지 중 하나가 이곳에 있는 교회에게 보내짐)의 감독으로 있다가 자연사했다고 함.

브로고로: 스데반의 조카이며, 사도 요한을 수행하였고, 후에 비두니아 주의 니코메디아의 감독으로 사역하다가 비시디아 안디옥에서 순교 당하였다고 함. 요한행전의 저자로 불림.

니가노르: 구브로 태생으로 후에 고향으로 가서 76년에 순교하였다고 함.

디몬: 그리스의 감독으로 사역하다가, 그의 설교가 그 지역 총독의 분노를 사서 화형으로 순교 당하였다고 함

바메나: 소아시아에서 수년간 사역하다가 마게도니아로 이주하여 정착한 후 빌립보에서 트라얀 황제 때 98년 경 순교 당하였다고 함

니골라: 유대교로 개종한 이방인으로 계시록에 나오는 니골라 당은 그의 이름에서 유래했다고 함. 그는 육체의 향락을 허용하여 그의 제자들이 니골라 당을 만들었다고 함.

4. 사도 외의 집사들에 의한 전도(6: 7 - 8: 40)

1) 스데반의 순교(6: 7 – 8: 3)

(1) 스데반이 성령의 충만함을 입어 기적을 행하고 말씀을 선포하다(6: 7-15)

(2) 대제사장 심문에 스데반이 설교하다(7: 1-53)

스데반의 설교의 요지는 1) 아브라함으로 시작하여 솔로몬까지의 역사적 조망, 2) 하나님은 손으로 지은 성전에 거하지 않는다, 3) 조상들이 선지자를 핍박한 것 같이 너희도 의인 예수를 죽인 살인자다.

(3) 무리가 그들 돌로 쳐 죽이다(7: 54-60)

그는 성령이 충만하여 죽으면서 “이 죄를 저들에게 돌리지 마옵소서”하고 기도하였다. 이때 바울(히브리 이름은 사울)이 그의 죽음을 마땅히 여기다.

(4) 이 핍박의 결과로 사도들이 예루살렘을 떠나 흩어지게 되었다(8: 1-3)

2) 빌립의 전도 여행(8: 4–40)

(1) 사마리아 지방(8: 4-25)

많은 기적들이 나타났고, 이를 본 마술꾼 시몬 마구누스가 세례를 받고 빌립을 따라다님. 예루살렘의 사도들이 베드로와 요한을 이곳에 보내 성령의 임함을 받도록 함. 베드로가 시몬을 정죄함.

(2) 가사에서 간다게 내시에게 복음을 전하고 세례를 베풂(8: 26-36)

그림 50) 1626년 렘브란트의 내시의 세례 장면

(3) 여러 곳에서 복음을 전하고 나서 가이사랴로 가다(8: 37-40)

그림 51) 빌립이 거주지로 삼은 가이사랴

그림 52) 로마 시대의 야외극장

가이사랴는 헤롯 왕이 기원전 25-13년 사이에 건설한 항구 도시로, 로마의 총독이 거주하는 도시이다. 1961년에 이곳에서 총독으로 있던 빌라도의 비석이 발견되었다. 이 도시는 기독교 시작 당시에 로마의 유대 주 총독부가 있었던 곳으로 유명하지만, 동시에 기독교 역사에 있어서 중요한 역할을 하였다. 70년에 예루살렘이 멸망한 뒤에 이 도시는 팔레스타인의 기독교 중심지가 되었다. 저명한 감독들, 예를 들면, 제롬 같은 감독들이 이곳에서 공부하였고, 무려 30,000개 이상의 기독교 문서들이 있었으며, 가이사랴 유형의 헬라어 본문의 발생지이기도 하다.

5. 바울의 등장(9: 1-30)

1) 바울이 부활하신 예수님을 만나다(9: 1–9)

기독교의 제 2 창시자로까지 알려진 바울의 등장 시점이 절묘하다. 예루살렘에서 스데반의 순교 이후 대대적인 박해가 일어나고, 제자들은 그곳에서 흩어질 수밖에 없었다. 빌립의 사마리아 전도와 간다게 내시의 세례는 이제 복음이 예루살렘에 머물러 있지 않고 유대 땅을 지나 사마리아로 진행되고 있었는데, 그것이 핍박에 의해 흩어진 결과인 것이다. 그리고 이 복음은 팔레스타인 땅을 넘어 이방 세계로 확장되어 전파되어야 할 시점에 와 있다. 이 같은 전이의 시점에 이방 세계의 전도와 교회 확장의 주역인 바울이 준비되어야 했다.

그림 53) 다소에 있는 바울의 생가에 세워진 바울의 생애의 약사: 사도행전에 나오는 바울의 생애를 요약하였다.

그림 54) 다소의 바울의 생가가 있었던 생가 터가 보존되어 있다.

그림 55) 생가 터에 있는 바울의 우물

2) 아나니아가 바울에게 보냄을 받다(9: 10–18)

다메섹 도상에서 부활하신 예수님을 만난 바울은 눈이 멀었고, 사람들에 의해 직가라는 곳에 있는 유다의 집에 묵게 되었다. 이때 아나니아라는 사람에게 주님이 나타나서 그를 만나라고 명한다. 그러나 아나니아는 그가 위험한 사람이라고 만나기를 항변한다. 그러자 주님은 "이 사람은 내 이름을 이방인과 임금들과 이스라엘 자손들에게 전하기 위하여 택한 나의 그릇이라"고 확인시켜 준다. 아나니아는 그를 찾아서 안수하고 바울은 "성령의 충만함을 받는다."

3) 바울의 증거와 다메섹 탈출(9: 19–25)

부활을 경험한 바울에게 최초로 나타나는 현상은 첫째, 다른 제자들과의 교제이다. 그는 이전의 대제사장과의 관계를 청산하고 전혀 새로운 관계를 형성한다. 회심의 이론에 의하면 전자는 분리(detachment), 후자는 접착(attachment)이라고 한다. 둘째, 예수님에 대한 증거이다. 그 증거는 예수님이 하나님의 아들이라는 사실이다. 이 증거는 그에게는 혁명적인 사고의 전환이다. 그는 그 예수님이 하나님의 아들임을 전파하는 사람들을 잡아 죽이려는 사람이었다. 이 같은 혁명적인 사고의 전환이 이방 세계의 복음 전도와 교회의 확장에 결정적 역할을 한다. 셋째, 동족들로부터의 박해이다. 그는 이 같은 고난을 예수님의 고난에 동참하는 것으로 여긴다. 그리고 모든 고난을 기쁨으로 견딘다.

4) 바나바가 바울을 예루살렘 제자들에게 소개하다(9: 26–30)

이방 세계의 전도에 있어서 예루살렘의 지도자들과의 연대성은 매우 중요하다. 그들에게 복음의 동역자로서 인정과 지원을 받는 것은 이방 세계 교회의 정당성의 확보를 위해 결정적이다. 그 다리를 놓은 사람이 바나바인 것이다. 그곳에서 유대인들이 그를 죽이려고 하자, 형제들이 그를 가이사랴에서 배를 태워 고향인 다소로 보냈다.

다소는 주전 1,000년경부터 세워지기 시작했다. 바다에서 20km 떨어진 시무스 강가에 자리 잡고 있었던 다소는 길리기아의 수도로서, 철학, 연설을 가르치는 학교들과 학문을 연마하는 위대한 학자들로 알려진 곳이었다. 무역상인의 동서연결 거점 도시였다. 안토니가 클레오파트라와 함께 동방에 새 제국을 건설하는 희망을 안고 그녀를 만나는 장소로 선택한 곳이기도 했었다. 이런 대도시적 분위기로 인해, 사울은 자신의 지혜와 수사법을 발전시킬 수 있었다. 도시 뒤에 있는 타루스 산은 높이가 3,600m이며, 동서를 연결하는 유일한 도로가 이곳을 지난다.

6. 베드로의 전도 여행과 퇴장(9: 31 - 12: 25)

1) 룻다에서 중풍병자를 고치다(9: 32-35)

2) 욥바에서 죽은 도르가를 일으키다(9: 36-43)

3) 가이사랴에서 백부장 고넬료의 가정에서 복음을 전하다(10: 1-48)

베드로가 고넬료의 집을 방문하여 로마의 백부장에게 복음을 전하고, 성령이 임한 후에 세례를 베푼 사실은 이방 세계로의 복음 전파에 있어서 전초적인 역할을 한다. 이 사실로 인해 유대인들에게 국한되었던 복음이 이방인에게도 동일하게 해당된다는 사실이 입증되었다. 이것 또한 복음 전도가 팔레스타인에서 이방 세계로 전이되는 과정에서 디딤돌과 같다. 이 사건과 관련해서 몇 가지 주지해야 할 점이 있다.

(1) 베드로와 고넬료에게 동시에 주님이 나타났다.
(2) 베드로는 율법에 의거해서 고넬료를 상봉하는 것을 거절하였다.
(3) 주님은 그의 거절을 허락지 않았다.
(4) 베드로는 그곳에 가서 설교하였는데, 설교의 내용을 요약하면 다음과 같다: 첫째, 하나님은 사람을 외모로 취하지 않는다. 둘째, 나사렛 예수에게 하나님이 성령과 능력을 부어주어 화평의 복음을 유대 땅과 예루살렘에서 전하였고, 우리는 그에 대한 증인이다. 셋째, 유대인들이 그를 십자가에 달아 죽였지만, 하나님이 그를 삼일 만에 일으켰다. 넷째, 우리는 그를 증거 하였고 믿는 사람에게는 죄 사함을 받게 했다.
(5) 말씀 전파와 함께 그들이 성령을 받았다.

4) 베드로의 보고(11: 1-18)

5) 안디옥이 베드로의 퇴장 전에 준비되다(11: 19-30)

스데반의 순교 후 핍박으로 흩어진 제자들이 베니게와 구브로와 안디옥에 이르러 유대인에게 복음을 전파하여 많은 사람이 믿었다. 바나바는 다소에서 바울을 안디옥으로 데리고 와서 그곳에서 가르쳤다. 바울과 바나바는 물질을 가난한 예루살렘의 형제들에게 보내는 일을 담당하였다.

6) 헤롯의 핍박과 베드로의 퇴장(12: 1–25)

(1) 헤롯이 요한의 형제 야고보를 칼로 죽였으니, 그는 사도들 중에서 첫 번째 순교자가 되었다.

(2) 베드로도 옥에 갇혔으나, 천사의 손을 빌어서 그곳에서 나온 후, 제자들에게 이 사실을 고하고 어디론가 사라졌다. 이후 사도행전에는 베드로에 관한 기록이 없다.

‖ 제 2 단계

이방 세계로의 복음 전파와 교회의 확장(13 – 28장)

베드로가 사라진 후 복음 전파는 안디옥을 중심으로 한 이방 세계로 전파되고, 결과적으로 교회는 확장된다. 수리아의 안디옥은 로마 제국에서 로마와 알렉산드리아 다음으로 세 번째 큰 도시였다. 인구는 50만이 넘었다.

이곳 이방 땅에 교회라는 이름을 가진 최초의 교회가 생겨났는데, 그곳에서 바나바와 바울이 1년 이상을 가르쳤다고 한다. 그 후에 성령님의 지시로 이 둘을 따로 세워서 본격적인 이방 세계에 전도가 시작된다. 이방 세계 전도의 중심에는 사도 바울이 있다. 사도 바울의 전도 여행은 크게 3차례에 걸친 전도 여행과 로마로의 여행으로 구분된다. 1차 전도 여행과 2차 전도 여행 사이에 바울은 이방 선교 문제와 관련한 예루살렘 회의에 참석하고, 다시 안디옥으로 와서 3차 전도 여행을 시작한다. 3차 전도 여행의 최종 종착지는 예루살렘이었고, 그곳에서 바울은 유대인들의 음모 때문에 로마 천부장의 손에 보호를 받다가, 황제에게 탄원하여 로마로 압송된다.

그림 56) 현재의 안디옥: 수리아 안디옥이었지만 지금은 터키 영

그림 57) 굴속에 있는 안디옥교회 위에는 무덤들이 있다

그림 58) 교회 내부: 약 20평 정도의 넓이

그림 59) 교회 안에 있는 제단: 강단으로 또는 성찬을 위한 제단으로 이용되었을 것이다

1. 바울의 1차 전도 여행(13: 1 - 14: 28)

1) 구브로에서의 전도(13: 1-12)

바울과 바나바, 그리고 요한 마가 일행은 안디옥을 떠나 바나바의 고향이 있는 구브로를 1차 목적지로 두고 항구 도시 실루기아로 내려가서 거기서 배타고 구브로로 향하여 살라미에 도착한다. 구브로 섬은 길이 225km, 넓이 100km 정도이며, 제주도의 5배가량으로, 세계에서 168번째 크기의 섬이다. 일행은 그곳의 여러 회당에서 복음을 전하고, 구브로 섬을 관통하여 서쪽 끝 항구 도시인 바보에 이른다.

그림 60) 항구도시 바보의 전경

그림 61) 1,200명 정도 수용할 수 있는 야외극장

이곳에서 바예수라는 유대인 거짓 선지자가 복음을 방해하였고, 성령이 충만한 바울은 그의 눈을 멀게 하였다. 이로 인하여 총독은 믿음을 가지게 되었다. 그 후 그들은 배를 타고 밤빌리아 주의 버가에 도착한다. 버가에서 마가는 예루살렘으로 돌아간다.

2) 아시아 지역(현 터키 남부지방)에서의 전도(13: 13 - 14: 28)

(1) 비시디아 안디옥에서의 전도(13: 13-52)

그림 62) 폐허화된 옛 안디옥

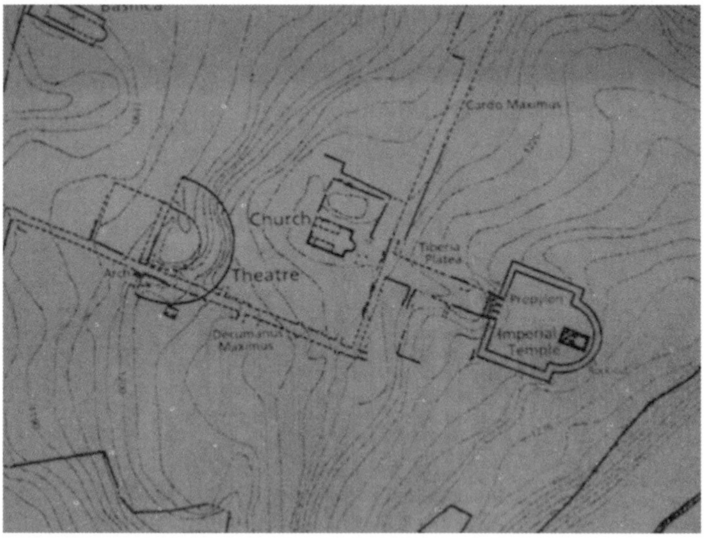

그림 63) 옛 안디옥 시의 계획도이다
야외극장 맞은편에 교회 터가 있고 바로 그 옆에 붙어 있는 것이 옛 유대인의 회당 터이다.

버가에서 북쪽으로 약 200km 떨어진 비시디아 안디옥으로 가려면 다소 산턱에 있는 아다다 시를 거쳐서 가야 한다. 험한 산길이었으며, 강도들의 출현이 잦았다. 옛 안디옥에는 파괴된 유대인의 회당이 있다. 그 회당 옆에 후에 교회가 세워졌다. 사도행전에는 이 곳에서의 바울의 최초 설교가 기록되어 있다. 여기서의 사역은 특별한 이적을 행했다는 기록이 아니라, 바울의 설교에 초점이 모아지고 있다. 이 설교를 통하여 바울의 복음에 대한 접근이 가능해진다. 그의 복음은 요약하면, 첫째, 다윗의 씨에서 이스라엘을 구원할 구주가 오는데, 그가 예수님이다. 둘째, 세례 요한이 예수님의 길을 예비하였다. 셋째, 예루살렘의 지도자들이 예수를 빌라도에게 내주어 죽게 하였다. 넷째, 하나님이 죽은 자 가운데서 그를 살리셨고, 부활한 그는 제자들에게 보이셨다. 다섯째, 이 사실은 구약에 이미 예언되어 있다. 여섯째, 이 사람을 힘입어 죄 사함을 우리가 전한다. 일곱째, 믿음은 구원받게 하지만 멸시하면 징벌을 당한다. 이 설교를 보면 바울이 얼마나 구약에 정통해 있으며, 구약의 메시아와 관련된 예언들을 정확히 예수님에게 적용시키고 있음을 발견한다. 그러나 유대인들이 시기가 가득하여 그들을 내어 쫓으므로, 이방 세계로 방향을 전환하게 된다.

그림 64) 폐허화된 안디옥의 교회 터

3) 이고니온 루스드라 더베에서의 전도와 귀환(14: 1-28)

안디옥에서 동쪽으로 약 160km 떨어진 이고니온에서 바울을 따르는 사람이 많이 생기자, 유대인들이 바울과 바나바를 죽이려고 하였고, 바울과 바나바는 그곳에서 피하여 32km 떨어진 루스드라로 향한다. 그리고 그곳에서 앉은뱅이를 일으킨다. 그러자 그곳 사람들은 그들을 신으로 삼고 세사를 느리려고 한다. 그 후 안디옥과 이고니온에서 온 유대인들이 바울을 돌로 쳐 죽은 줄 알지만, 바울은 일어나 96km 떨어진 더베로 향한다. 그 곳에서 복음을 전하고 역으로 루스드라, 이고니온, 그리고 안디옥과 버가로 가서 복음을 전하고 30km 떨어진 앗달리아에서 배를 타고 안디옥으로 귀환한다. 제 1차 전도 여행은 이렇게 막을 내린다.

그림 65) 수리아 안디옥으로의 귀환 길에 들러서 복음을 전한 폐허화된 버가
바울은 전면에 보이는 시장 터에서 복음을 전했을 것이다

4) 제 1차 전도 여행을 요약한 지도

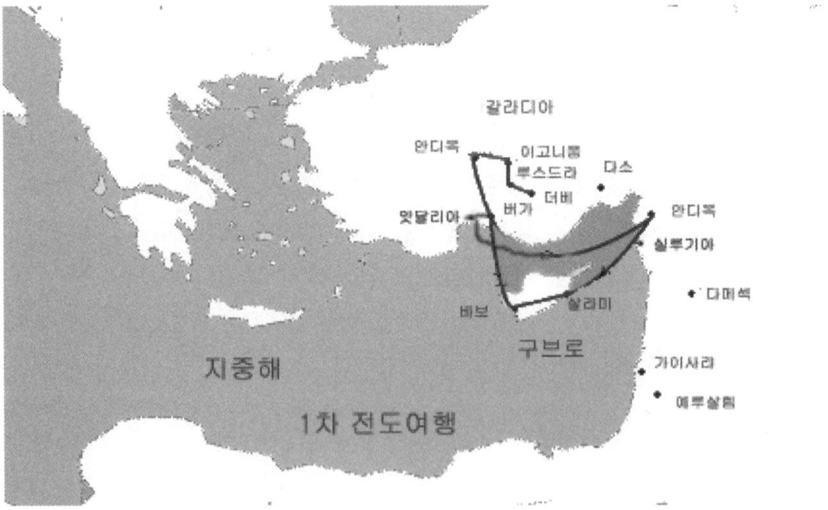

그림 66) 바울의 제 1차 전도 여행 지역

2. 최초의 기독교 공의회(15: 1-35)

1) 바울 서신, 특히 고린도후서와 갈라디아서를 보면, 바울을 적대하는 자들이 있었음을 알 수 있는데, 그 적대자들은 이미 안디옥교회에 들어와서 문제를 일으키고 있는 것을 볼 수 있다. 그들이 제기하는 문제는 이방인 그리스도인들도 할례를 받고 모세의 율법을 지켜야 한다는 것이다. 이로 인해 안디옥교회는 바울과 바나바를 예루살렘에 파송하여 이 문제를 해결할 것을 위탁한다. 이 사건으로 말미암아 중요한 사실이 기록되었음을 안다. 그것은 이미 베니게와 사마리아에 교회들이 존재하고 있음을 알 수 있다(15: 3).

2) 예루살렘교회는 제 1차 공의회를 열고 이 문제를 해결하다(15: 6-21)

베드로와 야고보가 바울의 입장을 지지하고, 야고보는 이방인들은 우상 숭배, 음행, 목매어 죽인 것, 피를 멀리하는 것 말고는 유대인과 동일하게 믿음으로 구원을 얻음을 확인한다.

3) 바울과 바나바는 유다와 실라와 함께 안디옥으로 돌아와서 가르치다(15: 22-35)

안디옥은 고대 다섯 곳의 총대 주교가 있는 곳 중의 하나이다. 그들은 로마교회, 콘스탄티노플교회, 알렉산드리아교회, 안디옥교회, 그리고 예루살렘교회이다.

3. 바울의 2차 전도 여행(15: 36 - 18: 22)

1) 바나바와 분리하여 제 2차 전도 여행을 떠나다(15: 37 – 16: 5)

밤빌리아에서 이탈한 마가 때문에 바나바와 바울 사이에 다툼이 있고, 바울은 실라를 택한 후에 수리아와 길리기아 지방을 지나가다. 수리아 지방에 안디옥교회 외에 다른 교회들이, 그리고 길리기아 지방에 이미 교회들이 존재하고 있음을 암시한다. 바울이 길리기아 지방을 지났다는 말은 고향인 다소를 거쳐서 다소 산의 유일한 통로를 지나 더베로 향해 갔음을 암시한다. 더베를 지나 루스드라에 이르렀을 때, 디모데가 전도 팀에 합류한다. 바울은 여기서 예루살렘교회가 결정한 사항들을 저들에게 지키게 한다.

2) 일행은 빌립보로 가서 사역하다(16: 6–40)

일행은 비시디아 안디옥을 지나, 브루기아를 거쳐서, 갈라디아 땅에서 전도한 후에, 부시아에서 비두니아로 방향을 틀려고 하였지만, 성령이 허락지 않으므로 무시아에서 드로아로 간다. 그곳에서 환상 중에 마게도냐에 와서 도우라는 음성을 듣는다. 여기서부터 누가가 일행에 합류하고, 일행은 배를 타고 항로로 185km 떨어진 네압볼리에 도착하여, 거기서부터 16km 내륙에 있는 빌립보에 도착한다. 빌립보에서 세 가지 사건이 발생한다. 첫째, 유대인 회당이 없으므로, 바울은 하나님을 경외하는 루디아를 강기테스 강가에서 만났고, 그 여자가 회심한다. 둘째, 귀신들려 점치는 여종의 귀신을 내쫓는다. 셋째, 옥에 갇힌 후에 옥사장에게 복음을 전하여 온 가족이 믿고 세례 받는다.

그림 67) 네압볼리의 바울 기념 교회 전면에 있는 입항 모습

그림 68) 폐허화된 옛 빌립보

그림 69) 루디아의 세례를 기념하여 조성한 강가의 십자가 모형 바위

그림 70) 바울 일행이 갇혀있었다는 지하 옥

빌립보는 일찍이 그리스 제국의 시작점이었고, 로마 제국의 시작에 있어서 결정적 계기를 마련하는 중요한 지역이다. 빌립보시 주변에 있는 광야 전투에서 옥타비아누스와 안토니의 승리가 옥타비아누스로 하여금 황제가 되게 하는 결정적 계기가 되었다. 그가 황제가 되어 전 제국의 "주"와 평화를 이룩한 "신"으로 인정받게 되었는데, 바로 이곳 전투의 승리에 기인한 것이다. 이곳에 퇴역 군인들이 거주하면서 로마인들이 통치하는 식민도시가 되었다. 바로 이곳이 바울에 의한 유럽 선교의 시작점이기도 하다. 바울은 이곳에서 예수 그리스도가 주되심을 위의 세 가지 사건 중에서 강조하였다. 이곳에 두 개의 커다란 교회가 있었음을 알 수 있다. 누가는 바울의 여정에 동참하지 않고 이곳에 남는다.

3) 데살로니가에서 전도하다(17: 1–14)

빌립보에서 비아 에그나티아(via Egnatia: 로마인들이 건설한 도로에 건설자의 이름을 붙임)를 따라서 160km 정도 남쪽으로 내려가면 데살로니가가 나온다. 데살로니가는 항구 도시로, 많은 사람들이 왕래하는 곳이다. 이 도시는 빌립보와는 달리 자유 도시이다. 자유 도시는 모든 행정이 자국민 지도자들에 의해서 시행되며, 오직 요구되는 것은 황제에 대한 충성심을 표하고 세금을 충실히 내는 것이다. 이 도시는 항구 도시이기 때문에, 특히 도시를 지키는 수호신들을 섬기는 곳으로 유명하다. 빌립보를 떠난 이들은 약 남서쪽으로 53km 떨어진 암비볼리와 그곳에서 43km 떨어진 아볼로니아를 지난다. 그곳의 한 언덕 위의 바위에는 "저희가 암비볼리와 아볼로니아로 다녀가 데살로니가에 이르니"라는 동판이 있다. 거기서 63km 떨어진 데살로니가에 도착하였고, 그들은 회당에서 대략 3주간을 가르쳤다. 유대인들은 폭도들을 선동하여 그들이 황제를 거역하는 말을 하였다고 고발하게 하였다. 이 때문에, 형제들이 밤에 데살로니가에서 약 60km 떨어진 베뢰아로 보낸다.

베뢰아에는 고대 철학자들이 설파하던 강단에 사도행전 17장 11절이 새겨져 있고, 바울 상이 있는 모자이크가 있다. 그곳에서 많은 사람들이 바울의 설교와 성경에 대해 좋은 태도를 보였다. 그러나 데살로니가 유대인들이 여기까지 몰려와서 바울은 그곳에서 배를 타고 아덴으로 향한다.

4) 아덴에서 전도하다(17: 15-34)

아덴은 지혜의 여신이요, 아덴 사람들의 어머니 신인 아테나가 지키는 지혜의 도시다. 아테나의 상은 런던의 대영제국 박물관에 있다. 그녀의 헬멧은 천정에까지 닿으며, 옷은 순금이었다. 이곳에서 소크라테스, 플라톤, 아리스토텔레스 같은 철학의 거물들이 활동하였다. 바울 당시에도 그들의 후계자들인 스토익 학파와 에피큐러스 학파가 바울과 담론하였다. 이들은 바울이 전하는 부활에 대해 믿어지지 않았을 것이다.

스토익 학파는 요약하면 정신적 안정과 행복은 이성적 적응에 의해서 가능해진다고 믿는다. 사람에게 나타나는 어떤 불행이나 고통은 우주 질서의 한 현상들이기에, 이것들은 사람에게 어쩔 수 없이 나타난다. 사람은 이성으로 이것을 받아들이고 내적으로 그것에 영향을 받지 않고 극복해 나가면 안정과 행복을 누릴 수 있다는 것이다. 그들에게 죽음은 우주 질서로의 복귀를 뜻하는 것이 된다.

반면 에피큐러스 학파는 인간의 욕망은 한이 없고, 그 욕망이 채워지지 않으면 불행을 겪게 된다고 믿는다. 그러므로 채워질 수 없는 육체적 쾌락을 추구하는 것은 더욱 불행하게 만드는 것이다. 그러므로 가능한 정신적 쾌락을 추구함으로 행복을 누릴 수 있다고 가르친다. 이들은 모든 것은 원자로부터 온 것이기에, 죽게 되면 그것이 분해되어 없어지므로 사후 세계도 존재하지 않는다고 가르친다.

바울은 분명 이 도시의 아크로폴리스(언덕 위의 요새)에 우뚝 서 있는 파르테논 신전의 웅장함을 목격하였을 것이다. 이 신전은 아테나 여신을 모시는 신전으로서, 폭 31m, 길이 70m, 높이 10m가 약간 넘는 46개의 기둥으로 지어져 있는데, 주전 4세기경에 15년간에 걸쳐서 완성되었다. 이 아크로폴리스로 올라가는 입구 왼쪽에는 그 유명한 아레오바고(살인자를 심판하는 자리가 있는 언덕)가 있다. 이 언덕에서 바울은 아덴의 알지 못하는 신에게 라고 새긴 단을 본 사실을 토대로 하여 그 유명한 아레오바고 설교를 행한다.

그림 71) 아덴의 아크로폴리스에 세워진
아테나를 섬기는 파르테논 신전

그림 72) 아테나 여신상의 작은
복제 본

아레오바고에서의 바울의 설교를 요약하면 다음과 같다: 첫째, 하나님에 대한 올바른 인식의 주문. 둘째, 하나님은 창조주라는 사실. 셋째, 사람은 하나님을 만날 수 있다. 넷째, 우상을 섬길 것이 아니다. 다섯째, 죽었다가 다시 살아난 사람에게 심판을 맡겼다. 여섯째, 믿을 만한 증거를 주셨다. 일곱째, 그러므로 회개하라.

그림 73) 바울이 설교한 아레오바고 언덕: 오른쪽 돌벽 중앙 동판에 바울의 설교 전문이
실려 있다

5) 고린도에서의 전도(18: 1-18)

아덴에서 약 90km 떨어진 고린도는 항구 겐그레아에서 도보로 한 시간 거리에 있다. 고대 세계 각지에서 무역선, 노예선 등이 이곳에 정박하게 된다. 이곳은 세계 각 곳에서 모인 사람들이 정보를 나누기도 하는 곳이다. 고린도 아크로폴리스는 아프로디테라는 여신을 모신 신전이 있는데, 그는 화살과 홀을 든 채 1,000명의 매춘부들을 거느리고 그 도시를 지배했다. 이곳에서는 믿기 어려울 정도로 매춘이 성행했다고 한다. 여기에는 2,600년가량 된 태양의 아폴로 신전이 있다. 원래는 38개의 원형 기둥으로 지어졌는데, 현재는 7개의 기둥만이 남아 있다.

그림 74) 고대 고린도에서 본 겐그레아 방향

그림 75) 폐허화 된 옛 고린도

그림 76) 아크로고린도가 뒤에 보이고, 앞의 단이 바울이 재판 받았던 베마

(1) 바울은 주후 49년에 있었던 글라우디오 황제의 칙령으로 로마를 떠난 유대인 중에 아굴라와 그 아내 브리스길라와 합류하고 회당에서 가르치다(18: 1-4).
(2) 실라와 디모데가 데살로니가에서 합류하고 많은 사람이 예수를 믿게 되었다(18: 5-11)
(3) 유대인들이 바울을 재판에 넘기다(18: 12-18)
(4) 에베소를 잠간 들렀다가, 배를 타고 가이사랴를 거쳐 예루살렘을 방문한 후, 안디옥으로 귀환하다(18: 19-22). 에베소에 아굴라와 브리스길라가 정착하다.

6) 제 2차 전도 여행을 요약한 지도

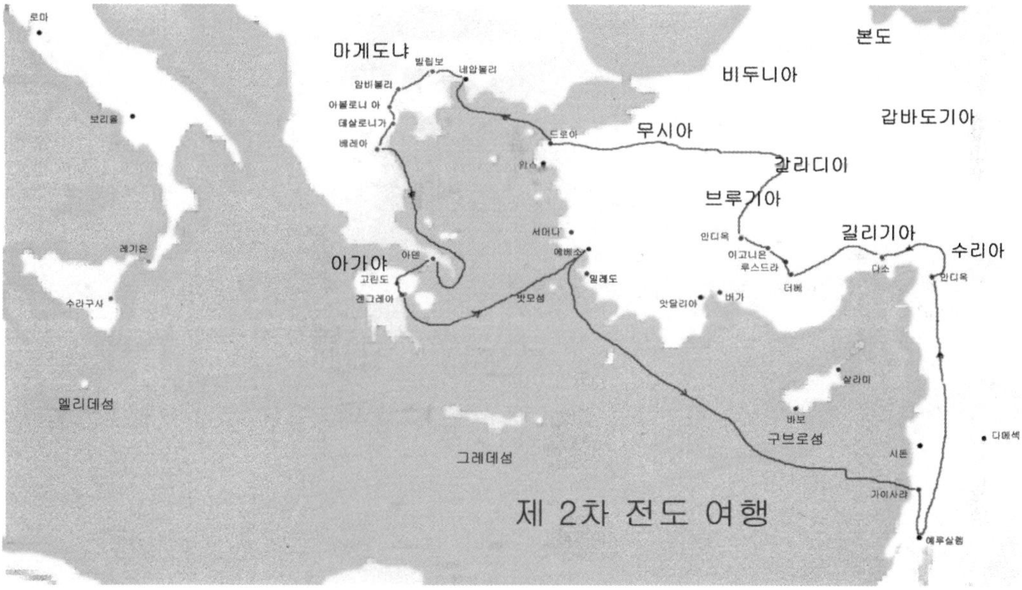

그림 77) 바울의 2차 전도 여행 여정

4. 바울의 제 3차 전도 여행(18: 23 - 21: 16)

바울은 안디옥에서 2차 여행 때 들렀던 브루기아와 갈라디아 지방으로 가서 제자들을 격려하고 에베소로 직행한다. 이들 지방에서 제자들을 격려했다고 하는 말은 2차 여행 때에 결실이 있었음을 의미한다. 사도행전의 저자 누가는 분명히 갈라디아 지방을 당시의 로마 행정 구역이 아닌 갈라디아 사람들이 거주하는 지역으로 사용했음을 알 수 있다. 에베소에 있던 아볼로가 고린도로 떠난 뒤, 그러나 아굴라와 브리스길라가 아직 에베소에 있을 때, 바울이 2차 여행 때 잠시 들렀을 때 약속한 대로 에베소에 왔다. 그곳에는 제자들이 이미 있었고, 바울은 3년간을 그곳에서 사역한다. 이 기간에 에베소교회가 모양을 갖추고, 골로새교회와 라오디게아 교회 그리고 히에라볼리 교회가 태어났을 것이다. 바울은 이곳에서 사역하는 동안 고린도교회와 계속해서 소통하면서, 에베소를 떠나서는 그곳에서 겨울을 나고 예루살렘으로 향한다.

에베소는 소아시아 주의 수도로서, 수리아 안디옥 다음으로 큰 도시이며, 실크로드의 종착 지점이었다. 동서를 잇는 항구 도시로서, 교역의 중심지이기도 하였다. 이 도시에는 고대의 세계 7대 불가사의한 건축물 중 하나인 아데미 신전이 있었다. 지금은 이 거대한 신전의 18m 높이의 원주 기둥 127개 중 하나만 남아 있다. 이 신전은 길이 137m, 넓이 69m, 높이 18m의 기둥으로 구성되어 있었다.

그림 78) 폐허화된 옛 에베소 전면에 셀수스 도서관 잔재가 보인다

그림 79) 25,000명을 수요할 수 있는 야외극장: 바울을 재판하려고 사람들이 모인 곳이다.

그림 80) 에베소 고고학 박물관에 있는 아데미 신전 모형도

그림 81) 아데미 신전 자리에 기둥 하나만 남아 있다.

1) 아볼로가 고린도로 떠나다(18: 23-28)

아볼로는 알렉산드리아 출신으로 수사학에 능한 사람이었고, 아굴라와 브리스길라의 영향을 받아서 기독교의 진리를 확실히 깨달은 뒤에 고린도로 가서 많은 영향을 끼친다.

2) 에베소에서의 부흥(19: 1-20)

세례 요한의 세례만 알던 사람들이 예수 그리스도를 믿음으로 예수의 이름으로 세례를 받고 바울이 안수함으로 성령이 임하였다. 오순절 이후 사마리아와 가이사랴, 그리고 이곳에서 성령의 임재가 있었다고 누가는 보고하고 있다. 부흥이 일어남으로써 많은 사람들이 책을 불사르는데, 그 양은 50,000드라크마에 해당된다. 그림 89)에서 보이는 도서관의 크기는 장서가 얼마나 많았을지 짐작하게 하는 대목이다. 아데미 여신을 섬기는 이곳 주민들에게 그 같은 부흥이 일어난 것은 누가의 말처럼 "주의 말씀이 힘이 있어 흥왕하여 세력을 얻었기" 때문이다.

3) 로마도 방문할 계획을 세우다(19: 21-22)

바울은 마게도냐와 아가야 지방을 방문한 후, 예루살렘을 거쳐 로마를 방문할 계획을 세우고, 디모데와 에라스도 두 사람을 먼저 마게도냐로 보냈다.

4) 에베소에서의 소요(19: 23-41)

바울로 인하여 데메드리오라 하는 사람이 아데미 우상과 관련한 사업에 손해를 본다고 생각하여 주민들을 선동하여 바울을 대적하게 한다. 이 본문에서 '아데미'라는 말이 무려 5회나 반복된다. 연극장이 2회 언급되는데, 그림 90)의 야외극장을 말한다. 무리들은 가이오와 아리스다고를 잡아서 연극장으로 들어간다. 그러나 서기장이 이 문제를 지혜롭게 해결하고 소요는 그친다.

그림 82) 아데미 신상 모형

그림 83) 무리가 둘을 이끌고 들어간 야외극장의 입구

5) 밀레도에서의 회동(20: 1-38)

바울 일행은 에베소를 떠나 마게도냐로 간다. 거기서 3개월 있다가 7사람을 먼저 드로아로 보낸다. 그들은 베뢰아 사람 소바더, 데살로니가 사람 아리스다고와 세군도, 더베 사람 가이오, 그리고 디모데와 아시아 사람 두기고와 드로비모이다. 바울 서신을 보면, 바울은 마게도냐를 지나 고린도까지 갔다가, 그곳에서 겨울을 나고 예루살렘 행을 택한 것으로 언급되어 있다. 그러므로 드로아로 먼저 간 사람들은 고린도에서 빌립보로 갔고, 거기서 7인을 먼저 드로아로 보낸 것으로 이해해야 한다. 빌립보에서 바울 일행에 다시 누가가 합류한다. 빌립보에서 바울 일행은 배를 타고 드로아를 향해 갔다. 거기서 유두고라는 청년을 살린다. 일행은 먼저 앗소로 내려갔고, 후에 바울이 앗소에 합류한 후, 미둘레네를 거쳐 밀레도로 향한다. 에베소로부터 온 장로들에게 당부와 경고의 말을 한 후 바울은 놀라운 간증 "내가 달려갈 길과 주 예수께 받은 사명 곧 하나님의 은혜의 복음을 증언하는 일을 마치려 함에는 나의 생명조차 조금도 귀한 것으로 여기지 아니하노라"고 말한 후에 함께 기도한다.

6) 예루살렘으로(21: 1-16)

바울은 밀레도를 떠나 배를 타고 두로로 향한다. 두로에서 배를 타고 돌레마이를 거쳐서 가이사랴로 간다. 가리사랴에서 전도자 빌립의 집에 머물다가 구브로 사람 나손을 데리고 예루살렘에 들어간다. 이와 같이 바울의 3차 전도 여행은 막을 내리다.

7) 제 3차 전도 여행의 여정

그림 84) 3차 전도여행의 여정:
안디옥에서 출발하여 예루살렘으로 가는 오랜 기간의 여정이다

5. 바울의 로마행(21: 17 - 28: 31)

1) 바울에 대한 오해와 대책(21: 17-26)

바울의 적대자들은 그가 유대인의 관습을 폐기하라고 가르쳤다고 오해하였기 때문에 그 대책으로 결례를 행할 것을 촉구하다.

2) 천부장이 바울을 구하다(21: 27-40)

3) 바울의 증언(22: 1-21)

4) 총독 벨릭스에게 보내짐(22; 22 - 23: 35)

하나님은 그의 생명을 필요한 때까지 지키기 위해 필요한 사람들을 들어 사용하였다.

5) 벨릭스 앞에서 유대인들의 고발과 변명(24: 1-27)

바울은 자신의 입장을 자기가 경험한 사실을 토대로 하여 간증하면서 변호하다. 로마 시민권을 가진 바울은 그 특권을 사용할 수 있었다.

6) 베스도의 재판(25: 1-12)

베스도가 바울을 유대인들에게 내어줄 것을 눈치 채고 가이사 황제에게 호소하다.

7) 아그립바 왕의 판단(2: 13 - 26: 32)

베스도는 아그립바 왕에게 판단할 것을 의뢰하였으나, 그도 정죄할 만한 사실을 바울에게서 발견하지 못하였다. 바울은 왕 앞에서 자신의 경험을 토대로 간증하며 변호하였다. 그리고 베스도에게 자신이 무죄하다고 증거 하였다.

8) 로마로의 압송(27: 1 - 28: 29)

바울이 황제에게 호소하였으므로, 항해의 모든 역경과 선원들의 음모에도 불구하고 하나님은 그와 동행하며 그를 안전하게 로마까지 오게 했다. 그 시점이 언제인지는 확인되지 않고 있지만, 바울이 네로 황제에 의해서 교수형으로 순교 당했다는 것은 잘 알려진 사실이다.

고대 로마는 티베르 강을 끼고 있는 일곱 언덕에 세워졌다. 이 도시는 외세의 침략에 대비하여 주전 4세기경에 완성된 서비안 성벽으로 둘러싸여 있는데, 총 길이 11km, 높이 10m, 바닥 넓이 3.6m이며, 16개의 성문을 가지고 있다. 바울은 로마로 들어갈 때 이 성벽의 어느 한 문을 통과했을 것이다. 로마는 당대의 세계적인 도시이기 때문에, 많은 이국 사람들이 이곳에 와서 정착하였을 것인데, 주로 티베르 강가의 여러 곳에 흩어져 살았을 것이다.

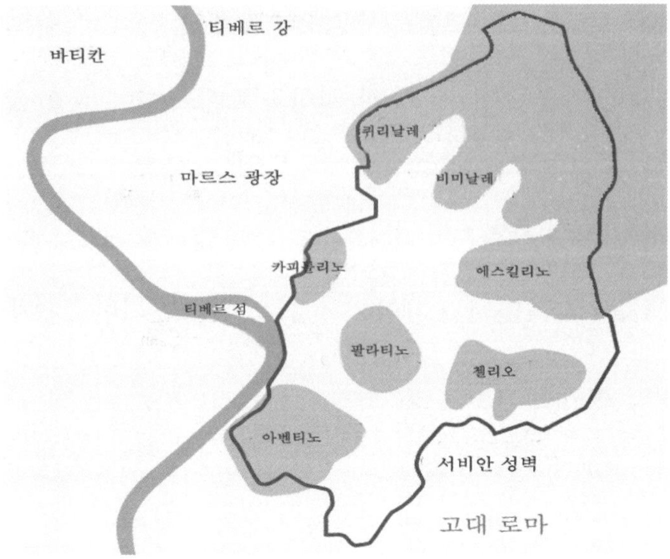

그림 85) 서비안 성벽 내의 7언덕 위에 세워진 고대 로마

9) 바울의 로마 사역(28: 30–31)

바울은 로마 제국의 심장부인 로마의 어느 곳에 셋방을 얻어 2년간을 지내면서, 하나님 나라를 전파하며 제국의 주인 황제가 있는 그곳에서 예수님의 온전한 명칭인 주 예수 그리스도에 대해서 가르쳤다. 이 기간 중에 세네카를 만난 적이 있다고 전해진다.

그림 86) 고대 로마 중심지의 유적지 일부

그림 87) 고대 로마의 서비안 성벽 밖에 있는 바울 기념 교회

10) 로마행의 여정 지도

그림 88) 바울의 로마 여정

제 3 부

교회 확장과 바울 서신

그림 89) 빌립보에 있는 루디아 기념 교회 내에 있는 바울 상

사도 바울의 전도 활동으로 교회들이 이방인 세계에 새롭게 세워지고 확장되면서 복음과 이방인 회심 자들의 문화적 배경의 갈등 조짐이 내부적으로 나타날 뿐만 아니라, 유대주의 관습과도 갈등이 발생하고 있다. 그러한 갈등은 복음을 퇴보시키는 결정적 요인이 되고, 그 결과는 바울의 죽을힘을 다한 복음 전파의 노력과 교회를 복음의 진리 가운데에 공고히 하여 다음 세대에 물려주려는 노력이 헛될 수 있게 되었다. 이러한 상황을 타개하기 위해, 바울은 경우에 따라서는 자신이 직접 그러한 상황 가운데 있는 교회를 방문하여 해결하려고 시도하거나, 그것이 여의치 않을 시는 자신을 대신한 대리자들을 교회에 파송하기도 하고, 가장 효과적인 방법으로 편지를 보낸다. 9권의 교회를 향한 편지들은 각 지역 교회의 상황과 관련이 있고, 나머지 개인 서신들은 그들이 교회에서 효과적으로 사역할 수 있도록 도움을 주는 지침서인 것이다. 그러므로 바울의 13권의 서신 중 순수하게 개인 서신인 빌레몬서를 제외하고는, 12권 모두가 교회의 확장에서 발생한 상황과 그에 대응하는 바울의 의도가 담겨있는 것이다. 그러므로 바울 서신을 올바로 이해하기 위해서는 그런 상황에 대한 이해가 가장 우선되는 것이며, 바울은 각기 지역마다 다른 그런 상황에 대해서 어떻게 대처하고 있는지를 알아야 하는 것이다. 이처럼 각 지역마다 다른 문화적 상황에 의해서 발생한 교회 내의 문제와 이에 대한 해결책으로서의 바울 서신이 존재한다는 것은 현대의 교회에게는 너무나 귀중한 전례이며, 교회를 위해 하나님이 주신 은총의 수단이다.

로마서

‖ 로마서의 배경

로마교회가 어떻게 생겨났는지 정확한 정보는 없다. 사도행전 2장 10절에서 ". . . 로마로부터 온 나그네 곧 유대인과 유대교에 들어온 사람들과. . . "라는 언급을 통하여 로마교회의 탄생에 대해 유추할 수 있다. 유대교에 들어온 사람들은 혈통은 이방인이지만, 유대교로 개종하여 유대인들처럼 사는 사람들을 지칭한다. 그들은 유월절에 예루살렘을 방문하여 예수님에 대한 소식을 들었을 것이고, 오순절까지 이곳에 머물다가 오순절 성령강림을 목도하고 회심했을 것이다. 그들은 고향으로 돌아가서 신앙생활을 시작하면서 가정 교회의 형태를 취하였고, 처음에는 이방인과 유대인 사이에 문화적 갈등이 없었을 것이다. 왜냐하면 유대교로 개종한 이방인은 유대인처럼 살았기 때문이다. 이 시기를 주후 33년이라고 하면, 교회가 시작된 때부터 글라우디오 황제에 의해 이들이 로마에서 추방될 때까지(주후 49년) 대략 15년간이 흘러갔고, 일차적으로 하나님을 경외하는 이방인들에게 전도하여 그들이 교회의 멤버로 들어오게 되었을 것임은 너무나 분명한 사실일 것이다.

글라우디오 황제가 유대인 축출 명령을 내린 후, 로마에는 순수한 이방인들로 구성된 교회가 존재했을 것이다. 교회는 54년 네로 황제가 등극하면서 전임자의 칙령이 소멸되고 유대인들이 다시 로마로 돌아올 수 있기 전까지 5년간 이방인 중심의 교인들로 구성되었다. 교회가 시작될 당시에는 유대인 중심이었으나, 이젠 상황이 바뀌었다. 54년 이후, 로마로 돌아온 유대인들 중에는 아굴라와 브리스길라와 같은 유대인 그리스도인이 포함되어 있었다. 사도행전 18장에서 고린도로 온 이 부부는 바울과 함께 여행하다가 에베소에 머물렀다. 그리고 54년 후에 본거지인 로마로 돌아와서 가정 교회를 유지하고 있었다(롬 16: 5). 로마서 16장에는 약 26명의 이름이 언급되는데, 유대인의 이름을 가진 사람은 4명 정도 된다. 그리고 나머지는 이방인 이름을 가진 사람들이다. 이 사실로 보아 바울이 로마서를 쓸 당시 대략 주후 57년경의 로마교회는 다수의 이방인 그리스도인과 소수의 유대인 그리스도인들이 상존했음을 알 수 있다.

이 같은 상황 하에서 로마의 성도들 간에는 첫째, 유대인 그리스도인 사이에 이방인과 같은 선상에서 하나님이 자신들을 평가한다는 사실에 대해 회의적인 입장을 나타내는 사람들이 생기고, 둘째, 이방인과 유대인 사이의 관습상의 문제, 예를 들면, 먹는 문제나 절기를 지키는 문제나 할례와 같은 문제에 대한 충돌이 발생했을 것이다. 셋째, 다수와 소수 사이의 긴장 관계가 발생하였을 것이다.

또한 이방 세계에 거주하다가 54년 후에 돌아온 유대인 그리스도인 중에는 바울에 대한 부정적 소문을 듣고 그에 대해 회의적인 시각을 가진 사람이 있었던 것으로 보인다. 로마서 3장 8절에서의 논조는 이 사실을 뒷받침하고 있다. 뿐만 아니라, 교활한 말로 분쟁을 일으키는 무리가 있었음을 볼 수 있다(롬 16: 18).

바울은 일찍이 로마를 방문하기를 원했다. 그것은 크게 두 가지 이유에서였다. 하나는 로마교회에서 복음을 확립하여 그들에게 은혜를 나누는 것이었으며, 두 번째로 로마의 교인들로 하여금 신령한 은혜를 예루살렘으로부터 받음에 대한 보답 차원에서 물질적 봉사의 기회를 주는 것이었다. 이러한 기회는 이미 마게도냐 교회들과 아가야에 있는 교회들에게 주어졌다(롬 15: 25-27). 바울은 이 같은 물질로 예루살렘 성도를 섬기는 봉사의 일을 하고 예루살렘에서 로마로 가기를 원했다. 그런데 바울이 이미 예루살렘에 봉사의 일을 하고 마친 상태이기 때문에, 로마의 성도들이 바치는 물질을 가지고 다시 예루살렘으로 갈 수 없고, 대신 서바나에 전도하러 가는 자신에게 도움을 주기를 원했다. 바울은 로마 동쪽에서의 복음 전도는 끝이 났기 때문에 서바나로 향하기를 원했다. 로마의 성도들이 자신을 지원하는 것은 복음을 위하여 예루살렘 성도를 봉사하는 대신으로 여겨질 수 있다. 이와 같이 바울은 로마교회에게도 기회를 주기 원했다.

로마교회가 자신을 물질적으로 돕는 데는 장애 요소들이 있었다. 자체 내의 갈등, 바울에 대한 부정적 인식, 이방인과 유대인 사이의 평등에 대한 회의적 입장 등으로 바울을 돕자는 일치된 합의점을 도출하기가 어려웠을 것이다. 이러한 맥락에서 자신이 로마를 가기 전에 자신의 목적을 달성하기 위해서 사전에 정지 작업을 할 필요가 생겼다. 이 모든 것에 대한 해결책의 핵심은 복음의 정확한 의미이다. 바울은 하나님께서는 이방인과 유대인 그리스도인을 차별하지 않고 그리스도 안에서 동일하게 대한다는 복음의 핵심을 개진함으로써 그들을 복음 안에서 통합시켜야만 했다. 그리고 자신에 대한 부정적 이미지에 대한 변호도 필요했다. 그리고 자신이 로마를 방문할 목적도 피력하면서 그들의 지원을 요청해야 했다. 더 나가서 이방인과 유대인이 주고받음은 우주적 교회의 상징적 표현임을 보여주고, 로마의 성도들이야 말로 지역 교회 내에서의 우주적 교회의 상징적 모델임을 보여주어야만 했다. 뿐만 아니라, 로마교회 내에 생긴 분쟁을 일으키는 사람에 대한 경고도 할 필요가 있었다. 바울의 로마서는 이렇게 해서 쓰였다.

‖ 로마서를 이해할 때 주의할 점

로마서는 기독교 교리의 핵심들을 담고 있는 서신이기 때문에, 이 서신을 잘못 이해할 때 신앙생활을 잘못 이끌어 갈 수 있다. 그러므로 이 서신을 주의 깊게 살펴보는 것은 매우 중요한 일이다. 여기서 흔하게 범하는 오해에 대해서 지적하고, 주의를 환기하고자 한다. 그것은 헬라어 원어의 번역 상의 문제와 관련되어 있다. 몇 가지 예를 들어 보겠다. 첫째, 인간 이해와 관련한 어휘들이 로마서에는 많이 사용되고 있는데, 어떤 것은 한글 번역에서 원전의 의미와는 다르게 번역이 되어 있기도 하다. 한글 번역본에는 동일하게 "마음"으로 번역되어 있는 부분에서 원전에는 "마음"과 "이성"으로 달리 사용되고 있다. 로마서 7장 23, 25절에서 "마음"으로 번역되어 있는데, 여기서의 "마음"은 "이성"이어야 한다. 헬라어에서 "마음"은 인간 존재의 본질적인 성향을 나타내는 어휘로써, 구원받지 못한 사람은 이것이 정욕으로 가득 차 있다고 말한다. 그것이 사람의 삶을 이끌어 가는 힘으로 작용하는 것이다. 반면 "이성"으로 번역되어야 하는 단어는 지성적 기능, 즉 사고하고 판단하고 결단하는 기능을 말한다. 로마서 7장 23, 25절을 마음으로 번역하고, 7장 7-25절 사이에 반복적으로 등장하는 "나"를 그리스도인의 경험으로 인식하는 해석이 가능해진다. 그러나 그것을 "이성"으로 번역하면, "나"는 그리스도인의 경험이 아닌 율법 하에 있는 유대인의 공통적인 경험으로 해석이 가능해진다.

둘째, 로마서 3장 21절은 "이제는 율법 외에 하나님의 한 의가 나타났으니"로 번역되어 있다. 그런데 이 번역에서 "그러나"라는 원전의 어휘를 번역하지 않고 있다. 이것이 하찮은 것 같지만, 3장 21절은 1장 18절에서 3장 20절까지 바울의 논지에 대 반전을 이루는 "그러나"를 빼놓을 때, 그 대 반전의 색채가 드러나지 않고 죽어버릴 수 있다.

셋째, 로마서 8장 28절은 "그의 뜻대로 부르심을 입은 자들에게는 모든 것이 합력하여 선을 이루느니라"로 번역되어 있다. 그 번역에 따르면, 이 구절의 의미는 모든 것은 궁극적으로 선 혹은 우리가 좋아하는 복으로 귀결된다는 결론을 내릴 수 있다. 그러나 원전은 "모든 것은 선을 향하여 함께 일한다"로 번역되어야 한다. 그렇게 번역하면, 이 구절의 의미는 모든 것이 선을 향하여 함께 일하지만 어떤 결과가 나타날지 모른다는 것이다. 이 번역은 과정을 중시하는 것이고, 결과에 대해서는 무엇이 나타날지 모른다는 것이다.

넷째, 로마서 3장 2절은 "그들이 [유대인] 하나님의 말씀을 맡았음이니라"로 번역되어 있다. "맡았다"는 말은 그들이 의지적 작용을 통해 능동적으로 하나님의 말씀을 취했다는 의미가 된다. 그러나 이 단어는 능동형이 아니라 수동형이다. 수동형은 "그들에게 맡겨졌다"는 의미가 된다. 그것은 하나님이 일방적으로 그들에게 맡겨주었다는 것이다. 이 점은 하나님의 선택이라는 주권 개념과 맥을 같이 한다. 그들이 맡았기 때문에 그 공로가 인정되는 것이 아니라, 일방적으로 맡겨졌기 때문에 그것으로 인한 어떤 공로도 주장할 수 없다는 의미가 된다.

다섯째, 로마서 5장 1절은 "하나님과 화평을 누리자"로 번역되어 있는데, 이 본문의 원전은 두 가지 의미가 가능하다. 하나는 헬라어의 일인칭 복수 가정법은 "~합시다"의 뜻이 있다. 즉 "하나님과 화평을 누립시다"의 뜻이 된다. 다른 하나는 일인칭 복수 직설법으로 "화평을 가지고 있다"의 의미가 된다. 네슬 앨런드 헬라어 신약 성경은 후자로 표기되어 있고, 한글 성경은 전자로 된 원전을 번역한 것이다. 그러나 후자의 의미로 번역되는 것이 더 합리적이다.

‖ 로마서의 개요

언급한 바와 같이, 로마서는 성도들에게 복음을 전함으로써 이방인과 유대인이 분리되어 갈등하고 있는 것을 하나로 통합시키는 목적을 가지고 있다. 그러므로 로마서는 크게 복음 전개와 복음의 적용이라는 구도를 가진다. 그래서 로마서 1장 1-17절 사이에 복음이라는 어휘를 집중적으로 다루며, 이 복음을 전하기를 원한다고 했다. 그리고 이 어휘는 이 서신의 종결부에 또 집중적으로 나타난다. 바울이 이 서신을 쓸 때는 이미 세 차례에 걸친 전도 여행을 마친 상태였다. 그는 경험상으로 이 복음이 "모든 믿는 자에게 구원을 주는 하나님의 능력"임을 알았다. 그 능력은 이방인과 유대인에게 차별 없이 동일하게 나타났다. 그에게는 전도의 여행을 시작하기 전에 계시를 통하여 자신이 구약을 통해서 기대하고 있었던 복음의 핵심인 그리스도를 깨닫고, 모든 구약의 그리스도에 대한 진술이 예수 안에서 성취되었음을 인지하였다. 이 서신을 쓸 때, 그에게는 한 손에는 형이상학적 복음에 대한 인식과 다른 손에는 역사적 실체로 실현된다는 경험이 있었다. 이 두 요소가 결합되어 글로 나타난 것이 로마서이다. 이 로마서는 이 같은 맥락에서 가장 논리적이고, 그 논리에 따라서 쉽게 구분될 수 있다.

1. 여는 말(1: 1-17)

이 단원에서는 바울이 로마 성도들에게 자신은 복음을 위한 사도이며, 그 복음을 그들에게도 전하기 위함이라고 소개한다. 이곳에서는 복음이라고 해석되는 어휘들이 7차례 나온다. 그리고 복음은 하나님의 아들 예수에 대한 복된 소식이며, 그 복음은 모든 믿는 자에게 구원을 주는 하나님의 능력이라고 밝힌다.

1) 인사(1: 1-7)

바울은 인사에서 자신은 복음을 위하여 부르심을 받은 사람으로서, 복음은 하나님의 아들 예수에 대한 기쁜 소식이라는 것을 밝힌다. 그는 이 복음으로 인하여 가보지 못한 로마의 성도들에게 편지한다고 말한다.

2) 바울의 소원(1: 8-15)

바울은 로마를 방문하여 그들에게 영적 은사를 나누기를 원한다고 말하면서, 그것은 복음을 전하는 것이라고 한다. 복음은 모든 믿는 자에게 구원을 주시는 하나님의 능력임을 전하기 원한다는 것이다.

3) 주제의 요약(1: 16-17)

복음은 하나님의 능력으로서 믿음을 갖게 하고 믿음을 가진 사람은 계속해서 의롭게 살 수 있게 한다고 말하면서, 로마서 전체에서 자신이 전개하려고 하는 복음의 핵심 주제를 피력하고 있다.

2. 하나님의 심판 아래 있는 인류(1: 18 - 3: 20)

복음은 하나님의 능력이라고 했는데, 본 단원에서부터 6단원까지는 그것이 왜 그런가에 대한 대답을 하고 있다. 그 첫 번째 단계로 본 단원에서는 모든 인류는 불의하고 경건치 않기 때문에, 하나님의 진노의 대상임을 알아야만 모든 인류가 구원을 필요로 하고 있으며, 예수님이 그 해결책임을 깨닫게 된다고 바울은 말한다. 이방인이나 유대인이나 차별 없이 불경건하고 불의한데, 그에 대한 심판은 하나님이 율법의 기준에 근거해서 한다는 것이다. 다시 말해서 모든 사람이 하나님의 심판 아래 있고, 소망이 없다는 것이다.

1) 심판의 이유(1: 18-19)

하나님의 심판은 사람들의 불경건과 불의에 대한 것이라고 심판의 대 원칙을 설정한다.

2) 이방인의 불경건과 불의(1: 19–32)

이방인이 하나님을 알지 못하거나 인정하지 못하면 어떻게 그들을 향한 하나님의 심판이 가능할까? 그에 대한 대답으로 바울은 하나님의 존재는 내적으로나 외적(만드신 만물을 통하여)으로 알려져 있기 때문에 핑계할 수 없다고 한다. 그러기에 이방인들도 하나님에 대한 책임이 있는데, 그들이 하나님을 알지만 하나님 대신에 우상을 숭배하며 부도덕한 삶을 살기 때문에, 그에 대해 하나님의 심판이 있다고 한다.

3) 심판의 원칙(2: 1–16)

이방인들을 심판하는 유대인들의 심판 기준과 하나님의 심판 기준을 제시함으로써, 그 원칙에 따라서 유대인이나 이방인 모두 하나님의 심판을 피할 수 없다는 사실을 강조한다.

4) 유대인의 불경건과 불의(2: 17 – 3: 8)

유대인들은 하나님을 알고 율법을 가지고 있으므로 이방인을 향하여 가르치는 입장에 있는 특권을 가지고 있지만, 그들은 자신들이 가르치는 바를 범함으로 하나님의 이름을 모독하고 있는 죄를 범하고 있다고 바울은 말한다.

5) 심판의 법(3: 9–20)

모든 사람은 죄 아래 있으므로 선한 사람도 없고 의인도 없고 모두 하나님의 심판대 앞에 설 수밖에 없는 죄인들임을 바울은 선포한다.

3. 믿음과 그 결과(3: 21 - 5: 11)

이 단원에서는 바울이 전한 복음의 핵심 부분을 다루고 있다. 전에 모든 사람은 하나님의 심판을 피할 수 없지만, 하나님은 은혜로 심판에서 벗어날 수 있는 유일한 방책으로 예수님은 보냈고, 그가 죽고 피를 흘림으로 구원의 길이 열렸다는 것이다. 이 유일한 구원의 길을 믿는 사람은 구원받는다는 것이다. 하나님은 예수님에게 심판을 내림으로써 모든 죄인을 심판하는 의로운 분임을 증명하였고, 예수님을 믿는 사람에게 의를 전가하였다는 것이다. 믿음은 예수님의 오심과 부활의 역사적 사건을 받아들이는 것인데, 그것은 이미 아브라함에게서 그 믿음의 성격이 밝혀졌으며, 믿음 후에 전가된 의에 대해서는 다윗의 사건을 통해 이미 예표 되고 있다는 것이다. 믿음으로 의롭게 된 사람은 하나님과 평화를 누리게 되었고, 새로운 삶이 전개된다고 말하고 있다.

1) 예수님에 대한 믿음(3: 21-31)

하나님의 심판 아래에서 소망이 없는 모든 사람들에게 하나님은 은혜로 인간의 역사 안에서 예수 그리스도를 통하여 그들을 구원할 계획을 이룩하였다. 그것은 그리스도를 대속의 죽음과 피의 화목제물로 드리게 한 것이다. 즉 예수 안에서 모든 죄를 심판하고 의를 드러내고 이 사실을 믿는 사람에게 의롭다함을 주신다는 것이다.

2) 믿음의 역사성(4: 1-25)

예수님의 성육신과 죽음과 부활의 사건에 대한 믿음은 아브라함의 이삭 출생과 번제물로의 드림에서 이미 모형이 되었다. 아브라함이 믿은 하나님은 없는 것을 부르며 죽은 자를 살리는 하나님임을 믿는 것이었는데, 이것은 예수의 성육신과 죽음과 부활에 대한 모형이다. 그리고 그 믿음의 효과는 다윗의 예를 통하여 입증되었다. 다윗은 율법 하에 있었고, 그것을 어겼지만, 믿음에 의해서 의롭다함을 얻은 예이다.

3) 믿음의 결과(5: 1-11)

믿음은 먼저 하나님 앞에서 의롭다함을 주며, 하나님의 은혜의 영역에 들어가서 하나님의 영광을 바라보게 한다. 그러므로 기쁨이 있지만, 그 기쁨은 환난 중에도 있는데, 이는 하나님의 사랑이 우리 안에 있기 때문이라는 것이다. 하나님의 사랑은 우리가 죄인이었을 때, 연약할 때에, 하나님과 원수 되었을 때, 아들 예수님을 죽이게 하는 것으로 나타났다고 한다.

4. 승리케 하는 은혜(5: 12 - 8: 39)

본 단원은 의롭게 된 사람들에게 어떤 면에서 해방과 승리의 삶이 가능해졌는지 제시하는 부분이다. 아담 안에서 모든 사람이 심판을 당하는 잠재성을 가진 것처럼, 그리스도 안에서 믿는 사람들이 의롭게 되는 잠재성을 가졌다. 이방인 그리스도인들은 죄의 습관에서 해방을 받았지만 실제 삶에서 죄를 이기기 위해서는 순종이 필요하다는 사실을 제시하며, 유대인들이 율법의 정죄에서 해방 받는 것은 그리스도를 통하여 가능하기 때문에, 실제의 삶에서 성령을 받아 순종해야 한다고 바울은 말하고 있다. 이 모든 것이 예수님의 죽으심과 부활로 말미암아 가능해졌음을 제시하고 있다. 그리고 성삼위 하나님이 자녀 된 모든 그리스도인들과 함께 하기 때문에, 어떤 경우에도 승리할 수 있다고 말한다.

1) 은혜에 의한 승리의 잠재성(5: 12-21)

여기서는 아담과 예수의 두 머리를 대조시킴으로써 은혜에 의한 승리의 잠재성을 밝히고 있다. 아담의 범죄로 사망이 모든 사람에게 임했고, 반대로 예수의 순종으로 의와 생명이 인류에게 가능해졌다는 것이다. 아담의 범죄를 짓지 않은 사람에게도 사망이 잠재적으로 작용한 것처럼, 예수의 의의 행위를 하지 않은 사람에게도 생명이 잠재적으로 작용한다는 것이다. 이처럼 의롭게 된 사람은 은혜에 의해 승리의 잠재력이 있다는 것이다.

2) 죄를 이기게 하는 은혜(6: 1-23)

그리스도의 죽음과 합하여 연합한 자는 죄와 사망을 이길 능력이 있다. 그 능력을 믿는 사람의 것으로 활용하기 위해서는 자신이 죄에 대하여 죽은 자로 여기고, 몸을 죄의 병기로 드리지 말고 의의 병기로 드리는 순종의 삶을 지속해야 한다는 것이다. 그리스도인은 죄를 이길 능력이 있다.

3) 율법에서 해방시키는 은혜(7: 1 - 8: 2)

유대인들은 율법 하에서 하나님을 섬기고 하나님을 기쁘게 하려는 노력을 하는 사람들이지만, 율법 하에 있는 한 그들은 그 율법의 속박에서 벗어날 수 없는 사람들이며, 그들은 이성적으로는 하나님의 뜻을 준행하고자 하지만 마음으로는 육신이 약하여 그것을 준행할 수 없기에, 곤고한 사람이라고 고백할 수밖에 없다. 오직 그들에게 유일한 소망은 그리스도를 통해서만 가능하다는 사실을 바울은 제시한다. 이것이 유대인에게 적용되는 복음의 능력이다.

4) 육신을 이기게 하는 은혜(8: 3-13)

그리스도인 안에 있는 성령으로 아직도 그 안에 있는 육신의 정욕을 이기게 하는 은혜가 있다. 성령에 의해 피동적으로 승리하는 것이 아니라, 그리스도인이 성령의 소욕에 순종함으로 육신의 욕심을 이길 수 있다는 것이다.

5) 승리의 보증(8: 14-39)

바울은 그리스도인을 가리켜서 하나님의 양자로 입적된 사람들이며, 성령이 양자임을 증거하며, 양자이기 때문에 상속자가 되었다고 말한다. 그 상속자는 비록 이 땅에서 고난을 당하지만, 그리고 어떻게 이겨나갈 수 있는지 모르지만, 내주하는 성령의 도움과 그리스도의 중보로 이길 수 있다는 것이다. 하나님의 사랑이 있기 때문에 모든 것에서 승리자 이상의 삶을 영위할 수 있다고 바울은 복음의 효과에 대해서 말하고 있다.

5. 인류를 향한 하나님의 긍휼(9: 1 - 11: 36)

이 단원에서 그 같은 놀라운 복음의 은혜가 하나님의 섭리 가운데서 어떻게 이방인은 물론 유대인에게 적용되고 있는지, 바울의 시점을 중심으로 과거의 관점에서, 그리고 미래의 흐름에서 설명하고 있다. 지금 성취되고 있는 은혜는 하나님의 주권적인 선택에 의해서 앞으로 이방인에게 나타날 것이고, 아주 제한적으로 남은 유대인에게 나타날 것이라고 이미 과거에 선지자를 통해서 말하였다. 그리고 지금은 이방인이나 유대인 모두에게 차별 없이 믿음이 요구되는데, 앞으로는 이방인의 수가 차면 이 복음은 유대인에게 거국적으로 넘어간다는 것이다. 하나님은 모든 사람을 불순종 가운데 있게 하고, 그러므로 긍휼이 모두에게 필요하게끔 섭리하였다고 말한다.

1) 과거의 눈으로 본 유대인과 이방인(9: 1-33)

이 같은 하나님의 은혜가 유대인과 이방인에게 동일하게 임하였다는 사실에 대해 유대인들은 회의적으로 받아들이고 있기 때문에, 바울은 구약, 즉 호세아서와 이사야서를 인용하여 하나님이 현대의 이방인과 유대인을 대하고 있음에 대하여 설명한다. 즉 호세아서에서는 과거에는 하나님의 백성이 아니었지만 그들을 하나님이 백성으로 부르겠다는 점을 예언하고 있고, 이사야서는 유대인 중에서 남은 자만이 하나님께 순종할 것인을 예언하고 있는데, 그 예언들이 현재의 이방인과 유대인 사이에서 이루어졌다고 바울은 말한다.

2) 현재의 눈으로 본 유대인과 이방인(10: 1-21)

예수 그리스도의 성육신과 죽음, 그리고 부활을 믿는 믿음의 말씀이 이미 전파되었기에, 유대인이나 이방인 중에서 누구라도 예수를 입으로 시인하면, 그의 부활을 믿는 자에게 구원이 주어진다고 바울은 말한다. 그는 보냄을 받은 자, 전파자이며, 전파하는 복음을 들으면 믿음이 생기고, 믿음은 구원에 이르게 한다고 바울은 가르친다. 이 복음을 전하는 자의 발이 아름답다고 선언한다.

3) 미래의 눈으로 본 유대인과 이방인(11: 1-32)

그러면 이방인 그리스도인과 유대인 그리스도인의 미래 운명은 어떤가? 바울은 현재의 이방인이 그리스도인이 되는 상황과 유대인 중에서 남은 자만이 그리스도인이 된다는 상황은 예비 된 이방인의 수가 타 차면 유대인 가운데로 하나님의 긍휼이 넘어가서 그들이 예비 된 수가 차기까지 회복된다고 말하고 있다.

4) 하나님의 지혜(11: 33-36)

이방인이나 유대인 모두에게 하나님의 긍휼을 알게 하기 위해서 그들을 불순종 가운데 둔 하나님의 지혜는 놀랍다고 바울은 찬양한다.

6. 예배적인 삶(12: 1 - 15: 13)

위에서 말한 하나님의 은혜와 섭리에 의해서 의롭다고 인정받은 사람들은 그 삶 전체가 하나님께 예배적인 삶을 산다는 것이다. 구약의 제사는 모두 죽은 동물을 통한 것이지만, 그리스도인들은 살아있는 제물로서 하나님 앞에 드려진 삶인데, 이것이 합리적인 예배라는 것이다. 그리스도인이 있는 어느 곳이나 그가 살아 있는 제물로 하나님 앞에 드려진 존재이기 때문에 예배적인 삶이 나타나야 한다는 것이다. 이 같은 삶의 양식은 교회 내에서와 사회 내에서 이루어져야 한다. 그리고 시민으로서의 책임을 다하는 삶을 살아야 한다고 가르친다. 그리고 강자는 약자를 받아들여야 하며, 먹고 마시는 문제로 서로 비판해서는 안 된다고 말한다. 그는 그리스도가 대신하여 죽은 형제이기 때문이라는 것이다.

1) 예배적인 삶의 원칙(12: 1-2)

예배적인 삶이란 몸을 산제사로 드리는 것. 그리고 이성이 늘 하나님의 기뻐하고 온전한 뜻을 분별하도록 변혁하는 것이다. 산제사라는 말은 내가 살아 있는 곳, 그리고 존재하는 곳, 삶을 영유하는 곳, 바로 그곳에서 하나님께 드려진 몸이기 때문에, 바로 그 곳이 예배하는 삶이라는 것이다. 그리스도인들은 지각이 계속해서 함양되므로, 그것을 활용하여 하나님의 뜻을 발견하고 그 뜻을 준행하는 것이다.

2) 공동체 내에서(12: 3-13)

그리스도인 각자는 공동체 내에서 한 몸에 붙어있는 지체와 같기 때문에, 각자는 예배적인 삶을 성취함으로써 서로에게 도움을 주어야 한다. 몸을 성장시키고 효율적인 일을 하기 위하여 하나님이 각자에게 은사를 주었는데, 그 은사를 활용하는 법에 대해서 바울은 제시한다.

3) 사회 내에서(12: 14-21)

사회 내에서는 화평을 이루며 그리스도인으로서의 삶을 이끌어가야 한다고 말한다. 바울은 사회 윤리에 대해서 어떤 특별한 규범을 제시하지 않고, 악으로 악을 갚지 말고 하나님께 신원함을 의탁하라고 가르친다.

4) 시민으로서의 삶(13: 1-7)

그리스도인은 로마 제국 하에 있는 시민으로서의 의무인 순종과 조세를 바쳐야 한다고 가르친다. 정부는 선한 일에 대해 두려움이 되지 않고, 악한 일에 대하여 두려움이 된다고 말한다. 시민으로서 선을 행할 때 두려움 없이 삶을 영유할 수 있다는 것이다.

5) 사랑의 원리(13: 8-14)

그리스도인의 삶의 원동력은 사랑에서 나온다고 말한다. 여러 계명 중에서 이웃을 사랑하라는 계명을 이루라는 것이다.

6) 약자와 강자의 관계적 삶(14: 1 – 15: 13)

예배적인 삶은 공동체 내의 믿음이 약한 자와 강한 자와의 관계 속에서 나타나야 한다. 모든 것을 먹을 만한 믿음이 있거나 아닌 사람 사이에 서로 간의 비판이 있어서는 안 되고, 서로의 약점을 보완해야 한다고 바울은 말한다. 왜냐하면 하나님의 나라는 먹고 마시는데 있지 않고, 성령 안에서의 의와 평강이기 때문이다. 서로 예수를 본받으면서 한 뜻으로, 그리고 한 마음과 한 입으로 하나님께 영광을 돌리는 삶이 공동체의 예배적인 삶이라는 것이다.

7. 끝맺는 말(15: 14 - 16: 27)

바울은 로마서를 전부 끝내면서, 서버나로의 여행 계획에 로마 성도들이 동참할 것을 바란다고 말하면서, 다른 이방인 교회가 예루살렘 성도에게 영적으로 진 빚을 갚는 것으로 물질을 드렸듯이 자신의 전도 여행 계획에 동참하기를 촉구하고 있다. 그리고 로마에 있는 많은 성도들에게 안부를 전하고 있다. 이 끝맺는 말 부분에서, 다시 바울은 복음에 대해서 강조하고 있으며, 로마서를 앞뒤로 복음으로 감싸고 있는 것이다.

1) 바울의 여행 계획(15: 14–33)

바울은 여기에서 서버나까지의 전도 여행 계획을 밝히고, 로마의 성도들이 자신을 그곳으로 보내주기를 바라고 있다. 이방 교회들이 예루살렘교회의 가난한 성도들을 위하여 물질을 바쳤는데 로마의 성도들은 그런 기회가 없었다. 그러므로 자신이 서버나로 갈 때 물질적 도움을 주는 것은 그들에게도 다른 이방 교회들에게 물질적 헌신의 기회가 주어진 것처럼 복음 전도를 위한 기회가 된다는 것이다.

2) 마지막 인사(16: 1–23)

바울은 26명의 이름을 언급하면서, 그들에게 인사를 당부하고 있다. 이 인사에서 중요한 것은 약 85%의 이름은 다수의 이방인 이름이지만, 소수의 유대인 이름도 언급되고 있다는 사실과 브리스가와 아굴라의 집에 있는 교회를 언급함으로 로마의 성도들은 가정교회의 성도들임을 밝혀주고 있다.

3) 하나님께 영광(16: 25-27)

바울은 로마서를 마무리하면서, 복음은 예수 그리스도를 전파하는 것이며, 영세 전부터 숨겨진 것이었는데 그 비밀이 드러났고, 이 드러난 복음은 성도들을 견고하게 세우는 능력을 가지고 있다고 선포한다. 그러므로 이 복된 소식을 알게 하신 하나님께 영광을 돌려야 한다고 송영하면서 끝을 맺는다.

고린도전서

이 도시는 빌립보와 같이 로마의 식민 도시였다. 2차 전도 여행 기간 중 세워진 고린도교회는 이 도시가 가지고 있는 동서를 잇는 중심 도시로서의 위상 때문에 다양한 문화적 배경을 가진 사람들로 구성되었다. 고린도전서에서 이 교회 구성원의 사회적 신분에 대한 새로운 시각이 생기기 전까지 일반적으로 초기 신약 교회의 구성원들은 하류층에 있는 사람이라고 인식되어 왔다. 그러나 고린도전서를 자세히 살펴보면, 반드시 그렇지 않다는 결론을 얻게 된다. 요약하면, 고린도교회의 구성원은 소수의 상류층과 다수의 하류층인 것이다. 이 사실은 고린도전서를 이해하는 데 매우 중요한 역할을 하고 있다.

이미 밝힌 바와 같이, 이 도시는 1,000명의 매춘부를 거느린 사랑의 여신(아프로디테)가 아크로 고린도의 신전에서 지배하고 있다. 그곳에서 행해지는 밀의 종교의 의식은 예배자들이 사랑의 여신에게 예배를 드리는 종교적 행위의 일환으로 매춘부와 성적 관계를 가짐으로 신비적으로 그 사랑의 여신과 연합한다는 것이다. 신약성경 전체에서 사랑에 대한 말이 많이 언급되고 있지만, 사랑에 대한 정의를 고린도전서에서만 아주 정교하게 하고 있다는 사실은 바울이 얼마나 문화적 배경을 잘 활용하여 성도들을 가르치고 있는지 알려주는 부분이기도 하다.

그림 90) 주전 2세기의 아프로디테 여신

그림 91) 고린도에 있는 박물관에 소장되어 있다: 성적 문란으로 인해 성병에 걸려서 발이 궤멸된 형상을 보여주고 있다. 이 사실은 당시의 고린도가 성적으로 얼마나 문란했었는지를 반영하고 있다.

그림 92) 회당 옆에 있는 교회 터의 상징물인 십자가 상

사도 바울은 이 교회와의 교신을 다른 어느 곳에서 보다 많이 하고 있음을 알 수 있다. 바울은 고린도후서 10장 9-10절에서 두 번이나 바울의 "편지들"을 말하고 있다. 이 말은

고린도후서를 쓰기 전에 이미 복수의 편지들이 고린도교회에 보냈음을 뜻하는 것이다. 고린도전서 5장 9절을 보면, "내가 전에 쓴 편지에 음행하는 자들을 사귀지 말라"는 말을 바울이 하고 있다. 즉 바울이 고린도전서를 쓰기 전에 이미 고린도교회 내에 음행하는 사람들이 있었고, 바울은 그 사실을 전해 들었으며, 그 문제를 해결하고자 일차적인 편지를 썼음을 알 수 있다. 그 후 고린도전서가 쓰였다.

다시 고린도후서 7장 8절에 보면 "내가 편지로 너희를 근심하게 한 것 . . . 그 편지가 . . ."라고 또 다른 편지에 대해서 언급하고 있음을 본다. 이 편지는 고린도인들 중 어떤 사람을 심히 근심하게 한 아주 매서운 편지였음에 틀림없다. 바울이 쓴 이 편지는 고린도전서를 언급한 것인가? 아니면 고린도전서와 후서 사이의 또 다른 편지인가? 고린도전서의 내용에는 그 같은 근심하게 하는 특정한 내용이 언급되고 있지 않기 때문에, 또 다른 편지에 속한다. 만일 고린도후서 10장에서 편지들을 고려하면, 수를 알지 못하는 복수의 편지들이 고린도전서와 고린도후서 사이에 쓰였음을 유추할 수 있다. 고린도후서 2장 9절에서 "이것을 썼다"에 속하는 편지는 뼈아픈 편지와 고린도후서 사이의 또 다른 편지임에 틀림없다. 종합해 보면, 최소 다섯 편의 편지 혹은 그 이상의 편지가 고린도교회에 보내졌다는 것이다.

바울이 3차 전도 여행 기간 중에 에베소에서 사역하고 있을 때, 고린도에서 음행하는 자들이 교회 안에 있다는 소식이 전달되었다. 바울은 그에 대해 지침을 줄 필요가 있었고, 그를 위해 편지를 썼다. 그러나 고린도교회의 교인들 사이에 그리스도인이 아닌 사람이 음행할 때도 그들과 사귐을 갖지 말아야 되는지 의문이 생겼다. 그 외에도 여러 가지 의문 사안들이 생겼고, 그들은 그것들을 바울에게 질의하여 답을 얻을 필요가 생겼다. 그래서 그들은 편지를 써서 대표자를 바울에게 보낸다. 고린도전서 1장 11절에 보면, "글로에"의 집 사람이 바울에게 와서 고린도교회 안에 파생한 제반 문제에 대해서 알려준다. 그러므로 바울은 공식적인 편지에서 제기한 문제에 대해서 답해야 하고, 구두 보고를 통해 얻은 교회의 제반 문제에 대해서 문제를 제기하며, 책망하며, 권면해야만 했다. 고린도전서는 구두 보고에 나타난 문제와 관련한 대응, 그리고 공식적 질문에 대한 대답으로 구분할 수 있다.

구두 보고를 통해 얻은 고린도교회의 문제들은 1) 교회내의 파쟁, 2) 음행의 문제, 3) 법정 다툼, 4) 바울의 사도 권에 대한 회의, 5) 성만찬 시 빈부의 차별화인 것이다. 다음 공식적인 질문은 1) 혼인과 관련한 문제, 2) 교회 밖의 음행하는 사람들과의 사귐 문제, 3) 우상에게 드려진 제물을 먹는 문제, 4) 은사의 활용에 대한 문제, 5) 몸의 부활에 대한 문제, 6) 연보에 관한 문제, 7) 문화적 전통에 대한 견해 등이다. 이 같은 문제들에 대응하는 고린도전서의 구조는 그에 상응하는 것이 된다.

‖ 고린도전서의 개요

1. 인사(1: 1-9)

1) 인사(1: 1–3)

인사에서는 하나님의 교회로 명칭하며, 거룩한 성도에게 보내는 인사가 특징적이다.

2) 감사의 말(1: 4–9)

하나님의 은혜로 이들에게 풍족한 지식과 은사가 넘침에 대해 바울은 감사하고 있다.

2. 글로에 편의 구두 보고 1: 교회내의 분쟁(1: 10 - 4: 21)

바울은 고린도로부터 온 편지와 구두 보고가 있었지만, 편지의 질문에 대한 답변은 뒤로 미루고, 구두 보고를 통해 그에게 전달된 교회 내의 문제에 대해서 먼저 해결하는 노력을 하고 있다. 교회 내의 문제는 분쟁, 성적으로 부도덕한 행위, 법정 다툼 등이다. 바울은 이 문제를 전반부에서 먼저 분쟁의 축을 분석하면서 그 분쟁에 대응하고 있다.

1) 분쟁의 소식(1: 10–17)

들리는 소식은 교회 내에 바울, 아볼로, 게바, 그리스도에게 속한 사람이라고 다투는 일이 발생하였다는 것이다.

2) 분쟁의 원인(1: 18 – 2: 16)

분쟁을 일으키는 주요 원인에 대하여, 바울은 그리스도인들의 추구하는 것들이 서로 다르고, 또한 사회적 신분과도 연관이 있다고 말한다. 어떤 사람들은 지식을 추구하고, 어떤 사람들은 표적을 구하기 때문이라고 말한다. 반면 어떤 사람들은 자신이 가지고 있는 사회적 신분의 높음을 자랑하며, 지도지의 경향에 따라서 그렇지 못한 사람과의 갈등이 분쟁으로 나타난다는 것이다.

3) 분쟁의 축과 모범(3: 1 – 4: 6)

고린도교회에는 성도들에게 영향을 끼친 두 사람이 있다. 하나는 교회를 세운 바울이고, 다른 하나는 바울이 떠난 후 그곳에서 가르친 아볼로다. 바울과 아볼로는 사역의 성격이 다르다. 그 이유 때문에 어떤 사람들은 바울을 추종하고, 어떤 사람들은 아볼로를 추종함으로 양대 세력이 양분되었을 것이다. 이 때문에 바울은 이 분쟁의 문제를 해결하려고 두 사람의 사역 성격이 다르며, 결국은 서로 보완적이라고 말하면서, 분쟁이 아니라 협력의 본을 보였다고 말한다.

4) 분쟁과 사도적 권위(4: 7–21)

분쟁을 일으키는 것은 그들이 가진 모든 것이 사도와 상관없는 것으로 여기나, 바울은 자신에게서 복음을 받았고, 그는 그들을 위하여 고난을 받았기 때문에, 그리고 능력을 나타냈기 때문에, 자신을 본받는 자가 되어야 한다고 권면한다. 바울은 사도적 권위를 가진 사람이기 때문에, 자신의 가르침에 주의를 기울여야 한다는 것이다. 여기서 바울은 분쟁이 동등한 위치에 있는 두 축에 의해서 생긴다는 사실을 인식하고, 자신을 뛰어난 사도적 축으로 세우므로 분쟁의 원인을 제거하려고 한다.

3. 글로에 편의 구두보고 2: 교회내의 부도덕(5 - 6장)

분쟁이 있다는 소식과 함께 교회 안에 부도덕한 행위가 있다는 소식이 전해졌다. 그것은 성적으로 부도덕한 행위와 성도들 간에 법정 다툼이 있다는 것이다. 바울은 이 문제를 심각하게 다루고 있다.

1) 성적 부도덕의 실상(5: 1–8)

음행을 저지르는 사람이 있는데 이것을 방치하면 누룩이 온 덩이에 퍼져나가는 것처럼 된다는 사실에 입각하여, 이런 사람은 하나님이 영을 구원하기 위하여 몸을 멸할 수 있다는 경고를 하고 있다.

2) 그에 대한 처리(5: 9–13)

그리스도인 중에 그런 사람은 교회에서 축출하라고 권하고 있으며, 세상사람 중에서 그런 사람에 대해서는 상관할 필요가 없다고 말한다. 그들과 절교하면 세상 밖에서 살아야 한다고 한다.

3) 법정 다툼(6: 1–11)

바울은 그리스도인이 세상을 판단할 수 있음에도 불구하고, 이들 사이에 세상 사건을 다룰 마땅한 사람이 없다는 것과 서로 고발함으로 불의를 행한다고 질책한다. 이들은 이전에 음행과 우상 숭배하는 자와 간음하는 자들이 거룩함에 이르렀다고 의롭다하심을 받았는데, 다시 그리로 갈 수 있냐고 반문하고 있는 것이다.

4) 교회의 정체성과 위험 요소(6: 12–20)

교회는 그리스도의 지체이기에, 창녀의 지체로 만들 수 없다는 것이다. 성령이 거하는 전이므로, 그리고 값으로 사신 몸이므로, 음행을 통하여 몸을 더럽힐 수 없다. 이 몸으로 하나님께 영광을 돌리는 행위를 해야 한다는 것이다.

4. 공식적인 질의에 대한 답변 1: 혼인 문제(7: 1-40)

고린도교회가 편지를 통하여 바울에게 질의한 내용에 대한 답변이 시작되는데, 첫 번째 질의는 그리스도인의 혼인 문제와 관련된 것이다. 남편과 아내의 성관계, 과부와 홀아비의 태도, 이혼의 문제, 딸의 혼인과 관련한 문제가 질의되었고 답변되었다.

1) 남편과 아내(7: 1–7)

결혼한 남편과 아내는 상대에 대한 의무를 다해야 하는데, 오직 기도할 틈을 얻기 위해서만 남편과 아내가 분방해야 한다는 것이다. 그렇지 않으면 사탄의 시험을 받을 수 있다는 것이다.

2) 과부와 홀아비(7: 8-9)

홀로 지내는 것이 좋으나, 절제할 수 없으면 결혼하라고 한다. 그렇지 않으면 홀로 지내는 것이 좋다고 말한다.

3) 이혼의 문제(7: 10-16)

양자가 모두 그리스도인 경우에는 서로 갈라서지 말라고 바울은 명한다. 그러나 한 쪽이 불신자인 경우에 불신자 편에서 신앙적 이유로 갈라서기를 원하면 갈라서게 하라는 것이다. 그러나 그것도 불신자에게 기회가 주어지는지 고려해야 한다.

4) 부르심을 입은 대로 살라(7: 17-24)

바울은 결혼 문제에서 홀로 사는 것이 좋은가, 아니면 결혼하는 것이 좋은가라는 문제에 대해서 대 원칙을 제시하고 있다. 즉 하나님이 각자를 부르신 대로 살라는 것이다. 하나님이 홀로 살도록 부르셨다면 그렇게 살고, 혼인하여 살도록 부르셨다면 충실하게 혼인 생활을 하라는 것이다.

5) 혼인의 일반적 원칙(7: 25-35)

처녀는 임박한 재림을 생각할 때 홀로 지내는 것이 좋고, 혼인한 부부는 자유를 추구하지 말며, 한 쪽이 사별했을 때 다시 결혼하려고 하지 말라는 것이다. 이는 마음이 갈려 주님을 위한 헌신에 지장을 줄 가능성이 있기 때문이라고 한다. 그러나 결혼하고자 한다면, 주 안에서 해야 한다고 바울은 명한다.

6) 약혼녀에 대한 원칙(7: 36-40)

상황에 따라서 결혼하거나 홀로 지내도록 하라고 바울은 권면한다.

5. 공식적인 질의에 대한 답변 2: 우상의 제물 문제(8: 1 - 11: 1)

고린도교회에서 바울에게 보낸 두 번째 질의는 우상과 드려진 제물을 먹는 문제에 대한 질문이다. 이 질문에 대한 대답을 하는 가운데, 바울은 아주 중요한 그리스도인의 자유와 제한에 대한 원칙을 제시하고 있다.

1) 질문과 기본 원칙(8: 1–6)

우상과 제물에 대한 기본 원칙은 하나님은 한 분이고 우상은 아무 것도 아니기 때문에, 먹는 것도 아무 것도 아닌 것이다. 이것이 모든 사람이 가지고 있는 지식이다. 그러나 그 지식이 모든 것에 덕을 세우지 못한다는 것이다.

2) 먹지 말아야 하는 이유(8: 7–13)

그런 지식으로 먹어도 된다는 말이 아니다. 왜냐하면 우리의 자유는 약한 자를 양심으로 실족시킬 수 있기 때문에, 우리의 지식과 자유가 덕을 세우는 것이 아닐 때에는 먹어서는 안 된다는 것이다. 그는 형제이고, 그리스도가 그를 대신해서 죽었기 때문에, 그를 실족시키는 것은 그리스도에게 죄를 짓는 것이라고 한다.

3) 모범의 원칙: 사도의 자유와 제한(9: 1–27)

바울은 위에서 제시한 그 같은 원칙, 즉 자유를 형제에게 덕을 세우는 방향으로 제한적으로 사용해야 한다는 원칙에 따라서 자신이 모범적으로 행했다는 사실을 제시하고 있다.

(1) 바울은 자신의 자유를 제한시켰다(9: 1-10)
(2) 복음 전하는 자는 복음으로 살 수 있다(9: 11-18)
(3) 모든 사람에게 자유하나 종이 되었다(9: 19-23)
(4) 경주의 최후 승리자(9: 24-27)

4) 제물을 먹는 것은 우상에 참여하는 일임(10: 1–33)

바울은 이 장에서 우상에 드려진 제물을 먹는 문제에 대해서 결론을 내리고 있다. 그 결론에서 중요한 것은 과거 광야에서의 이스라엘 백성의 행적을 통한 교훈, 즉 우상을 피해야 한다는 원칙 하에서, 제사는 우상 숭배에 참여하는 것이기에, 그것이 우상에게 드려진 제물임을 알 때는 그것을 먹어서는 안 된다고 결론을 내리고 있다. 이 모든 것은 하나님의 영광과 다른 사람의 유익을 위한 행위인 것이다.

(1) 음행과 우상 숭배로 멸망당한 이스라엘 백성(10: 1-11)
(2) 이방인의 제사는 귀신에게 하는 것(10: 12-22)
(3) 모든 것이 가하나 덕을 세우지 않음(10: 23-24)
(4) 제물임을 알고 먹지 말라(10: 25-30)
(5) 모든 사람에게 유익이 되게 하라(10: 31-33)

6. 글로에 편의 구두보고 3: 예배시의 여성과 성만찬(11: 2-34)

바울은 글로에 편으로부터 보고된 구두 보고의 세 번째인 예배시의 여자들의 행위와 성만찬의 문제에 대해서 답하며 대응하고 있다. 바울은 주변 사회의 전통적인 관습을 폐지하려고 시도하지 않았고, 그 전통이 복음에 위배되지 않는다면 그리스도인들의 실 삶에 있어서 사회적으로 유효한 것으로 받아들이고 있다. 그러나 성만찬과 같은 중대한 예전에서 사회적 상황이 유입되는 것을 용납하지 않았다.

1) 예배시의 여성의 행위 규범(11: 2-16)

여성의 머리에 수건을 쓰는 문제는 당시의 고린도의 사회적 상황의 반영이다. 머리에 수건을 쓰지 않으면 매춘부로 오인 받을 수 있다는 우려를 반영하고 있으며, 교회에서 잠잠 하라는 것은 당시의 여자의 위치는 가정 내에 있다는 점을 반영하고 있다.

2) 성만찬의 행위 규범(11: 17-34)

복음서를 제외한 신약 성경에서 유일하게 예수님의 성만찬 규례를 적용하고 있다. 바울은 예수님과 성만찬에 직접 참여하지 않았기에, 이 규례는 다른 사도들로부터 전해 들었을 것이다. 그 규례는 당시에 부자와 가난한 자 사이의 사회적 신분 차별을 드러내는 결과를 초래했다. 원래는 그것을 뛰어 넘어 그리스도의 희생이 모든 사람을 하나로 묶는 근본 취지를 벋어나고 있기에, 바울은 이 문제를 아주 심각하게 다루고 있다.

7. 공식적인 질의에 대한 답변 3: 영적 은사의 문제(12 - 14장)

바울은 고린도교회에서 편지로 질의한 영적 은사의 활용에 대해 답변하고 있다. 여기서 중요한 것은 영적 은사는 그리스도인이 원하거나 추구해서, 혹은 교육과 훈련을 통해서 개인의 이익을 위해 얻어지는 것이 아니라, 성령이 자의대로 몸 된 교회 공동체의 유익을 위해 신자들에게 나누어 준다는 것이다. 바울은 이곳에서 9가지의 은사를 열거하면서, 은사의 차서가 있고, 그 모든 것은 사랑이 전제된 가운데 활용되어야 한다고 말한다. 그리고 예언과 방언의 은사가 교회 내에서 어떻게 활용되는 지에 대해서도 말한다.

1) 주제 제시(12: 1–3)

누구든지 예수를 주라 시인하면 성령으로 말하는 사람이기에, 성령의 은사를 통한 역사는 주를 시인하는 원칙에 의해서 이루어진다는 것이다.

2) 은사의 다양성과 통일성(12: 4–31)

은사는 다양하게 주어지는데, 그 다양한 은사들은 한 몸에 붙어 있는 지체들이 다양하지만 각각의 지체들이 독립적으로 활동하는 것이 아니라 몸을 움직이는 데 유용하도록 유기적으로 활동하는 것과 같다는 것이다.

3) 사랑에 근거한 은사(13: 1–13)

사도 바울은 은사 활용의 대 원칙은 사랑의 동기에 의해서 나타나는 것이라고 한다. 사랑의 여신이 있고, 그 여신을 섬기며 그 여신과의 사랑의 관계를 신비적으로 체험하기 위해 많은 창녀들이 있었던 바로 이곳에서, 바울은 다른 어느 곳에서도 보이지 않는 사랑의 대 원칙에 대해서 천명하고 있다. 그 사랑은 적극적으로는 이웃의 유익을 위해 나타나는 것이고, 소극적으로는 자기의 유익을 구하지 않는 것으로 나타난다는 것이다.

4) 방언과 예언의 사용(14: 1–40)

교회 내에서의 방언과 예언의 사용에 있어서, 고린도교회 안에서 혼선과 갈등이 있다는 것이 바울에게 전해졌고, 바울은 분명하게 이 둘의 사용에 대한 원칙을 제시하고 있다. 그가 제시한 원칙은 방언을 할 때 통역자가 없으면 교회의 집회에서 공개적으로 하지 말하는 것이다. 홀로 개인적으로 하나님과 영교를 하라는 것이다. 대신 예언은 예언을 받은 사람들이 순서대로 질서 있게 하라는 것이다. 통역자가 없이 방언을 하면 불신자가 미친 집단으로 오인하기 쉽지만, 예언은 그들에게조차도 두려움과 경각심을 불러일으키기 때문이라는 것이다.

8. 공식적인 질의에 대한 답변 4: 몸의 부활에 대한 문제(15장)

바울은 부활에 대한 문제를 논함에 있어서, 그 문제가 고린도교회에서 편지로 질의한 것이라고 직접적으로 언급하지는 않았지만, 논조를 볼 때 그러한 개연성이 있다고 판단되어 질의 4로 분류했다. 부활의 논쟁은 핵심적으로는 그리스도인의 몸의 부활이 가능하며, 사실인가에 대한 논쟁이다. 바울은 그것이 가능하며, 사실이라는 것을 증명하고 있다. 그 증명의 논거로써 그리스도의 부활이라는 역사적 사실을 먼저 확인하고, 다음 그리스도의 부활이 역사적 사실이라면, 그는 첫 열매이기 때문에 다른 그리스도인들도 그 열매를 따라서 몸의 부활은 확실한 것이라고 논증한다.

1) 복음의 요체: 죽음과 부활(15: 1-11)

부활의 논증에서 제 1 논증은 그리스도의 부활이라는 역사적 사실에 있다. 그리스도의 부활은 이미 성경에서 예언한 것이고, 부활하신 그리스도가 제자들에게 보이고, 특히 부활을 전하는 사람들을 죽이려고 했던 자신에게도 보이셨다는 것이다. 이것이 사실이기 때문에 이 사실을 전파하는 책임이 있다는 것이다. 바울이 여기서 빈 무덤에 대한 논증을 하지 않는 것은 이미 그것이 전제되어 있기 때문이다. 바울은 그 빈 무덤만이 아니라, 실제로 나타났다는 사실에 부활의 역사적 사실을 입증하는 무게를 두고 있다.

2) 죽은 자의 부활은 있는가?(15: 12-34)

죽은 자의 부활이 없다는 사람들을 향하여, 위에서 제시한 그리스도의 부활이라는 역사적 사실의 논증을 통하여 예수님이 죽은 자 가운데서 부활하였다는 것은 존재하는 사실이므로, 죽은 자의 부활은 역사적으로 가능하다는 주장이다. 그가 부활하였기 때문에 그 안에서 죽은 자들도 몸으로 부활할 것이고, 그 소망이 있기 때문에 그 사실을 온갖 위험과 고난을 무릅쓰고 전한다고 논증하고 있다.

3) 부활의 실재의 논증(15: 35-49)

부활의 실재에 대한 논증으로 바울은 씨가 죽어야만 열매를 맺는다는 사실을 비유적으로 제시하고 있다. 씨는 그 안에 미래적인 열매인 형체가 있는데, 다 각각 다르다는 것이다. 사람의 몸의 부활도 그와 같이 썩을 것으로 심어서 썩지 않을 형체를 입는다는 것이다.

4) 미래에 있을 부활(15: 50–58)

그리스도인의 몸은 썩을 것이로되 반드시 앞으로 썩지 않을 몸으로 부활할 것이기 때문에, 소망을 굳건히 잡고 주의 일에 힘쓰는 자들이 되라고 바울은 권면한다.

9. 공식적인 질의에 대한 답변 5: 연보의 문제와 바울의 계획과 인사 (16장)

16장에서는 공식적인 질의인 연보에 대해서 답변하고, 자신의 앞으로의 계획을 천명하고, 바울과 고린도교회에 안면이 있거나 유관한 사람들에 대한 문안과 함께 인사로써 이 서신을 끝맺는다.

1) 연보에 대한 답변(16: 1–4)

갈라디아교회에게 명한 것 같이, 매주 첫 날에 헌금을 하여 모아두었다가 강제가 되지 않도록 하라고 명한다.

2) 바울의 계획(16: 5–9)

에베소를 떠나 마게도냐를 거쳐서 고린도에 들러서 겨울을 지나기를 원한다고 바울은 자신의 계획을 천명한다. 바울은 오순절까지 에베소에 머물겠다고 계획을 변경한다. 그러나 이 계획은 후에 수정되었으며, 이 수정 때문에 고린도교회의 적대자들로부터 공격의 빌미가 되었다.

3) 각 사람에 대한 문안(16: 10–20)

고린도교회 분당의 한 축에 있던 아볼로는 이때에 고린도에 있지 않았고, 바울은 그가 고린도로 가기를 원했다. 디모데를 파송하면서 그를 잘 영접하라고도 했다. 아굴라와 브리스가는 에베소에서도 자신의 가정 교회를 가지고 있었는데, 후에 로마로 돌아가서도 역시 가정 교회를 가지고 있었다.

4) 끝맺는 인사(16: 21-24)

늘 그랬던 것처럼, 바울은 은혜와 사랑이 있기를 빌면서 끝을 맺는다. 주를 사랑하지 않는 자는 저주를 받을 것이라는 무서운 경고도 잊지 않았다.

Ⅱ고린도전서에서 고려해야 할 사안

1. 분당과 관련된 문제.

분파에 대해서 언급되고 있는 구절은 1장 12절, 3장 4절, 3장 22절이다. 첫 번째 구절은 바울 파, 아볼로 파, 게바 파, 그리스도파의 네 파가 있는 것처럼 보인다. 두 번째 구절은 바울 파, 아볼로 파 두 파가 있는 것으로 말한다. 세 번째 구절은 바울 파, 아볼로 파, 게바 파의 세 파가 있는 것처럼 보인다. 그렇다면 고린도교회에는 몇 개의 파가 있었는가? 이 질문에 대한 답은 몇 가지 요소들을 고려함으로 가능하다. 위의 세 번의 언급에서 분파의 불가능에 대한 논리적 취급은 3장 4-9절에 나온다. 여기서 핵심은 아볼로와 자신의 역할이 다른 것이고, 그들을 중심으로 파벌이 생길 수 없다는 것이다. 실질적으로 고린도교회에서 바울 이후로 가장 영향력을 끼친 사람은 아볼로다. 그는 바울이 3차 전도 여행을 시작하기 전에 이미 에베소를 떠나 고린도에 왔다(행 18: 27 - 19: 1). 그는 "은혜로 믿은 자들에게 많은 유익을 준" 사람이며, 논리적으로 굉장한 실력을 가진 사람이다(행 18: 27-28). 비록 바울이 이 편지를 쓸 때 아볼로가 에베소에 머물고 있었다 해도(고전 16: 12), 그가 고린도에 간 후 이 편지를 쓸 때까지 최소 3년이 지났을 것이고(바울은 3차 전도 여행 기간 중에 에베소에서만 3년을 보냈음), 그 기간 동안 아볼로는 아마도 바울보다 더 많은 영향력을 고린도 교인들에게 행사했을 것이다. 그러나 어디에도 바울이 고린도전서를 쓰면서 분파에 대해 언급할 때까지, 베드로가 고린도를 방문하여 그들에게 영향을 끼친 적이 있다고 기록하지 않았다. 그러므로 베드로파가 형성될 수 있는 가능성은 없다. 적어도 베드로의 영향을 받은 지도자가 베드로의 이름으로 파를 형성할 때에만 가능한 법인데, 그럴 개연성은 없다. 그리스도에게 속한 파도 역시 마찬가지다. 물론 그리스도는 교회의 구주이므로 그를 표방해서 파를 형성할 있겠지만, 역시 지도자 중 누군가가 그 같은 파벌을 형성하여야만 파벌이 생길 수 있다. 그러나 어디에도 고린도교회에 그런 영향력을 행사한 사람이 있다고 언급하지 않고 있다. 그러므로 베드로에 속한, 혹은 그리스도에게 속한 것은 수사적인 표현이라고 말할 수 있다.

다음의 요소는 11장에서 바울이 언급한 성만찬에서 발생한 문제를 고려하는 것이다. 성만찬이 베풀어지는 장소는 그리스도의 구속의 은혜를 재확인하는 곳인데, 이곳에서 분파적인 성격을 가늠할 수 있는 일이 발생하였다는 것이다. 그것은 가난한 자와 경제적 여력이 있는 사람들이 차별과 파당을 들어냈다는 것이다(11: 17-22). 여기서 바울이 말하는 파당은 부자와 가난한 사람의 두 개의 분파임을 암시하고 있다. 위의 두 가지 요소를 고려할 때, 3장 4절에서 말하는 바울과 아볼로 파라는 두 개의 분파가 고린도교회에 있었다고 결론을 내릴 수 있다.

2. 고린도교회의 사회적 계층에 대한 문제

위에서 고린도교회의 구성원은 소수의 상류층과 다수의 하류층으로 되어 있다고 언급한 바 있다. 고린도전서 1장 26절에서, “형제들아 너희를 부르심을 보라 육체를 따라 지혜로운 자가 많지 아니하며 능한 자가 많지 아니하며 문벌 좋은 자가 많지 아니 하도다”라고 말한다. 이 말은 고린도교회 구성원의 사회적 계층에 대한 결정적 단서가 된다. 이 구절에서는 부르심을 받은 그리스도인들을 지칭하는데, 사회적 관점에서 볼 때, 그들 중 지혜로운 자나 능력 있는 자나 신분이 고귀한 자가 많지 않다는 것이다. 즉 소수의 사람들이 상류층에 속하고 다수는 그렇지 않다는 것이다.

3. 은사와 관련한 문제

바울의 서신 중에서 은사 문제를 다루고 있는 서신은 로마서, 고린도전서, 그리고 에베소이다. 그런데 이들 중에서 고린도전서만이 은사에 대한 정확한 정의를 하고 있다. 은사의 출처는 사람들의 반복적 연습에 의해서 얻어지는 것도 아니며, 누군가가 수여하기 때문에 주어지는 것도 아니요, 교육과 훈련을 통해서 나타나는 것도 아니며, 오직 성령이 각 신자들에게 성령의 뜻에 따라서 부여해주는 특수한 기능이라는 것이다. 그리고 은사에는 차서가 있다는 것이다. 즉 최상위 은사와 최하위 은사가 있다는 것이다. 은사 활용에 있어서 가장 중요한 원리는 사랑의 동기여야 하며, 그리스도의 몸인 교회의 교화와 성숙을 위한 것이라고 이 서신은 말한다. 은사가 나타나는 것이 성령의 충만함과 직결되어 있다는 말은 없다. 어떤 특정한 은사가 성령을 받았다는 표시라는 주장도 없다.

4. 제사 음식과 관련된 문제

제사 음식은 우상에게 드려진 음식이다. 바울은 우상과 물질은 아무 것도 아니며, 하나님은 한 분 밖에 없으므로 우상은 신이 아니며, 그러므로 물질 자체는 먹어도 상관없다는 것이 기본 입장이다. 그러나 그 사실을 아는 사람이 그 제물을 먹으면, 이 사실을 모르고 습관적으로 우상에게 드려진 제물을 먹어왔던 사람에게 있어서 자신들의 관습을 용인하는 결과를 가져온다. 그러므로 그것을 먹는 것은 불가하다는 것이다. 또한 우상에 드린 제사 음식을 먹는 것은 귀신과 교제하는 것이 되므로, 그러한 음식을 먹는 것은 불가하다고 바울은 말한다. 그리스도인들에게는 모든 것이 가하지만, 그것을 자기만의 자유를 위해 사용하는 것이 아니라 이웃의 유익을 위해 사용하는 것, 즉 모든 것을 하나님의 영광을 위하여 사용하라는 것이다. 개인의 자유는 이웃의 유익에 제한된다. 왜냐하면 그 이웃은 그리스도가 대신하여 죽은 사람이므로, 우리의 자유가 바로 그 사람에게 덕을 세우는 일에 사용되어야 하는 것이지, 양심의 꺼림이 되게 하는 일에 사용되어서는 안 된다고 바울은 말한다.

5. 바울의 교회에 대한 인식

바울은 그의 서신 전체에서 교회라는 단어를 단수형과 복수형을 합하여 무려 80회 이상 사용하고 있는데, 그 중에서 고린도전서에서만 26회 사용하고 있다. 그리고 특히 하나님의 교회라는 말은 총 9회 중 5회를 고린도전서에서 사용하고 있다. 이 같은 사실은 고린도전서가 지역 교회의 정체성과 역할에 대해 특별히 강조하고 있음을 의미한다. 다른 어떤 교회보다도 많은 문제를 가지고 있었던 이 고린도교회에게 "하나님의 교회" 임을 강조하고 있다. 세속성이 가득 차 있는 이 교회를 향하여, 비록 사람 냄새가 나지만 그래서 사람의 모임으로 전환시키려는 우를 범하고 있는 이 교회를 향하여, 서로 다른 문화적 배경을 가진 사람이 모였지만, 이 교회는 하나님께 속한 하나님의 교회이기 때문에 거룩한 전으로 삼아야 하는 당위성을 바울은 제시하고 있다.

고린도후서

‖ 배경

바울이 에베소에서 뼈아픈 편지를 써 보낸 후, 고린도 교인들이 지나치게 절망할까봐 염려하고 근심한 나머지 디도를 고린도교회에 보낸다. 이때 디도는 2장 9절에서 언급한 또 다른 편지를 가지고 갔던 것으로 보인다. 그 편지에는 근심하게 한 자들을 용서해주며, 사랑을 베풀라는 권고를 한 내용이 담겨 있을 것이다. 디도가 갈 때, 다른 사람을 동행시켰고, 그는 고린도에서 모금의 문제를 해결하도록 하는 사명을 띤 것 같다(7: 6). 그 후 바울이 에베소를 떠나 마게도냐로 가기 위해 드로아에 머물렀고, 그곳에서 복음의 문이 활짝 열렸지만, 고린도교회가 어떤 반응을 보였는지 근심한 나머지 그곳에 오래 머물지 않고 마게도냐로 향한다. 거기서 마침내 디도를 만나고 고린도교회의 상황과 바울의 편지에 대한 그들의 반응을 보고받는다.

그 보고에는 기쁜 소식과 좋지 않은 소식이 함께 있다. 기쁜 소식이라면, 첫째, 바울이 근심하던 일, 즉 그 뼈아픈 편지로 인해 다른 사람들이 그 당사자들에게 지나치게 엄하게 대함으로 그들이 절망 가운데로 떨어질 수 있다는 염려가 해소되었다는 것이다. 둘째, 고린도 교인들이 그 편지로 말미암아 주님의 일에 열심하고 거룩한 삶을 살려는 노력을 하게 되었다는 것이다. 셋째, 자신을 대신해서 파송한 디도를 환대했다는 것이다.

좋지 않은 소식은 다음과 같다. 첫째, 바울이 에베소에 있을 때 2차전도 여행 때 방문하여 교회를 세운 후 두 번째 고린도를 방문하려고 세운 계획(고전 16: 5-6)을 변경한 것으로 인해 고린도교회가 불평을 하고, 말의 신뢰성에 의문을 제기한 것으로 보인다(1: 15-17, 23). 두 번째, 모금 문제로 비방하는 사람들이 있었다. 이 비방은 그들의 헌금으로 헌금을 받은 사람은 넉넉하게 되고 헌금한 사람은 가난하게 될 우려였다(8: 13). 세 번째, 바울이 예루살렘 사도들의 추천서를 갖지 않았다고 바울의 사도권에 대해 도전하는 반대자들이 있었고(3: 1), 네 번째, 그 적대자들은 자신들이 자랑거리가 있지만 바울에게는 없다고 하면서, 고린도 교인들을 바울에게서 이간하려는 시도가 있었고(11: 18-20), 다섯 번째, 바울은 편지로는 엄하지만 면전에서는 유순한 이중적 행위를 보이는 비겁한 사람이라고 비난하는 적대자들이 있었고(10: 10), 여섯 번째, 시도라면 당연히 받을 돈을 받지는 않았지만 속임수로 그들에게서 취하였다고 비난하는 것이었다(12: 16).

이 모든 기쁜 소식과 관련한 요인들이나 비판의 요인들은 모두 바울의 사역과 직결되어 있는 것이다. 비판의 요인들 중 어떤 것들은 바울 자신으로부터 파생되었다. 예를 들면, 계획 변경, 모금과 관련된 비난, 그리고 이중적 태도 등이다. 그리고 다른 것들은 사도권과 관련된 것이었다. 이 같은 맥락에서 바울은 기쁜 소식에서 보인 고린도 교인들의 태도에 대해서 격려하며 칭찬할 필요와 위로의 필요가 생겼고, 자신에 대한 비판에 대해서 자신을 변호해야만 했고, 사역자와 사역에 대해서 바울을 적대하는 자들과의 차별화를 함으로 자신의 사도권을 방어하고, 그렇게 함으로써 적대자들에게 쏠렸던 고린도 교인들을 다시 자신에게 돌려서 복음을 방어하고 그들을 보호해야만 했다.

‖자신에 대한 변호

이상에서 본 바와 같이, 바울은 고린도 교인들과 적대자들에게 자신을 비판하거나 송사할 빌미를 제공하고 있는 것처럼 보인다. 그 같은 상황에서, 자신에 대한 어떤 보호를 위해서가 아니라, 복음의 진리가 훼방 받을 것을 염려하여 자신의 입장을 변호해야만 했다. 변호라고 하지만, 실은 방어 차원에서의 단순한 변호로 끝나지 않고, 그와 함께 사역의 원칙들과 관련된 중요한 논제들이 제시되고 있다. 뿐만 아니라, 그것은 바울과 고린도교회와의 관계를 공고히 하는 기능을 가지고 있다.

첫째, 자신의 계획 변경에 대한 회의적 비판에 대한 바울의 변호를 보면, 단순한 자기 변호가 아니라, 이 계기를 통하여 하나님의 약속의 불변성을 말하고 있다. 자신의 계획 변경으로 인해 고린도 교인들에게 하나님의 신실성에 대한 회의심이 발생할 수 있다는 사실을 감지하고, 그것을 방지하기 위한 것이라고 볼 수 있다. 계획 변경은 자신을 위한 처사가 아니라 고린도교회를 위한 것이었다고 바울은 말한다. 바울은 그들의 믿음을 주관하는 행위를 변경하고 도움이 되는 행동을 하고 있음을 강조한다(1: 23-24).

두 번째는 모금과 관련된 비판이다. 바울은 예루살렘의 가난한 성도들을 돕기 위한 모금 운동 때문에 생긴 여러 가지 오해와 비판에 대해 자신을 변호하느라고 많은 지면을 할애하고 있다(7: 2; 7: 14 - 9: 15; 11: 18-19; 12: 14-18). 모금과 관련한 자신의 변호를 관찰해 보면, 자신의 이익과는 상관없고(7: 2; 8: 20; 11: 18-19; 12: 17), 모금의 정당성을 주장하며, 그것을 운반하는 수단에 있어서도 자신은 빠지고 대신 신실한 형제들을 내세우는 것을 볼 수 있다(8: 18, 22; 12: 18). 이 변호에 있어서도 그는 단순히 자신을 변호하는 것으로 그치지 않고, 헌금의 원리, 헌금과 진정한 헌신의 의미를 개진한다. 아울러 간교하게 이익을 취했다는 적대자들의 비판에 대해, 바울은 고린도 교인들에게 누를 끼치지 않으려고 어떤 것도 그들에게서 취하지 않고, 필요한 경비는 마게도냐의 교회들로부터 받았다고 말함으로 그들의 비판에 대해 변호한다.

세 번째는 바울의 이중적 태도에 대한 비판이다. 바울은 분명히 대면할 때의 태도와 떠나 있으면서 편지들을 통하여 대하는 태도의 이중성이 있었음을 인지하고 있다(10: 1). 바로 이러한 이유 때문에, 바울을 적대하는 사람들은 공격의 빌미를 얻고 바울을 비겁한 사람이라고 헐뜯었을 것이다. 바울이 복음으로 그들을 가르쳤다고 하지만, 실상은 인간적인 방법을 취한다는 것으로 공격당했다(10: 2). 이에 대해 바울은 변호하고 있다. 떠나 있을 때 편지로 말하는 사람은 면전에서도 동일한 사람이며(10: 11), 태도 변화는 고린도교회의 상황과 밀접한 관계가 있기 때문인 것으로 언급하고 있다(10: 1-2). 바울은 상황의 변화에 따라서 자신의 태도를 변화시킬 수 있다고 분명히 말하고 있다(13: 1-2). 이 같은 태도 변경은 공격의 빌미였던 이중적 태도의 완벽한 선회인 것이다. 바울의 이중적 태도는 그들의 상황에 대한 목회적인 측면에서의 절묘한 접근위을 보여주고 있다. 여기서도 바울은 단순히 자기변호를 하는 것이 아니라, 사역의 한 원리를 제시하고 있다..

‖ 적대자들과의 차별화

바울은 그를 적대하는 유대주의적 그리스도인 지도자들과 자신과의 차별화를 강력하게 시도함으로써 그들에게 기울어졌던 고린도교회를 바로 잡으려는 노력을 하고 있는데, 그 차별화의 영역을 주의 깊게 살펴보면, 그 영역은 적대자들의 주장들과 사역의 방법과 동기, 그리고 목표와 관련되어 있다.

1. 적대자들의 주장에 대응하는 바울의 차별화

적대자들은 월등한 사도들의 추천서가 필요하다고 주장하면서, 자신들의 지도자로서의 입지를 공고히 하려고 했다. 그러나 바울은 그 같은 추천서가 필요 없다고 선언한다(3: 1). 바울은 그들이 주장하고 있는 추천서의 문제를 묵살하는 것으로 끝내지 않고, 오히려 그들의 주장과는 전혀 다른 차원의 추천 문제를 들고 나오면서, 사역자에게 있어서 진정한 추천의 의미를 제시하고 있다. 그 하나는 그들이 자랑하는 추천서는 극히 일부의 사람들만 읽을 수 있지만, 바울이 말하는 것은 모든 사람들이 읽을 수 있는 편지라는 것이다.

그것은 바울의 그리스도를 전파함으로 결과 된 고린도 교인들 자체라는 것이다. 다음은 6장 4절에서, "하나님의 일군으로 자천하여"라는 말을 하고 있는 데서 찾아볼 수 있다. 바울이 하나님의 일꾼으로 자천하는 것과 고난을 연계시키고 있다. 그래서 바울은 다른 어떤 편지에서보다 이 서신에서 그리스도의 복음 전파 때문에 당한 고난에 대하여 자주 언급하고 있다(1: 6; 4: 8-9; 6: 5; 11: 23-27). 즉 참 사역자는 그리스도와의 연대성을 가진 사람이며, 그 연대성은 고난으로 표현되기 때문에, 이 같은 고난의 동참이야말로 스스로 하나님의 일꾼임을 자천하는 것이라고 바울은 말한다.

적대자들의 자랑거리 주장에 대한 바울의 차별화에 있어서도, 바울은 추천의 문제에서처럼 회피하거나 무시하거나 묵살하지 않고, 오히려 그들의 자랑거리를 이용하여 전혀 다른 차원의 자랑을 제시하고 있다. 적대자들은 자신들이 유대인임을, 그리스도의 일꾼임을, 그리고 어떤 외형적 자랑거리, 예를 들면, 추천서를 가지고 다닌다고 자랑한다. 그들은 바울은 어리석은 자요, 자신들은 지혜로운 자라고 자랑한다(11: 17). 이에 대해 바울은 그들이 육체를 따라 자랑하는 자들이라고 말한다(11: 18). 이들의 자랑은 남이 수고한 토대 위에서 자신들의 한계 밖에서 자랑한다고 말한다(11: 15). 바울은 저들의 자랑거리에 대하여, 그 어휘를 이용하여 절묘하게 진정한 자랑거리에 대하여 다양하게 전개하고 있다. 자신에게는 실제로 자랑거리가 많다는 것이다(예, 10: 8; 11: 22, 23; 12: 1, 5, 6, 12). 바울은 이 자랑거리들이 하나님이 허락한 범위 내에 있는 실체이지만, 그런 것들을 자랑하지 않고 오히려 자신의 약함만을 자랑한다고 말한다(11: 30; 12: 5). 바울은 고린도교회가 자신을 자랑해 주기를(5: 12), 그리고 종말의 시점에 그들의 자랑거리가 되기를 원했다(1: 14). 바울은 자신의 행동 원칙, 즉 하나님의 거룩함과 진실함, 그리고 은혜로 행하는 대원칙에 대해서는 분명하게 자랑하고 있다(1: 12). 그렇지만 그 자랑도 주님께 칭찬받는 것이어야 한다고 말한다(10: 16-17). 바울은 자기와 관련된 것 외의 사안에 대하여는 기탄없이 자랑하고 있다. 예를 들면, 고린도교회의 모금 약정, 자신을 대신하여 모금을 담당하는 대리인, 그리고 자신을 대신한 사역자들을 동역자로 자랑한다.

2. 적대자들의 사역과 관련한 바울의 차별화

바울을 공격하며 고린도교회를 이간질하는 적대자들의 출현과 사역에 대해, 바울은 두 가지 도구를 사용하여 차별화를 시도한다. 그 하나는 부정적 도구며, 다른 하나는 긍정적 도구이다. 부정적 도구라 함은 적대자들의 실상을 적나라하게 노출시키는 것이며, 긍정적인 도구라 함은 자신의 사역을 드러내는 것이다. 이 두 가지 도구를 통하여 사역자의 정체성, 사역의 동력, 목표, 방법에 대하여 유추할 수 있다.

적대자들의 실상에 대하여, 바울은 이들이 자신들을 그리스도의 사도로(11: 13), 혹은 일꾼으로(11: 23), 그리스도에게 속한 사람들(10: 7)이라고 자칭한다고 지적하고 있다. 그러나 바울은 그들이 하는 자칭의 이면을 들여다보면서, 그들은 사실상 거짓 사도, 궤휼의 역군, 그리스도의 사도로 가장하는 자들이라고 폄하한다(11: 13). 바울은 사단이라는 어휘를 자주 사용하지 않는데(그의 전체 서신에서 총 11회), 이 편지에서만 네 차례 사용하고 있으면서, 그들을 사단의 일꾼이라고 지칭한다(11: 15). 그들은 궤계로(12: 16) 고린도 교인들로부터 이득을 취하고, 그들을 현혹시켜 자신들의 편으로 끌어드리려고 하였다(11: 4). 그들은 하나님의 말씀을 앞세워 사역하는 사역자들인 것처럼 행하였지만, 실상은 하나님의 말씀을 혼잡케 하며, 그리스도의 복음이 아닌 다른 복음을 전하는 자들이었다(2: 17; 4: 2; 11: 4). 말씀을 혼잡케 한다는 것은 부당한 이득을 취하기 위해 속여 파는 행위를 의미한다. 오늘날 얼마나 많은 사람들이 하나님의 말씀을 가지고 부당한 이득을 취하기 위해 속여 팔고 있는가?

바울이 제시하고 있는 참 사역자의 면모는 어떤 것인가? 바울은 처음부터 자신의 사도권은 하나님의 뜻에 의한 것임을 분명히 하고 있다(1: 1). 사역자는 새 언약의 일꾼(3: 6), 영의 직분 자(3: 8), 의의 직분 자(3: 9), 하나님의 일꾼(6: 4), 그리스도의 일꾼(11: 23), 하나님이 주신 직책(5: 18), 하나님과 함께 일하는 자(6: 1) 등의 다양한 표현을 통하여 사도의 직분이 인간적인 수단이나 방법, 혹은 수여에 있지 않고, 전적으로 삼위 하나님으로부터 유래된 것임을 밝히고 있다. 그것은 자신이 하나님의 일꾼임을 입증하는 것으로, 그리스도를 전파할 때 나타나는 능력과 표적이다(12: 12). 그를 통한 사역의 목표는 그리스도로 말미암아 하나님과 사람 사이를 화목하게 하는 것이다(5: 18). 그가 전파하는 것은 하나님의 형상인 그리스도만을 전하는 것이다(4: 5). 그의 사역에서 가장 중요한 수단은 하나님의 말씀을 모든 싸움에서 견고한 진을 파하는 병기로 사용하는 것이었다(10: 4-5). 하나님의 능력이 늘 자신에게 머물러 나타내도록 겸손을 최우선의 덕목으로 삼는다. 그의 사역에 있어서 평탄한 길만 있는 것이 아니고 환난과 고난이 있지만, 그것은 그리스도의 고난에 동참하는, 그래서 자신을 통해 생명의 역사가 나타나게 하는 것이었다.

참 사역자의 요건

고린도후서에서 바울의 변호와 차별화를 통해 표현된 내용을 종합하여 분석해보면 참 사역자의 요건에 대해서 다음과 같이 정리할 수 있다.

1) 위로자(1: 4)

환난을 경험하지만 하나님으로부터 오는 위로를 경험함으로 다른 이를 위호할 수 있다.

2) 양심의 증거를 가진 자(1: 12)

육신적인 지혜가 아니라 하나님의 은혜로 행한다.

3). 용납과 사랑을 나타내는 자(2: 4, 7–10)

사단의 궤계는 성도를 무너뜨리려고 하지만(징계를 통함 절망감 일으킴), 용서와 용납과 사랑은 그들을 일으킨다.

4) 동역자를 세우는 자(8: 28)

5) 그리스도의 향기를 드러내는 자(2: 15)

6) 말씀을 높이는 자(2: 17)

7) 사역의 결과로 자신을 추천하는 자(3: 1)

8) 낙심치 않고 숨은 부끄러운 일과 궤휼을 버리는 자(4: 1, 8, 15, 16)

9) 그리스도만을 전하는 자(4: 3–6)

10) 성령의 보증이 있는 자(5: 5)

11) 주를 기쁘시게 하는 자(5: 9)

12) 직책이 회방 받지 않게 하려고 노력하는 자(6: 4–6)

13) 돈 관리를 철저히 하는 자(8: 20)

14) 육체대로 판단하거나(5: 16), 행하거나(10: 1), 싸우지 않는 자(10: 4-6)

15) 외모로 사람을 보거나 대하지 않는 자(10: 7)

16) 말과 행함이 일치하는 자(1: 18)

17) 분량 외의 것을 자랑하지 않고(11: 15), 주 안에서만 자랑하는 자(11: 17)

18) 교회를 위해 매일 염려하는 자(11: 27-29)

19) 하나님의 능력이 나타나게 하는 자(12: 9)

‖ 헌금의 원칙

이 서신에서 바울이 모금과 관련하여 고린도교회에게 제시한 헌금의 원칙은 다음과 같다.

1) 헌금의 기본 정신은 하나님의 은혜에 대한 응답(8: 1-2)

2) 하나님의 뜻에 따르는 헌신의 표시(8: 5)

3) 명령이 아니고(8: 8), 사랑의 정신(8: 7)과 감사의 마음(9: 12)으로 하나님께 영광돌림(9: 13)

4) 어느 한 쪽은 유익, 다른 쪽은 불이익이 있어서는 안 됨(8: 13)

‖ 개요

1. 인사(1: 1-2)

인사에서 바울은 고린도만이 아닌 아가야 지방에 성도들이 이미 퍼져 있음을 밝히고 있다. 겐그레아의 일군인 뵈뵈를 로마서 16장 1절에서 언급하고 있는데, 이곳 역시 아가야에 속한 도시이므로, 고린도를 중심으로 전 아가야 지방에 복음이 전파되었다고 결론을 내릴 수 있다.

2. 위로의 하나님(1: 3-11)

바울은 자신이 역경 중에 있을 때도 하나님의 위로가 있었다는 경험을 바탕으로 하여, 고난을 받고 있는 고린도교회 성도들도 같은 위로로 위로를 받을 수 있다고 한다.

1) 환난 중에도 하나님의 위로가 있다(1: 3-5)

바울은 그리스도인이 환난을 받는 것은 피할 수 없는 것이지만, 하나님의 위로가 있기 때문에 그 가운데서도 소망이 있음을 고린도 교인들에게 알려준다.

2) 고난에 참여하지만 위로가 있다(1: 6-7)

그 같은 원칙에 의해서, 비록 고린도 교인들이 고난에 동참하지만, 그것은 위로에도 동참하게 된다는 사실로 그들을 위로한다.

3) 하나님은 살 소망이 없는 가운데서 건지신다(1: 8-11)

여기서 바울은 자신들이 아시아 지방에서 당한 많은 고난 때문에 살 소망까지 잃었었지만, 하나님이 지켜주셨다는 경험을 통하여 그들에게 소망을 주고 있다.

3. 방문 계획 변경(1: 12 - 2: 17)

바울은 자신의 고린도 방문 계획을 변경시키고 있는데, 이것이 적대자들에게 비난의 빌미를 주었으므로, 왜 계획을 변경하지 않으면 안 되는지에 대해 자신을 변호하고 있다.

1) 일차적 방문 계획(1: 12-22)

일차적으로 제시한 고린도 방문 계획은 먼저 고린도에 들렀다가 마게도냐로 가고, 다시 고린도에 와서 그들의 도움으로 유대로 가기를 계획했었다.

2) 방문 계획의 변경 이유(1: 23 - 2: 4)

그런데 바울은 그 계획을 변경하여 고린도에 먼저 가지 않고 마게도냐로 먼저 갔다. 그 이유는 자신이 고린도에 가게 될 때, 당시에 문제를 일으키고 있는 사람에 대한 고려때문이며, 결과적으로 고린도 교인들의 믿음을 주관하게 될 수 있었기에, 그것을 피하고자 했다. 즉 사랑의 동기에 의한 것이다.

3) 변경의 이유인 근심케 한 자들에 대한 태도(2: 5-11)

바울을 근심하게 한 자들에게 지나치게 가혹하게 대하는 것은 사탄에게 기회를 주는 것이므로, 용서하고 위로해 줄 것을 당부한다.

4) 드로아에서 마게도냐로 가다(2: 12-17)

바울은 고린도교회의 상황에 대해 염려한 나머시, 서기서 오는 디도를 민나서 그것을 알아보는 것이 드로아에 머물면서 복음을 전하는 것보다 더 중하다고 여기고 마게도냐로 떠난다.

4. 새 언약의 직분(3: 1 - 6: 10)

바울의 적대자들이 예루살렘으로부터 받은 추천서를 가지고 고린도교회에게 자랑함으로 바울의 사도적 권위를 업신여기도록 하는 상황에서, 바울은 진정한 새 언약의 직분자가 누구이며 무엇을 하는지를 밝힘으로써 진정한 추천의 의미를 사역의 결과로 이해해야 한다고 말한다.

1) 진정한 추천(3: 1-5)

진정한 추천은 사람에게서 오는 것이 아니라, 사역의 열매가 말해주는 것이다.

2) 영광스런 직분(3: 6-11)

자신이 가진 직분은 모세가 가지고 있던 직분보다 더 영광스러운 직분임을 강조한다.

3) 주의 영이 함께 하는 직분(3: 12-18)

그의 직분은 율법의 굴레에서 해방시키는 영이 함께 하는 직분이다.

4) 직분자는 오직 그리스도의 주되심을 전파함(4: 1-6)

바울은 창세기 1장 3절의 "빛이 있으라"는 말을 인용하면서, 하나님이 그리스도 안에 있는 하나님의 영광을 아는 빛을 우리에게 비추었다고 말한다. 그러기에 직분자는 오직 그리스도만을 전해야 한다고 강조하고 있다. 그것은 신약 전체에서 이곳에서만 인용되고 있다.

5) 직분자에게 있는 고난에 대해 낙심치 말아야 한다(4: 7-18)

영의 직분자들은 필연적으로 당면하는 고난이 있지만, 그것 때문에 낙심하지 않고 주를 기쁘게 하려고 애써야 한다.

6) 직분자의 목표: 주를 기쁘시게 함(5: 1-10)

직분 자는 그리스도와 함께 할 소망을 가지고 있기 때문에, 그리고 그리스도의 심판대 앞에 서기 때문에, 항상 주를 기쁘시게 하는 자가 되도록 힘쓴다고 말한다.

7) 강권하는 그리스도의 사랑(5: 11-15)

외모로 자랑하지 않음은 모든 사람을 대신하여 죽은 그리스도의 사랑이 자신을 강권하였기 때문이라고 바울은 말한다.

8) 육체대로 판단치 않음(5: 16-17)

그리스도를 육체로 오신 분으로만 알았지만, 그가 메시야라는 사실은 단순히 인간의 몸을 쓴 그런 존재가 아님을 알기에, 그런 관점에서 외형적인 어떤 조건에 따라서 사람을 판단하는 것이 아니다. 왜냐하면 모든 사람은 그리스도 안에서 새로운 피조물이기 때문이다.

9) 화목케 하는 직분(5: 18–21)

모든 것이 하나님께 속했고, 하나님이 그리스도를 통하여 자신과의 화목을 가능케 했으므로, 직분자의 사명은 화목케 하는 것이다.

10) 직분자의 자천 방법(6: 1–10)

바울은 자기 자신을 참 직분자로 증거 하는 것은 거리낌 없는 삶, 거짓이 없는 사랑, 환난 중에도 오래 참음, 진리의 말씀으로 무기를 삼음, 어떤 처지에서도 사람들을 유익하게 하는 것이라고 말한다.

5. 고린도교회를 향한 바울의 마음(6: 11 - 7: 16)

바울은 틈새가 생긴 고린도교회와 자신과의 관계를 다시 회복시키기 위해, 그들을 향한 자신의 마음이 어떠한지에 대해서 피력하고 있다.

1) 우리의 마음이 넓어졌다(6: 11–13)

먼저, 우리가 그들을 향해 마음이 좁아진 것이 아니라 넓어졌기에 너희도 마음을 넓히라고 촉구한다.

2) 불신자와 멍에를 메지 말라(6: 14 – 7: 1)

이 권면을 통해, 바울은 그들을 향한 마음을 표현하고 있는데, 그것은 그들이 불신자들과 멍에를 멤으로 유혹을 받아서 자신과의 틈새가 생겼음을 암시하는 권면이다.

3) 마음으로 영접하기를 소원(7: 2–4)

바울은 고린도교회가 자신을 올바로 이해함으로 자신을 향하여 마음을 넓히기를 원하고 있다.

4) 고린도교회에 대한 디도의 보고로 기쁨을 얻다(7: 5–16)

바울은 편지로 인해 그들이 근심한 상태에 있기 때문에, 마음의 염려가 되어 그곳의 상황을 알기 위해 마게도냐로 급히 떠났고, 거기서 디도를 만나 그의 좋은 보고로 인해 마음의 안심을 얻었다고 피력하고 있다.

(1) 바울을 향한 열심 때문에 위로받음(7: 5-7)

바울을 안심하게 한 것은 그들이 바울에게서 멀어진 것이 아니라 열심하고 있다는 것이다.

(2) 하나님의 뜻대로 한 마음의 근심(7: 8-11)

자신의 편지로 인해 근심을 당한 사람이 그것 때문에 회개하였음을 알았기에 마음의 안심을 얻었다.

(3) 기쁨과 위로(7: 12-16)

바울은 그들이 간절함을 나타냈고, 디도에게 고린도교회를 자랑한 바가 무색하게 되지 않았고, 디도를 순종했기에 그들을 다시 신뢰하게 되었기에 기뻐하고 위로를 받았다고 말한다.

6. 연보에 대하여(8: 1 - 9: 15)

바울의 적대자들은 예루살렘교회의 가난한 성도들을 위한 모금을 이방 교회에서 해왔는데, 이것을 빌미로 바울이 헌금을 개인의 목적을 위하여 오용할 것이라는 비판을 하고 있다. 바울은 그 문제에 대해서도 그렇지 않다고 자신을 변호하면서 헌금의 원칙을 제시하고 있다.

1) 약속한 연보를 실천하라(8: 1-15)

바울은 디도를 파송하여 고린도교회가 1년 전에 행하기로 약속한 헌금을 하도록 촉구하였는데, 그에 대해서 확인하고 있다. 그러면서 마게도냐교회의 모범을 들면서 고린도교회가 헌금을 해야 한다는 것을 강조하고 있다.

(1) 마게도냐교회의 모범(8: 1-5)

(2) 디도에게 약속한 것을 실현하라고 권하다(8: 6-11)

(3) 균등의 원칙(8: 12-15)

2) 연보를 위한 디도의 역할(8: 16-24)

바울은 이방 교회에서 모금한 거액의 헌금에 대해 누구에게라도 비방 거리를 주지 않기 위해, 자신이 직접 헌금을 다루지 않고 복음 안에서 칭찬받는 디도와 다른 사람을 함께 보내어 운반하게 한다. 고린도교회에게 그를 추천할 때에 여러 교회에서 인정받으며 하나님께 영광을 돌리는 사람임을 강조한다.

3) 하나님의 은혜로 연보하게 함(9: 1-15)

고린도교회에서 1년 전부터 준비했다는 것을 마게도냐교회에게 한 자랑이 헛되지 않도록 연보를 준비하도록 권면하면서, 그것은 하나님의 은혜에 대한 감사의 표시이며, 복음을 받음에 대해 복종하는 마음의 표시라고 바울은 말한다.

(1) 형제들을 보내어 연보를 준비케 함(9: 1-5)

(2) 하나님께 감사하는 마음(9: 6-12)

(3) 후한 연보는 복음에 복종하는 것(9: 13-14)

7. 대면과 편지(10: 1-18)

바울은 적대자들이 얼굴로 대면하면 유순하고 떠나 있으면서 편지로는 담대하게 그들을 대하는 것은 비겁하며, 믿을 수 있는 사람이 되지 못한다는 비난에 직면해 있고, 그 같은 이중적 행위가 무엇을 의미하는지 설명함으로 자신을 변호할 필요가 생겼다. 바울은 그 같은 사실을 그대로 인정하면서, 그러한 이중적 태도는 인격의 이중성 때문이 아니라, 고린도교회의 성도들을 세우기 위함이라고 변호한다. 그러면서 바울은 외모를 가지고 자랑하는 자들에게 대하듯이 고린도 교인들에게 담대하게 대하기를 원치 않는다고 말한다.

1) 편지와 대면 사이의 이중성(10: 1-11)

여기서 바울은 자신의 싸우는 무기는 강한 진을 파괴하는 하나님의 능력이라고 선포하면서, 그런 담대한 태도는 육체대로 행하는 자들을 향한 것이지만, 고린도 교인들에게는 아니라고 분명히 선을 긋는다. 그것은 고린도 교인들을 세우려는 하나님의 목적에 부합하는 것이라고 말한다.

2) 분수 이상의 자랑(10: 12-18)

바울은 이렇듯 자신을 공격하는 사람들이 자신들에게 주어진 분량 이상의 것으로 자랑하고 있다고 비난한다. 자기를 칭찬함으로 자신이 옳다 인정을 받는 것이 아니라, 주님의 칭찬이 있어야 하는 것이기 때문에, 자랑하는 자는 주 안에서 자랑할 것이라고 말한다.

8. 거짓 사역자와 참 사역자(11: 1 - 12: 13)

지금까지 바울은 자신을 적대하는 자들에 대해, 일단은 그들의 비난에 대해 자신을 변호하면서, 그들이 누구며 무엇을 하는지에 대하여 암시하였다. 그렇지만 바울은 그 같은 접근 방향을 완전히 뒤틀어서 그들이 거짓 사역자라고 공격하며, 참 사역자가 가지고 있는 표시가 무엇이며, 그들이 행하는 목표가 무엇인지, 즉 참 사역자의 목표는 무엇인지 차별화를 시도하고 있다.

1) 꼬임을 받아 그들을 용납하는 교회(11: 1-4)

바울은 고린도후서에서 유일하게 창세기 1장 3절을 인용하였는데, 다시 한 번 이곳에서만 창세기 3장의 이브가 뱀에게 미혹당한 사건을 인용하면서, 바울에게서 멀어지려고 하는 고린도 교인들이 거짓 사역자들에게 미혹당하고 있다고 말한다. 그들은 다른 예수를 전하는데도 불구하고 그렇다고 지적한다.

2) 고린도교회를 향한 바울의 항변(11: 5-12)

미혹당하여 바울에게서 멀어지려고 하는 고린도 교인들을 향하여 바울은 그들을 위해 모든 노력을 다 기울이며 사랑한 자신을 어떻게 멀리할 수 있는지 강하게 항변하면서 어떤 상황이 온다 해도 지금까지 행해온 바를 계속할 것이라고 선언한다.

3) 사단의 일군인 거짓 사역자(11: 13-15)

이들 거짓 사역자들은 거짓 사도이며, 속이는 일꾼이며, 그리스도의 사도로 가장하는 자들이라고 꼬리표를 달아 준다. 사탄도 자기를 광명의 천사로 가장한다고 신약에서 유일하게 폭로하고 있다. 이 구절에서 바울은 "가장"이라는 단어를 세 번 사용하고 있다. 사탄이 이러한 위장을 한다고 폭로하며, 그것을 저들 적대자들에게 적용시키고 있는 곳은 신약에서 이곳이 유일하다.

4) 참 사역자의 표징인 고난(11: 16-33)

바울은 이들 거짓 사역자들이 자랑거리로 사용하고 있는 부분을 낱낱이 열거하면서, 자신도 그 면에서 자랑거리가 있음을 밝히고 있지만, 그에게 있어서 그것은 자랑거리가 아니며, 그런 것으로 자랑하는 사람은 어리석은 사람이라고 지적한다. 진정한 사역자라면 그리스도의 고난의 자취를 따르는 것이라고 하면서, 자신이 그리스도 때문에 받은 많은 역경들을 열거하고 있다. 여기서의 역경의 열거의 목록은 오직 이곳에서만 언급되고 있다. 그것이 진정한 사역자의 표징이라고 바울은 증언한다.

5) 사역자가 가진 능력의 조건(12: 1-10)

바울은 외형적으로도 자랑거리가 있고 영적으로도 누구도 따라올 수 없는 자랑거리를 가지고 있다고 한다. 그러나 그는 셋째 하늘에 이끌려서 말로 형언할 수 없는 엄청난 것을 목도하고 들었지만, 그것은 전혀 자랑거리가 되지 못하며, 오직 자신의 연약함만이 자랑거리라고 말한다. 그는 오직 자신이 연약할 때 그리스도의 능력이 머물도록 약한 것들만을 자랑할 것이라고 선언한다.

6) 사도의 표인 기적(12: 11-13)

바울은 다른 사도들에 비하여 부족한 것이 전혀 없는데, 자신이 사도가 된 것은 참음, 표적, 기사, 능력을 행한 것이 증거라고 그들에게 증언한다.

9. 세 번째 고린도 방문(12: 14 - 13: 13)

바울은 고린도 방문 계획을 밝히고 있다. 고린도를 방문할 때 바울이 우려하고 있는 교회내의 싸움, 시기, 당 짓는 것, 비방, 더러움, 음란, 호색하는 자들이 회개하지 않은 상태에 있는 것을 보기를 원치 않는다고 말한다. 방문해서 그 모든 것들에 대해 일일이 점검하며 회개치 않은 사람들이 발견되면 용서치 않는다고 경고한다. 그가 사전에 그런 경고를 하는 것은 방문해서 그런 비극적인 일이 생기지 않아야만 그들을 세우려는 노력의 결실이 있기 때문이라고 말한다.

1) 방문 시에 보기를 원하지 않는 것(12: 14-21)

다툼, 시기, 분 냄, 당 짓는 것, 비방, 수군거림, 거만함, 혼란, 더러움, 음란, 호색 등이다.

2) 방문 시에 확증할 사안(13: 1-5)

증인을 세워서 전에 죄를 지은 사람들의 태도. 바울은 자신이 방문하기 전에 고린도 교인들이 믿음 안에 있는지 시험하고 확증하라고 경고한다.

3) 사전에 편지를 이 같이 쓰는 이유(13: 6-10)

바울이 사전에 이 편지를 쓴 것은 그들로 하여금 바울을 맞을 준비를 하게 하려는 것이다. 그렇게 준비되면, 바울이 그들을 대면할 때에 엄하게 징계하는 일이 발생하지 않고, 세울 수 있는 기회가 된다는 것이다.

4) 마지막 권면과 축사(13: 11-13)

마지막 권면을 하면서, 바울은 유일하게 이곳에서 교회들이 예배 시에 사용하고 있는 축도를 하고 있다. "주 예수 그리스도의 은혜와 하나님의 사랑과 성령의 교통하심이 너희 무리와 함께 있을 지어다."

갈라디아서

갈라디아서는 초기 기독교에서 이방인 교회가 당면한 유대주의적인 기독교와의 충돌 전면을 보여주는 아주 중요한 서신이다. 고린도후서에서도 바울을 적대하는 자들이 출현하였는데, 그들은 유대주의에 입각한 사람들이었음을 이미 보았다. 예루살렘의 지극히 크다는 사도들로부터 추천서를 받아가지고 그리스도의 일꾼이라고 자처하면서, 이방인 그리스도인들도 할례를 받고 율법의 규율을 지켜야 한다고 주장하는 사람들이 이 교회 저 교회를 떠돌아다니면서 문제를 일으키고 있었다. 고린도후서에서는 그들이 누구인지를 밝히고 있지만, 갈라디아서에서는 그들이 주장하는 바가 무엇인지, 그리고 그에 대한 바울의 대응을 핵심적으로 다루고 있다.

그림 93) 로마 행정구역으로서의 갈라디아

갈라디아서를 이해함에 있어서, 다른 교회들과 달리 갈라디아라는 지명과 관련한 문제를 먼저 선결해야 한다. 예를 들면, 고린도교회라고 하면 고린도에 세워진 교회라는 사실이 분명해 진다. 빌립보서도 역시 마찬가지로 빌립보에 세워진 교회를 의미한다. 그러나 갈라디아서는 갈라디아라는 지역적 명칭이 어느 한 도시 이름이 아니기 때문에 문제가 된다. 이 명칭은 행정구역상의 명칭이기도 하며, 한 족속이 거주하는 지역을 의미하기도 한다. 주전 25년에 아우구스도 황제가 설정한 행정 주로서, 그림 93의 루가오니아, 비시디아를 포함한 지역이 갈라디아 지역으로 공식적으로 사용되었다. 반면 주전 3세기경에 유럽에서 이주한 셀틱 족이 정착한 아나톨리아 중부 고원 지대인 그림 93의 갈라디아로 표기된 지역이 통상적으로 갈라디아로 사용되었다.

사도 바울은 갈라디아서를 보낼 때 "갈라디아에 있는 교회들에게"(한글 성경에서는 갈라디아에 있는 여러 교회들로 번역)라고 명칭하고 있다. 그렇다면 이 갈라디아 여러 교회들은 어디에 위치한 교회들인가? 지역 명칭에 따라서 제 1차 전도 여행 때 세워진 안디옥, 이고니온, 루스드라, 더베에 세워진 교회들을 말하는 것인가? 아니면 제 2차 전도 여행 때의 갈라디아 족이 거주하고 있는 갈라디아의 교회들이란 말인가? 전자를 따르면 남갈라디아 설이라고 하며, 후자를 따르면 북 갈라디아 설이라고 한다. 북 갈라디아 설을 따르면, 제 2차 전도 여행 때 들렀다고 언급한(행 16: 6) 갈라디아에서 그 당시 교회들이 세워졌다는 말인데, 누가는 그 사실에 대해 침묵하고 있다는 것이다. 그러나 사도행전 18장 23절에서 보면, 바울이 제 3차 전도 여행을 떠날 때 이 지역을 통과하면서 제자들을 굳건하게 했다는 말이 나온다. 그러므로 누가가 2차 전도 여행 기간에 언급한 그곳에서 바울의 전도로 교회가 세워졌음을 알 수 있다. 만일 남 갈라디아 설을 수용하면 바울이 쓴 최초의 서신은 갈라디아서가 될 것이고, 북 갈라디아 설을 받아들이면 바울이 쓴 최초의 서신은 데살로니가전서가 된다. 사도 바울을 적대하는 유대주의적인 전도자들이 여기저기 떠돌아다니면서 문제를 일으킨 기록이 고린도후서와 갈라디아서에 언급되고 있다는 사실로 미루어 보아, 바울이 에베소에서 3차 전도 여행을 하기 전후 어느 때에 갈라디아서가 쓰였다고 말할 수 있다.

문제는 누가나 바울 모두가 제 1차 전도 여행 때 거쳐 간 소위 남 갈라디아를 갈라디아 지방이라고 부르지 않는다는 것이다. 그것은 로마의 행정적 명칭을 전제하면서 후대에 남 갈라디아 설이 나온 것이다. 바울은 디모데후서 3장 11절에서 이 지역을 갈라디아로 부르지 않고, 분명하게 안디옥과 이고니온과 루스드라에서 당한 박해를 말하고 있다. 반면 디모데후서 4장 10절에서는 "그레스게는 갈라디아로" 갔다고 말하고 있다. 만일 바울이 갈라디아의 교회들이라고 할 때 남쪽에 있는 행정지명을 사용했다면, 동일한 서신 3장과 4장에서 남쪽에 있는 지역과 북쪽의 지역을 분명하게 차별화해서 사용할 이유가 없다. 그러므로 바울은 지속적으로 통상적인 지역의 이름을 사용했다는 결론을 내릴 수 있다. 내적 증거로 보면 갈라디아서 3장 1절에서 바울은 갈라디아교회의 교인들을 향하여 "갈라디아 사람들아"라고 부르고 있는데, 남쪽 교회들의 교인들에게 이렇게 부를 수는 없다.

그러므로 바울이 갈라디아교회라고 할 때는 갈라디아 사람들로 구성된 교회, 즉 북쪽에 위치한 갈라디아에 있는 교회들이라고 결론을 내릴 수 있다.

‖ 배경

바울이 직접적으로 적대자들이 주장하는 바가 무엇이었는지 인용하지 않고 반박 논설을 하였기 때문에, 갈라디아서에서 언급된 바울의 논설로부터 적대자들이 주장했던 것이 무엇인지 유추할 수 있다. 갈라디아서에는 그들의 주장이 반영되고 있을 뿐만 아니라, 바울의 반박이 실려 있다. 그와 함께 갈라디아 교인들을 향한 권면도 포함되어 있다.

적대자들의 주장은 어떤 것들이었을까? 한 마디로 요약하면, 이방인 그리스도인들도 믿은 후에는 율법의 굴레 가운데 들어와야 한다는 것이다. 그 말은 할례를 받고(6: 12), 각종 절기를 지키고(4: 10), 율법의 율례들을 지켜야 한다는 것이다(6: 13). 그들은 자신들의 주장을 관철시키기 위해 열심을 냈다고 바울은 말한다(4: 17). 그들은 자신들의 주장이 정당함을 보이기 위해 예루살렘교회의 뛰어난 사도들을 언급하며 구약성경을 인용하였다. 이러한 그들의 노력은 첫째, 바울의 사도권을 인정치 않고, 결과적으로 그가 전한 복음은 완전한 복음이 아니라는 입장이고, 둘째, 결과적으로 갈라디아 교인들과 바울을 이간질 하는 것이며, 그리스도의 복음으로 인한 박해를 면하려는 노력이라고(6: 12) 바울은 평가한다.

그들은 자신들의 목적을 달성하기 위해 설득하며(5: 8), 속이며(3: 1), 혼동시키며(1: 7; 5: 10), 어지럽게 하였다고(5: 12) 했다. 이 모든 것은 결과적으로 복음을 변조시키려는 노력이었다(1: 7). 복음으로 자유를 얻게 된 이방인 그리스도인들로 하여금 그 자유에서 떠나 율법 밑에서 종의 멍에를 지고 종노릇하게 하는 무서운 결과를 초래한다는 것이다. 복음을 믿고 성령을 받은 그리스도인들 속에 있는 육체의 정욕을 이길 힘을 의지하지 않고, 율법의 율례를 지키게 함으로써 육체의 정욕을 제어하는 장치로 삼으려고 하는 것이었다. 이 같은 혼돈케 하는 그들의 노력으로 말미암아 이 교회 내에는 그들을 지지하는 파와 반대하는 파의 갈등이 발생하였다(5; 15, 26).

‖ 바울의 대응

그들의 그러한 노력과 주장에 대해 바울은 치밀하게 논박하면서, 그들의 오류를 지적하고 정죄하고 있다. 그 논박을 주의 깊게 살펴봄으로써 바울이 전한 복음의 확실성을 확인할 수 있다.

1. 바울의 사도권 방어

바울은 자신의 사도권을 방어해야만 자신이 전하는 복음과 적대자들에 대한 논박이 정당성을 인정받기 때문에 일차적으로 그것을 방어하고 있다. 그 복음은 사람들에게서 배운 것이 아니라, 하나님의 계시로 된 것이라고 바울은 주장한다(1: 11). 그리고 소위 예루살렘의 사도들도 역할 분담을 확인했다는 것이다. 즉 자신은 이방인에게로, 그리고 베드로는 유대인에게로 복음을 전하도록 하나님이 부르셨다는 것이다. 뿐만 아니라, 자신이 이방 세계에 복음을 전하는 사실은 유대의 그리스도인들로부터도 용납되었다는 것이다. 하나님께로부터 온 복음이기 때문에, 하나님을 기쁘게 할 뿐이고, 사람들을 즐겁게 할 수 없다는 것이다(1: 10). 그렇지 않았다면 자신이 핍박을 받지 않았을 것이라고 말한다(5: 11). 사도권 방어의 또 다른 측면은 베드로가 안디옥을 방문하였을 때 베드로의 위선적 행태를 책망하였다고 말함으로(2: 11-14) 복음 안에서 행하지 않고 율법적 관습에 따라서 행한 예루살렘의 기둥 같은 베드로도 복음에 입각해서 책망할 수 있다는 것이다.

2. 복음의 확인

바울은 자신이 전한 복음의 내용을 확인함으로써 복음을 변개시키려는 그들의 노력을 차단하고 있다. 바울이 전한 복음은 그리스도를 믿음으로 의롭게 되며 성령을 받는다는 것이었다. 그러나 적대자들은 율법을 지켜야 된다고 주장했다. 이에 대해 바울은 믿음은 약속에 대한 것이고, 율법은 행위에 의존하는 것이라고 말한다. 아브라함, 이스마엘, 하갈, 이삭, 그리고 사라의 이야기를 통해 그것을 확증하고 있다. 이삭은 하갈과 이스마엘 이전에 하나님이 아브라함에게 준 약속이고, 하갈과 이스마엘은 그 후에 주어진 율법이라고 한다. 그러므로 약속에 의한 믿음이 우선이라고 한다. 율법은 단지 어린 아이를 장성할 때까지 지켜주고 돌보는 몽학 선생이고, 그가 장성하면 아들이므로 그 몽학 선생 밑에 있지 않고 자유의 아들로서 자유를 누리게 된다는 것이다. 할례를 받으면 율법 전체를 지켜야 할 의무가 주어지고, 그렇게 하지 못하기 때문에 결과적으로 저주를 받게 된다는 것이다. 그것은 자유의 아들을 초등 학문 아래에서 종노릇하게 만든다는 것이다. 복음은 인종적 차별을 뛰어 넘어 한 하나님의 백성으로 묶는 힘이 있다는 것이다(3: 28).

3. 성령의 능력

유대인들은 전통적으로 하나님이 율법의 행위를 통하여 육체의 정욕을 제어하게 했다고 믿어왔고, 또 그렇게 행해 왔다. 그러므로 이들 유대주의적인 지도자들도 그러한 전통적 관습에 근거해서 이방인 그리스도인들도 믿은 후에 율법의 행위를 통하여 그렇게 해야만 한다고 강조했을 것이다. 그에 대해 바울은 그리스도를 믿은 후에 그리스도인 속에 내주하게 된 성령의 능력은 육체의 정욕을 제어할 수 있는 능력을 주며, 동시에 선한 삶을 이룰 수 있는 힘도 준다고 강조한다(5: 16-25).

4. 적대자들의 실상 노출

바울은 그들의 주장에 대해 이렇듯 논박하면서, 적대자들의 숨겨진 동기(가만히 들어온 자의 의미)를 파헤치며 그들의 실상을 노출시킴으로 그들에게 쏠렸던 갈라디아 교인들을 복음으로 다시 복귀시키려고 한다. 그들은 가만히 들어온 자들이며, 기회를 엿보아 하나님께로부터 보냄을 받지 않은 거짓 복음으로 그들을 속이고 설득한다는 것이다. 그들의 열심은 갈라디아 교인들을 자기편으로 끌어들여 자랑거리로 삼기 위한 위장된 열심이라는 것이다. 갈라디아 교인들이 복음 안에서 이루어야 할 성숙된 삶을 가로막아 굴레 가운데 얽어맴으로 자신들에게 예속시킨다는 것이다. 그들은 바울과 갈라디아 교인들을 이간시키려는 노력을 하고 있다는 것이다. 바울은 이러한 자들에 대해 그의 서신 전체에서 유일하게 이곳에서 극한적인 표현, 즉 "저주를 받을 것이다"는 말을 사용하고 있다. 자기가 전한 복음 외의 다른 복음을 전하면, 자신은 물론 다른 모든 사람에게 저주가 있을 것이라는 말이다. 이 말은 자기가 일차적으로 전한 복음 외에 변질된 복음을 전하면, 다른 복음을 전하는 다른 사람들과 같이 자신도 저주를 받을 것이라고 하면서 복음의 한계를 긋고 있는 것이다.

적대자들이 다른 복음을 전함으로 인해 파생된 갈라디아 교인들의 갈등과 자신의 사도권에 대해 의심을 갖게 된 사람들을 향한 권면도 잊지 않고 있다. 그 권면은 다양한 형태로 제시되고 있음을 알 수 있다. 가장 엄중한 경고는 가만히 들어와서, 설득하고, 열심을 내고, 소동을 일으키며, 속이는 자들에게 속지 말라는 것이다. 속으면 어리석은 사람들이라고 경고한다. 이간질에 넘어가서 서로 싸워서는 안 된다는 것이다. 서로에게 자극적인 말을 하거나 두기하여 헛된 영광을 구하지 말라고 권한다(5: 26). 범죄 한 사람이 있다

해도 율법적인 관점에서 정죄함으로 그들이 시험을 받지 말게 하라고 권한다(6: 1). 가르침을 받는 자는 가르치는 자를 존중하고, 좋은 것을 함께 나누라고 권한다(6: 6). 이 점에 있어서 바울은 가르치는 자인데, 그의 권위를 무너뜨리는 적대자들의 출현은 진리를 가르치는 권위에 대해 커다란 도전이 되었을 것이고, 그 같은 분위기는 공동체 안에 전염병과 같이 퍼져나간다는 위험성 때문에 이처럼 지도자의 권위를 세워야 할 필요가 있었다. 육체를 위하여 심지 말고 선을 행하면서 오래 참고 견디라고 말한다(6: 9). 십자가의 도를 전하고 참되게 살려고 할 때 외부로부터의 핍박이 있음을 인지하면서, 그런 경우에도 그것은 선을 행하는 것이기에 오래 참고 견뎌야 한다는 것이다.

오늘날 다른 복음을 가지고 열심을 내면서 기존 성도들에게 가만히 다가가서 위장하고 그들을 이간질하는 이단의 무리들이 우리 주변에 얼마나 많은가? 유대주의적인 지도자들이 형제라고 자칭하면서 하나님 말씀으로 포장하였지만, 실제로는 다른 복음으로 속일 때 갈라디아 교인들이 쉽게 빠지는 것처럼 오늘날에도 그런 경우가 비일비재하다. 이런 때에 갈라디아서에서 바울이 적대자들의 실상을 벗기고 교인들에게 경고하며 권고하고 있는 바를 주의 깊게 마음에 간직하면서, 다른 복음을 가지고 가만히 들어오는 자들을 막아야 할 것이다. 다른 복음을 가지고 들어온 자들이 어떤 달콤한 말로 유혹할지라도, 그들은 저주를 받을 사람이라는 것을 잊지 말자.

‖ 개요

요지: 다른 복음을 전하는 자들의 주장을 반박함으로써 참 복음을 재확인하며, 그 안에 있는 자유의 복이 무엇인지 발견하게 한다.

1. 인사와 책망(1: 1-10)

갈라디아 교인들에게 인사할 때, 바울은 갈라디아서에서 자신이 사도된 것을 설명하면서, 그리스도의 죽은 자와 다시 살리신 하나님 아버지에 의해서 사도된 사람이라고 자신을 그리스도의 구속 사건과 연결시키고 있다. 그리고 즉시 어느 서신에서 볼 수 없는 강력한 경고를 하고 있다.

1) 인사(1: 1–5)

인사의 부분에서 바울은 그리스도의 구속 사건을 두 번씩이나 언급하고 있는 특이한 인사를 하고 있다.

2) 책망(1: 6–10)

갈라디아 교인들이 너무나 빨리 다른 복음을 따른다는 소식을 들은 바울은 다른 어느 서신에서보다 더 강한 저주의 경고를 한다. 즉 자신을 포함해서 자기가 전한 복음 이외의 다른 복음(다른 복음은 없지만)을 전하면 저주를 받을 것이라고 경고하며 책망하는 것이다.

2. 계시에 의한 복음(1: 11-17)

바울은 자신이 전한 복음을 변조시키려는 적대자들의 간계를 알고 있기에, 그 복음은 사람으로부터 온 것도 아니고, 사람에게서 배운 것도 아니며, 하나님의 계시로 온 것임을 밝힘으로, 자신이 전한 복음 외의 다른 복음을 전하면 저주를 받을 것이라는 경고의 토대를 마련하고 있다. 사람의 전통인 유대교에 있을 때 자신이 행한 일을 상기시키면서, 자신이 그렇게 변화된 것은 하나님의 계시에 의한 복음 때문이라고 말하고 있다.

1) 사람에게서 받은 복음이 아님(1: 11–12)

사람의 뜻으로 받은 것도 배운 것도 아니라, 오직 그리스도의 계시로 복음을 깨달았다고 밝힌다.

2) 유대교에 있을 때의 바울(1: 13–14)

유대교에 있을 때에 교회를 핍박하던 자신은 누구보다도 더욱 조상의 전통에 대하여 열심이었다고 말한다.

3) 모태로부터 바울을 택함(1: 15–17)

그런 자신을 하나님의 아들을 이방 사람들에게 전하기 위하여 모태로부터 택하고 은혜로 불렀을 때에 사도들을 만나기 위하여 예루살렘을 방문하지 않았다고 밝힌다.

3. 첫 번째 예루살렘 회동(1: 18 - 2: 10)

그 후 3년이 지나서 베드로를 만나려고 예루살렘에 올라가서 15일을 유하였으나, 베드로와 주의 형제 야고보 외의 다른 사도들은 만나지 않았다. 그리고 수리아와 길리기아 지방에서 복음을 전하였고, 14년 후에 공식적으로 바나바와 함께 예루살렘을 방문하였다고 밝힌다.

1) 회심 후의 간략한 행적(1: 18–24)

베드로를 예루살렘에서 만나고, 그 후에 수리아와 길리기아 지방에서 복음을 전함으로 유대의 교회들이 하나님께 영광을 돌리게 되었다.

2) 예루살렘 회동(2: 1–10)

바나바와 함께 예루살렘을 공식적으로 방문하여, 자신의 사역은 무할례자에게 베드로는 할례자에게 나누어서 복음을 전하기로 하고, 이방 교회에서 예루살렘 성도들을 도우라는 부탁을 받는다.

4. 행위가 아닌 믿음으로 의롭게 됨(2: 11-21)

의롭게 되는 것은 율법의 행위에 있지 않고 믿음에 있음을 강조하면서, 그에 상반되게 행동한 베드로를 책망할 정도라고 말한다.

1) 베드로의 외식적인 행위 질책(2: 11–14)

유대인으로서 이방인과 식사를 같이 한 베드로는 유대인으로서 유대인답게 살지 못하면서 이방인을 유대인답게 살라고 할 수 없다고 책망하였다.

2) 은혜에 의해 믿음으로 의롭게 됨(2: 15–21)

사람이 의롭게 되는 것은 율법의 행위에 의하지 않고, 오직 예수 그리스도를 믿음으로 된다고 강조한다.

5. 아브라함의 약속과 모세의 율법(3: 1-22)

바울은 믿은 후에도 할례를 받고 율법을 지켜야 한다고 주장하는 적대자들의 주장을 반박하기 위해 약속과 율법의 행위에 대한 설명을 하고 있다. 그리스도인은 믿음으로 성령이 내주하기 때문에 성령의 능력을 힘입어 사는 것인데, 그것은 믿음과 약속에 의해 가능하다고 설명한다.

1) 믿음에 의한 성령의 내주(3: 1-5)

성령을 받은 것은 율법의 행위에 의한 것이 아니라 믿음으로 된 것인데, 다시 율법의 행위로 돌아가면 육체로 마친다는 것이다.

2) 믿음으로 아브라함의 자손이 됨(3: 6-9)

믿음이 있는 자는 하나님이 율법이 오기 전에 아브라함에게 약속한 복을 누리게 된다는 것이다.

3) 율법 하에 있는 자는 저주 받음(3: 10-13)

율법의 행위를 의지하는 자는 율법의 모든 것을 지켜야 할 의무가 있기 때문에, 저주아래 있다고 바울은 말한다. 의인은 믿음으로 말미암아 살아야 한다는 하박국 2장 4절을 인용하고 있다.

4) 믿음에 의한 약속(3: 14-22)

아브라함에게 하나님이 주신 약속은 아브라함의 믿음에 기초한 것이고, 그것은 율법이 들어오기 전에 이루어진 사실이므로, 그처럼 믿음을 가진 그리스도인들도 약속을 가진 사람들이다.

6. 율법의 역할과 믿음(3: 23 - 4: 11)

바울에 따르면, 율법은 믿음이 올 때까지 그 역할이 있는데, 그것은 초등교사와 같은 역할이라는 것이다. 그래서 믿음이 온 후로는 더 이상 그 역할은 지속할 필요가 없고, 하나님의 때에 아들을 보냄으로 믿음 안에 있는 사람들은 하나님의 자녀가 된다. 그러므로 하나님의 자녀들이 다시 그 때로 돌아가서는 안 된다는 것이다.

1) 초등교사(3: 23-25)

율법은 초등교사의 역할을 감당한다. 그러므로 성장하여 더 이상 교사가 필요 없게 되면 그 역할은 끝난다.

2) 믿음이 온 후는 하나님의 아들(3: 26-29)

초등교사 아래 있다가 하나님의 때에 믿음이 온 후부터는 하나님의 자녀로서의 위상을 회복한다.

3) 때가 참으로 하나님이 아들을 보냄(4: 1-7)

하나님은 역사적으로 때가 무르익었을 때 그 아들 예수를 보냄으로 새로운 믿음의 시대를 열었다.

4) 천박한 초등 학문(4: 8-11)

이제 초등 학문에서 벗어난 아들의 신분을 가진 그리스도인들이 다시 굴레 속으로 들어가서는 안 된다고 바울은 강조한다.

7. 바울의 갈라디아교회에 대한 의혹(4: 12-20)

바울과 갈라디아 교인들 사이를 가만히 들어와서 다른 복음으로 이간질 하는 적대자들을 너무나 쉽게 따르는 갈라디아교회에 대해 바울은 섭섭함을 표하며, 그들이 처음에 자신을 대했을 때의 태도를 상기시킨다.

1) 처음 바울을 영접할 때의 태도(4: 12-15)

처음에 이 지역에 들어갔을 때, 이들은 바울이 눈의 문제로 고생하는 것을 보고 자신들의 눈이라도 빼어주고 싶어 했을 정도로 바울을 사랑했다.

2) 적대자들의 이간질(4: 16-20)

적대자들이 들어와서 바울과 그들을 이간질하고 있음을 일깨워 주고 있다.

8. 육체의 자녀와 약속의 자녀(4: 21-31)

바울은 성경을 가지고 자신들의 입지를 주장하는 그들을 향하여, 하갈과 사라의 사건을 알레고리적으로 해석하여 율법과 믿음을 설명하면서, 믿음만이 지켜져야 한다고 가르친다.

1) 육체의 자녀(4: 21-25)

하갈이 난 이스마엘은 약속과 상관없는 육신의 결정에 따라 난 자녀로서, 이는 율법에 해당된다고 한다.

2) 약속의 자녀(4: 26-31)

이삭은 약속의 자녀로서 육체가 무력했지만, 하나님의 능력으로 믿음에 의해서 태어난 자녀이다. 그러므로 약속 후에 온 이스마엘이 쫓겨난 것처럼 율법은 약속의 자녀에게 설 자리가 없다고 한다.

9. 그리스도인의 자유(5: 1-15)

그리스도께서 율법의 굴레에서 자유를 주었으므로 다시는 종의 멍에를 메어서는 안 되지만, 그렇다고 해서 그 자유를 육체의 기회로 삼아서는 안 된다는 것이다.

1) 자유의 근거(5: 1-6)

그리스도가 자유를 주었는데, 다시 율법의 명령인 할례를 받으면, 율법 전체를 지켜야 할 의무가 있고, 그리스도와 성령과는 상관이 없게 된다.

2) 그릇된 권면(5: 7-10)

그들은 좋은 시작을 하고 잘 달려가다가 진리를 순종하지 못하도록 하는 권면을 따라가려고 하고 있다는 것과, 그런 사람들은 하나님의 심판을 피하지 못한다고 경고한다.

3) 십자가의 걸림돌(5: 11–12)

바울은 할례를 전하는 자였는데, 회심 후에도 계속했다면 핍박을 받지 않았을 것이라고 말하면서, 자신이 핍박을 받는 것은 믿음을 전했기 때문이라고 한다.

4) 자유로 육체의 기회를 삼지 말라(5: 13–15)

그리스도인들이 자유롭게 되었지만, 그 자유로 육체의 기회를 삼으면 육체를 제어할 힘이 그리스도인들에게 없기에 율법의 제어 가운데 들어가야 한다는 적대자들의 주장이 설득력을 얻게 된다.

10. 성령의 소욕과 육체의 소욕(5; 16-26)

그리스도인은 내주하는 성령으로 육체를 제어할 힘을 가지고 있다고 바울은 강조한다. 그러나 육체의 소욕이 함께 작용하므로, 순종에 의해서 가능해 진다고 바울은 가르친다.

1) 성령의 소욕과 육체의 소욕의 대립(5: 15–18)

그리스도인에게는 두 가지 소욕이 동시에 작용하는데, 성령의 소욕과 육체의 소욕이라는 것이다.

2) 육체의 소욕(5: 19–21)

바울은 15가지 육체의 소욕을 열거하고 있다. 그것을 대별하면, 성적인 것과, 종교적인 것, 당 짓는 것, 그리고 방탕한 삶과 관련된 것이다.

3) 성령의 열매(5: 22–23)

성령의 열매는 사랑, 희락, 화평, 오래 참음, 자비, 양선, 충성, 온유, 절제의 9가지이다.

4) 성령으로 행하라(5: 24-26)

그리스도인은 육체를 십자가에 못 박은 사람들이기에 성령을 따라서 행해야 한다.

11. 권면(6: 1-10)

바울은 적대자들을 향한 논박을 마치면서, 갈라디아 교인들이 교회 내에서 거짓 사도들로 인한 갈등의 요인을 제거하려고 몇 가지 권면을 한다.

1) 시험받지 말도록 하라(6: 1)

공동체 내에 무슨 죄를 지은 사람에게는 온유하게 그들을 바로 잡고 자신들도 시험을 받지 않도록 주의를 당부한다.

2) 짐을 서로 지라(6: 2-5)

공동체 내의 연합을 유지하기 위해 서로 간에 돌보며 짐을 공유하도록 부탁한다.

3) 가르치는 자와 좋은 것을 함께 하라(6: 6)

바울이 위임한 가르치는 자는 바울의 복음에 입각하여 가르치는 자들이기 때문에, 그들을 존중하고 좋은 것으로 함께 할 때, 다른 교리를 가지고 온 사람들을 경계하며 결과적으로 영적 복을 누릴 수 있다.

4) 심은 대로 거둠(6: 7-8)

바울은 여기서 자연법칙의 심은 대로 거둔다는 대 원칙을 적용하여, 영적으로 심을 것을 권면하고 있다.

5) 선을 행하되 낙심하지 말라(6: 9-10)

영적으로 심을 때 낙심할 수 있는 요소들이 많이 있지만, 견디면서 결실을 기다리라고 권하고 있다.

12. 자랑의 근거와 맺는 인사(6: 11-18)

1) 너희의 육체로 자랑하려 함(6: 11–13)

이 편지를 끝맺으면서, 바울은 거짓 사도들이 위장된 의도를 밝히고 있다. 그것은 갈라디아 교인들로 하여금 할례를 받게 하는 것은 자신들의 자랑거리로 삼으려는 숨은 의도가 있다는 것이다.

2) 십자가 외에 자랑할 것이 없다(6: 14)

다시 한 번 바울은 자랑거리를 삼으려는 적대자들의 의도를 밝히면서, 자신의 자랑거리는 십자가 외에는 없다고 차별화하고 있다.

3) 새 피조물(6: 15)

할례자나 무할례자의 논쟁이 아니라, 그리스도 안에서 새로운 피조물이 되느냐 아니냐의 문제라는 것이다. 그렇지 않으면 모두 옛 피조물에 속한 사람이기 때문이다.

4) 마지막 인사(6: 16–18)

마지막 인사에서 누구든지 자신을 괴롭게 하지 말라는 특이한 당부를 하면서 이 편지를 끝맺는다.

에베소서

그림 94) 에베소의 폐허에서 발견된 초기 기독교인임을 확인시켜주는 상징인 '익두스' (헬라어로서'예수 그리스도는 하나님의 아들이다'라는 뜻)는 번역하면 '물고기'이다.
그래서 초기 기독교인들이 핍박을 받을 때 비밀 집회 장소에 들어가기 위해 물고기 그림을 그리면 그가 예수 그리스도를 하나님의 아들로 고백하는 그리스도인임이 확인되고 집회에 참석할 수 있었다.

‖ 특징

지금까지 로마서와 고린도전후서, 그리고 갈라디아서를 볼 때에, 바울이 각 교회가 처한 상황에 대해 정확히 인지하고 교회들이 당면한 문제에 대해 대처하기 위하여 편지를 썼다는 사실을 보았다. 후에 살펴 볼 빌립보서나 골로새서, 그리고 데살로니가서도 역시 각 교회만이 당면하고 있는 문제에 바울이 대응하기 위한 편지이다. 그러나 에베소서를 보면 에베소교회에게서만 빌생한 어띤 형태의 문제가 있었음을 발견할 수 없다. 비울의 신학은 각 교회가 당면한 상황에 대처하기 위한 서신에서 그 대처 방안의 일환으로 바울이 신학적 접근을 했기 때문에, 각 서신 속에 반영되고 있는 바울의 신학적 주제들을 추출하여 바울의 신학을 조직화 할 수 있었다. 그런데 왜 유독 에베소서만이 어떤 특이한 지역적 문제와 관련된 상황이 편지 내용에서 반영되고 있지 않은가? 라는 질문을 가지게 된다.

이 질문에 대한 답은 에베소서를 이해하는 데 중요한 단서를 제공한다. 먼저, 이 편지는 어떤 특정한 문제를 안고 있는 특정한 지역 교회에게 보내진 편지가 아니고, 회람 서신 중의 하나라는 것이다. 골로새서 4장 16절을 보면, 바울이 라오디게아의 교회로부터 오는 편지를 읽으라고 말하는 것을 볼 수 있다. 골로새서도 라오디게아 사람들이 읽도록 하라는 말을 하고 있다. 이 말을 근거로 하면, 바울은 특정한 교회의 특정한 문제와 대응하기 위해 편지를 썼을 뿐만 아니라, 서로 돌아가며 읽어도 좋은 편지들을 써서 여러 교회가 회람하여 읽도록 한 사실을 알 수 있다. 그러므로 회람 서신은 보편적인 내용을 담고 있으며, 읽는 교회마다 공유할 수 있도록 하기 위한 것이었다. 회람 서신이 회람되다가 최종 종착지에 도착하면, 그것을 보관하고 있는 교회에서 필사본을 만들 때 원래는 없었던 수신 교회의 이름을 첨가시킬 가능성이 있는 것이다. 다른 서신들에서는 발견되지 않는 수신 교회에 대한 이문이 이 에베소서에만 있다. 즉 어떤 사본에는 "에베소에 있는" 이라는 지역 명이 빠진 가운데, 단순히 "성도들에게" 편지한다고 되어 있다. 또 어떤 사본에는 "에베소에 있는"이라는 지역 명이 나와 있다. 담겨 있는 내용과 지역 명이 없는 사본의 존재는 이 서신이 모든 교회가 자신들의 특수한 상황과 상관없이 공통적으로 읽을 수 있는 회람 서신의 성격을 가지고 있다고 결론을 내릴 수 있다.

그렇다면 바울은 왜 이 편지를 썼을까? 이 서신을 쓰기 전에 바울의 서신들은 특수한 지역 교회의 특수한 상황에 대응하기 위한 서신이었으므로, 공통적으로 돌아가면서 읽을 필요가 있는 서신이 필요했을 것이다. 즉, 모든 교회가 공통적으로 견지해야 할 교회의 정체성과 역할에 대해 가르칠 필요가 있었다는 말이다. 그러므로 이 서신은 크게 둘로 구분된다. 하나는 교회의 정체성에 관한 내용을 담고 있는 교리이며(1 - 3장), 다른 하나는 교회가 이 땅에서 내적으로 또는 외적으로 살아가야 할 삶의 역할에 대한 것이다(4 - 6장). 바울 서신에서 반영되고 있는 바울의 윤리 문제를 다룰 때, 직설법(indicative)과 명령법(imperative)의 상관관계가 중요하게 논의된다. 이 직설법은 율법적인 명령이 아니라, 명령 이전에 신자들의 신분, 즉 정체성 때문에 도덕적 규범(역할)이 주어진다는 것이다. 예를 들면, 구속함을 받은 하나님의 자녀이기에 이렇게 살아야 한다는 것이다.

바울은 바로 이 서신에서 그 같은 구분을 분명히 하면서, 전반부에서는 교회가 어떤 존재인가를 밝히고 있으며, 후반부에서는 그러한 교회가 어떻게 살아야 하는 가에 대해서 말하고 있다.

첫째, 이 서신에서 말하는 교회는 과연 어떤 존재인가? 교회는 그리스도를 머리로 삼고, 머리에 붙어있는 몸이라는 것이다(1: 22). 머리가 하나이기 때문에, 몸도 하나일 수밖에 없다. 지역 교회들은 수를 셀 수 없을 정도로 많이 있다. 그러므로 하나라고 할 때, 모든 지역 교회들로 구성된 하나의 총체, 즉 하나의 우주적인 교회를 말하는 것이다. 모든 지역 교회들은 한 몸에 붙어있는 지체들이기 때문에, 한 몸에 관한 설명과 그 몸의 할 일에 대한 설명은 모든 교회들에게 적용되는 것이다. 교회는 사람들이 만든 사회적 제도가 아니고, 하나님의 절대 주권 가운데서 그리스도의 피로 구속받은, 그래서 하나님의 자녀들로 구성된 하나님의 권속 전체이다. 그것은 창세 이전부터 하나님의 섭리와 예정과 선택에 의해서 구상된 세상적인 제도와는 구별된 하나님의 피조물이다. 이 교회를 통하여 하나님은 우주적 질서를 통합할 것이다(1: 23). 교회의 궁극적 목적은 그리스도 안에서 "그의 은혜의 영광을 찬미하게"하는 것이다(1: 6, 12, 14). 이 사실은 지금까지 사람들에게 숨겨져 온 비밀인데, 사도 바울에게 계시로 알려진 것이라고 말한다(3: 3). 바울은 교회를 하나님이 거하실 처소로 완성되어 가는 집으로 비유하고 있다(2: 20-23). 이것은 모든 성도들이 집을 지어가는 재료로서의 역할을 해야 한다는 것에 대해 강조하고 있는 부분이다. 또한 교회는 하나님의 권속으로, 시민으로 비유하고 있다(2: 19). 하나님의 권속은 한 가정의 일원으로서의 책임과 역할에 대해 말하고 있으며, 모든 가족을 책임져 주는 아버지가 하나님임을 강조하고 있는 비유이며, 시민은 통치자인 하나님에 대한 순종과 해야 할 의무는 물론, 하나님이 책임져 줄 부분을 강조하기 위함이다. 끝으로 교회는 신랑 되신 예수님의 신부로 비유되고 있는데, 이는 신랑을 맞을 준비를 하는 정결하고 그날을 소망하는 교회의 모습을 그리고 있으며, 신랑 되신 예수님이 교회를 위하여 베푼, 베풀고 있는, 그리고 베풀 사랑에 대한 비유인 것이다. 교회의 구성원은 이방인 중에서 믿는, 그리고 유대인 중에서 믿는 모든 사람의 총체인 것이다. 이방인과 유대인 사이에는 뛰어 넘을 수 없는 7개의 장벽이 있는데, 예수 그리스도의 십자가로 그 모든 장벽을 허물고 서로 화목하게 하여 하나님 아버지께 나갈 수 있게 되었다는 것이다(2: 11-18). 예수 그리스도의 평안의 복음은 인간들 사이에 존재하는 다양한 갈등과 벽들을 허물고 하나 되게 하는 능력이 있다는 사실을 강조하고 있는 것이다.

둘째, 바울은 교회는 어떤 존재인가? 라는 정체성의 문제를 설명한 후에, 그러한 하늘에 속한 존재가 이 땅에서 무엇을 해야 하는가?에 대하여 4 - 6장 사이에서 설명하고 있다. 가장 중요한 것은 하나님의 부르심에 합당하게 행하라는 것이다. 겸손, 온유, 오래 참음, 용납 등의 자세가 요구되며, 그리스도로 말미암아 하나 되게 한 것을 굳게 지켜야 된다는 것이다(4: 1-6). 다음 은사는 교회의 덕을 세우고 봉사의 일을 하도록 주신 것이므로, 이것을 활용하여 계속 성숙하여야 한다는 것이다(4: 7-20). 죄를 지음으로 마귀가 틈을 타지 못하게 할 것이며, 사람들을 향하여 덕을 베풀며, 성령의 충만함을 받아 빛의 자녀로서의 삶을 살아가라는 것이다(4: 21 - 5: 21). 남편과 아내 사이에는 사랑과 복종이 지배하며, 자녀들과 부모 사이에는 공경과 양육에 의해 관계를 유지하며, 주인들과 종들의 관계는 순종이 있어야 하고 위협이 없어야 한다(5: 22 - 6: 9). 끝으로, 교회는 이 세상에서 영적 전쟁을 대면하고 있으므로 하나님의 전신 갑주를 입고 대처하라는 것이다(6: 10-17). 이 싸움에 승리하기 위해 성령 안에서 기도하며, 간구하며, 깨어 있어야 한다고 바울은 말한다(6: 18-19).

‖ 개요

요지: 은혜로 구원받은 교회는 그리스도의 몸으로 이 땅에서 하나님의 은혜의 영광을 드러내는 삶을 살아야 한다.

1. 교회의 정체성

1 - 3장까지 3장에 걸쳐서 바울은 교회의 시작과 교회의 정체성, 그리고 교회의 구성원 등에 대해서 집중적으로 설명하고 있다.

1) 바울의 인사(1: 1-2)

2) 신령한 복(1: 3-6)

바울은 하나님께서 그리스도인들에게 은혜로 하늘에 속한 신령한 복을 주었는데, 그것은 하나님의 예정에 의한 것이라고 한다.

(1) 복의 출처

참 복은 신령한 것이어야 하는데, 하나님이 하늘에 속한 것을 값없이 주는 것이어야 한다.

(2) 복의 내용

복은 그리스도로 말미암아 하나님의 아들들이 되게 한 것이다.

(3) 복의 목표

그 같은 복을 받은 그리스도인들은 은혜의 영광을 찬송하는 것이다.

3) 때가 찬 경륜(1: 7-14)

하나님은 교회의 생성을 위해 오랜 기간 동안 예정된 계획에 따라서 그리스도의 구속 사역을 이루었고, 죄 사함 받은 사람들을 통하여 영광과 찬송을 돌리도록 하였다.

(1) 구속을 위한 때

그리스도를 통한 구속을 이루기 위하여 섭리하고, 그 섭리의 때가 무르익으므로 그리스도를 보내 주었다.

(2) 예정과 비밀

이 같은 하나님의 예정은 비밀에 속한 것이었는데, 이 비밀을 교회를 통하여 알려 주었다.

(3) 경륜의 목표

하나님이 이 같이 죄를 사하여 주고 구속받은 백성을 세운 궁극적 목표는 하나님 자신의 영광을 백성들이 찬양함으로 온 세상에 알리는 것이다.

(4) 성령의 인 치심

하나님은 구속 받은 백성들을 홀로 내 버려두지 않고 영원 기업을 얻을 때까지 성령으로 인 치시고 보증하였다.

4) 바울의 교회를 위한 기도(1: 15-19)

바울은 이 서신에서 교회를 위해 두 번 기도하는데, 그 첫 번째 기도가 나타난다. 바울이 기도를 드린 배경과 기도의 내용이 나오고 있다.

(1) 기도의 배경

성도들의 서로를 향한 사랑을 기억하고 감사한 마음으로 기도한다.

(2) 기도의 내용

첫째, 하나님을 알도록 지혜와 계시의 영을 주시도록. 둘째, 부르심의 소망이 무엇인지 알도록, 셋째, 성도들이 가지고 있는 기업의 풍성함이 무엇인지 알도록, 그리고 믿는 자에게 베푸신 능력의 크기를 알도록.

5) 바울이 제시한 교회의 정체성(1: 20-23)

바울은 여기서 죽은 자 가운데서 그리스도를 살리시고, 그를 오른편에 앉히고 부활의 생명체인 교회를 몸으로 삼는 교회의 머리가 되게 했다는 것이다. 교회는 머리되신 그리스도의 몸이다.

(1) 부활의 의미

죽음을 이긴 부활의 생명을 가진 예수님이 생명체인 몸의 머리가 됨을 강조하기 위함이다.

(2) 모든 이름 위에 뛰어남

그가 모든 것 위에 뛰어난 하나님 오른편에 앉아있기 때문에 모든 것을 주관하는 주관자가 되었으므로, 교회도 그 같은 위상을 갖게 된다.

(3) 만물을 충만케 하는 그의 몸

교회는 머리 되신 그리스도에게 붙어 있는 몸이고, 만물 안에서 만물을 충만하게 하는 놀라운 위상을 가지고 있다.

6) 과거와 현재의 삶의 대조(2: 1-7)

교회의 구성원은 인류 역사와 상관없는 사람들로 구성된 것이 아니라, 역사 안에서 하나님의 거룩함과 분리된 세상에서의 삶을 살던 사람들이 하나님의 은혜로 거룩한 몸에 붙어 있는 분리된 공동체의 일원이 되었음을 대조시키고 있다.

(1) 세상 풍속

세상 안에서 세상의 흐름과 힘에 의해서 지배받으며 살 수밖에 없었던 사람들이었음을, 그래서 영적으로 죽어 있었던 상태를 말한다.

(2) 공중의 권세 잡은 자

뿐만 아니라, 눈에는 보이지 않지만 인간의 역사를 지배하는 힘으로서 공중의 권세 잡은 자의 힘에 의하여 종노릇하였던 상태를 말한다.

(3) 불순종의 아들

뿐만 아니라, 사람 자신의 본성인 육체의 욕구에 끌려서 세상과 마귀를 따를 수 밖에 없는, 그래서 하나님께 불순종하는 자식들이었음을 말한다.

(4) 본질상 진노의 자녀

이 같은 상태에 있었던 사람들을 가리켜 본질상, 즉 원래부터 하나님의 진노를 받을 수밖에 없었던 사람들이었다고 말한다.

(5) 부활의 몸

그러한 사람들을 하나님의 은혜로 그리스도의 부활하신 생명을 가진, 그래서 부활하신 그리스도와 함께 하늘에 앉아 있는 새 피조물이 되게 하셨고, 그렇게 된 존재가 교회이다.

7) 교회의 존재 목적(2: 8-10)

이렇게 새 생명을 가진 교회는 우선 하나님의 은혜를 들어내며, 선한 일을 도모하며 살아야 하는 존재 이유가 있다.

(1) 은혜를 나타냄

교회가 하나님의 지극히 풍성한 은혜를 나타내는 것은 인류 역사 속에서 그 역사가 지속되는 한 계속되어야 한다.

(2) 선한 일을 행하게 함

구원 받은 것이 은혜에 의한 것이고, 우리에게 요구되는 것은 믿음이기에, 그 은혜에 대한 우리의 책임은 선한 행실을 통하여 하나님의 은혜를 세상에 알리는 것이다.

8) 교회의 구성원(2: 11-18)

우주적인 교회는 이방인과 유대인 중에서 모든 구원 받은 사람의 총체적인 모임이다. 바울은 여기서 어떻게 이방인과 유대인이 그 엄청난 간격을 극복하고 한 몸에 속하게 되었는지 밝히고 있다.

(1) 이방인과 유대인의 간격

이방인과 유대인의 간격은 첫째, 육체로는 이방인, 둘째, 무 할례자들, 셋째, 그리스도 밖에 있음, 넷째, 이스라엘 나라 밖의 사람들, 다섯째, 약속의 언약의 외인들, 여섯째, 소망이 없음, 일곱째, 하나님도 없음.

(2) 십자가의 효력

이 같은 일곱 가지의 장벽으로 멀어져 있었던 이방인과 유대인 사이의 장벽을 예수 그리스도의 십자가와 피로 허물어 버리고 이 둘의 간격을 좁혔다.

(3) 하나 됨

그리스도께서 이 둘을 하나님과 화목하게 하고 한 몸을 이루게 하였다.

9) 교회는 하나님의 거하실 처소(2: 19–22)

이처럼 하나 된 공동체는 하나님의 계획 속에서는 이미 완성되었지만, 역사 속에서는 아직 미완성이다. 그러므로 완성의 과정을 거치게 된다. 이 사실을 반영하기 위해 지어져 갈 건물로 교회를 비유하고 있다.

(1) 하나님의 권속

이 교회는 하나님의 권속, 즉 모두가 하나님을 아버지로 모신 하나님의 가족의 일원임을 의미한다.

(2) 하나님의 성전

이들이 서로 연합하여 한 마음 한 뜻으로 하나님이 거하실 성전으로 지어져 가는 사명에 동참하게 된다.

10) 바울이 깨달은 비밀(3: 1–6)

바울은 교회와 관련해서 비밀을 알게 되었다고 한다. 그가 깨달은 비밀은 첫째, 은혜의 경륜이며, 둘째, 그리스도의 비밀이며, 셋째, 이방인들이 함께 상속자, 지체, 약속에 참여하는 자가 되었다는 것이다.

11) 복음의 일꾼(3: 7–13)

바울은 자신이 이 복음의 일꾼이 되었는데, 그것은 하나님의 은혜에 의해서 이방인에게 주신 선물이며, 이 복음의 일꾼은 하나님의 비밀을 드러내는 사명을 가지고 있으며, 이 일을 감당함에 있어서 고난도 받는다고 말한다.

(1) 은혜의 선물

복음의 일꾼으로 부르심 받은 것은 하나님의 능력이 역사함으로 하나님이 주신 선물이라고 한다.

(2) 이방인을 위한 일꾼

자신은 지극히 작은 자이지만, 자신에게 이 은혜를 주신 것은 첫째, 그리스도의 풍성함을, 둘째, 하나님의 비밀의 경륜을, 셋째, 하나님의 각종 지혜를 이방에 전하기 위함이라고 한다.

(3) 일꾼 안에 있는 확신

이 같은 사명을 감당함에 있어서 어떤 환난이 닥쳐도 믿음으로 하나님께 나가서 도움을 받을 수 있는 확신이 있다.

12) 바울의 두 번째 기도(3: 14-21)

바울은 교회의 정체성에 대해 가르친 친 후, 성도들을 위한 두 번째 기도를 하고 있다. 그 기도의 핵심은 사람이 구하는 기도 제목에 있지 않고, 하나님이 성도들에게 하실 일에 집중되고 있다.

(1) 하나님의 풍성한 영광을 나타내고자 성령의 능력으로 속사람을 강건케 해 달라는 것이다.
(2) 믿음으로 그리스도가 그들의 마음에 계시게 해 달라는 것이다. 물론 이것은 처음 믿은 후에 내재하는 그리스도를 말하는 것이 아니라, 계속적으로 그리스도의 내재를 경험하는 것을 말한다.
(3) 사랑의 실천을 통하여 뿌리가 굳게 박힘으로 믿음의 터가 더욱 굳건하게 해 달라는 것이다.
(4) 연합적으로 지식과 함께 그리스도의 사랑을 깨달게 해달라는 것이다.
(5) 그 사랑의 너비와 길이와 높이와 깊이가 얼마나 큰지 깨달아서 하나님의 충만함을 알게 해달라는 것이다.
(6) 기도 후에, 바울은 성도의 기대나 구하는 것 이상으로 넘치게 하실 수 있는 하나님이 능력과 그것을 가능케 하는 그리스도 때문에 하나님께 영광을 돌릴 것을

송영으로 끝맺고 있다.

2. 교회의 역할

1) 부르심에 합당한 삶의 원리(4: 1-6)

바울은 교회의 정체성이 감추어져 왔던 하나님의 비밀임을 선포한 후에, 그 교회가 세상 안에서 해야 할 일들을 상세하게 설명하고 있다. 가장 중요한 것은 하나가 되어 부르심에 합당한 삶을 살라는 것이다.

(1) 부르심에 합당한 삶의 핵심적 덕목은 첫째, 겸손, 온유, 오래 참음, 사랑 가운데 용납함, 그리고 평안 가운데 하나 됨을 지키라는 것이다.
(2) 부르심에 합당한 삶을 위해서 몸, 성령, 주, 믿음, 세례, 하나님 모두가 하나이고, 그 하나님이 만유를 하나로 통일하기 때문에 한 소망 가운데 하나를 이루어 나가야 한다.

2) 그리스도의 몸을 세우는 일(4: 7-12)

교회가 할 일을 전개하기 전에, 먼저 교회가 하나 됨을 강조하고, 그 하나 된 한 몸 안에서 해야 할 지체의 역할에 대해서 가르친다.

(1) 지체의 역할은 은사의 수여인데, 그것은 하나님의 선물이며, 그 은사는 사도, 선지자, 복음 전하는 자, 목사와 교사라고 설명한다.
(2) 이와 같이 교회에게 은사라는 선물을 주신 목적은 성도를 온전케 하며, 봉사의 일을 하게 하여, 그리스도의 몸을 세우려 하는 목적이라고 바울은 말한다.

3) 그리스도의 몸의 성장(4: 13-16)

교회는 몸의 개념을 가지고 있기 때문에 성장해야 한다. 성장하기 위해서는 해야 할 일이 있다.

(1) 지체들은 하나 되어야 각기 기능을 할 것이다.
(2) 성장의 이유는 각 성도들이 온전한 사람이 되는 것이다.

(3) 성장하기 위해서 어린 아이 상태에 머물러 있어서는 안 된다.
(4) 성장의 궁극적 목표는 그리스도의 장성한 분량이다.

4) 새 사람을 입기(4: 17–24)

이처럼 성장하기 위해 성도들 편에서 해야 할 일이 있다.

(1) 마음의 허망한 것으로 행하지 말아야 하는데, 그 이유는 지성과 마음이 굳어져서 하나님의 생명에서 이탈할 수 있기 때문이다.
(2) 감각 없는 자가 되어 자신을 방탕에 방임하지 말고, 더러운 것을 욕심으로 하지 말아야 한다.
(3) 유혹의 욕심을 따라 구습을 따르는 옛 사람을 벗어 버리라.
(4) 심령이 새롭게 되어 거룩함을 좇는 새 사람을 입으라.

5) 새 사람의 행위 규범(4: 25 – 5: 21)

새 사람을 입어야 하는 이유와 방법에 대해서 가르친 후에, 바울은 새 사람이 살아가야 할 행위 규범을 다각도로 제시하고 있다.

(1) 거짓을 버리고 이웃과 함께 참된 것을 말하라.
(2) 분을 내어도 죄를 짓지 말라.
(3) 마귀에게 틈을 주지 말라.
(4) 도둑질하지 말라.
(5) 자기 손으로 수고하여 선한 일을 하라.
(6) 더러운 말을 하지 말라.
(7) 덕을 세우는 선한 말을 하라.
(8) 성령을 근심하게 하지 말라.
(9) 악독 노함, 분 냄, 떠드는 것, 비방을 버리라.
(10) 친절하며, 긍휼을 베풀며, 용서하며, 용납하라.
(11) 하나님을 본받는 자가 되라.
(12) 사랑 가운데 행하라.
(13) 음행, 더러운 것, 탐욕을 버리라.
(14) 누추함, 어리석은 말, 희롱의 말이 아닌 감사의 말을 하라.

(15) 헛된 말로 속이지 못하게 하라.
(16) 빛의 자녀들처럼 행하라.
(17) 주를 기쁘시게 할 것을 생각하라.
(18) 어둠의 일을 책망하라.
(19) 지혜롭게 세월을 아끼라.
(20) 어리석은 자가 되지 말고, 주의 뜻을 분별하라.
(21) 술 취하지 말고 성령 충만을 받으라.
(22) 시와 찬송과 신령한 노래로 서로 화답하라.
(23) 범사에 하나님께 감사하라.
(24) 그리스도를 경외함으로 피차 복종하라.

6) 주 안에서의 가족 관계(5: 22 – 6: 1–9)

새 사람을 입은 자의 행위 규범을 광범위하게 제시한 뒤, 바울은 초점을 가정 내의 상호 관계에 대하여, 가족이 어떻게 서로 대할지에 대해서 제시하고 있다.

(1) 남편과 아내의 관계(5: 22-33)

아내는 남편에게 복종하여야 하는데, 그 정도는 주께 하듯이 하라는 것이다. 그 이유는 남편이 아내의 머리됨이 그리스도가 교회의 머리됨과 같기 때문이라는 것이다. 남편은 아내 사랑하기를 그리스도가 교회를 사랑하고 자신을 주심 같이 하라는 것이다. 교회가 그리스도의 몸이기 때문에 사랑한 것처럼, 아내도 남편의 몸이기 때문에 자기 몸을 사랑하는 것은 너무나 당연하다는 것이다. 몸을 이루기 위해서 남편과 아내는 부모를 떠나 한 몸을 이루어야 한다고 바울은 가르친다.

(2) 자녀와 부모의 관계(6: 1-4)

자녀들은 주 안에서 부모에게 순종하고 공경하는 것이 옳다. 왜냐하면 그것은 대인 계명 중의 첫 번째 계명이기 때문이다. 그렇게 해야만 복 받고 장수하기 때문이다. 반면 아비들은 자녀를 노엽게 하지 말고, 주의 교훈과 훈계로 양육해야 한다.

(3) 상전과 종의 관계(6: 5-9)

종들은 두려워하는 마음을 가지고 성실하게 상전에게 순종하되, 그리스도에게 하듯 하라고 바울은 가르친다. 눈가림만 하지 말고 마음으로 하라는 것이다. 상전들은 종들을 위협하지 말아야 한다. 하늘에 계신 하나님이 그들의 상전이기 때문이다.

7) 영적 싸움(6: 10-20)

새 사람을 입은 사람들의 행위를 가족 관계에 초점을 맞춘 후에, 바울은 영적 싸움에서 승리하기 위한 방안을 제시하고 있다.

(1) 교회는 마귀의 간계를 간파하고 그것과 싸워 이기기 위해서 주님의 능력으로 강건해져야 한다. 그리고 하나님의 전신 갑주를 입어야 한다. 교회의 씨름은 육적인 것이 아니라, 세상과 공중의 통치자와의 싸움이기 때문이다.

(2) 하나님의 전신 갑주는 진리의 허리띠, 의의 호심경, 평안의 복음의 신, 믿음의 방패, 구원의 투구, 성령의 검, 즉 하나님의 말씀이다. 이 모든 하나님의 전신 갑주에 활력을 불어넣기 위해 기도하며 간구하되, 성령 안에서 기도하고 깨어 구하기를 항상 힘쓰며, 다른 성도들을 위하여 기도해야 한다.

8) 마지막 인사(6: 21-24)

바울은 마지막 인사에서 자신의 현재 상황을 알리고 위로하기 위한 배려를 하고 있다. 그리고 일상적인 인사, 즉 "은혜가 있을지어다"라는 말로 끝을 맺는다.

빌립보서

빌립보교회는 다른 어떤 교회보다 가장 이상적인 교회의 모델로 많은 사람들이 인식하고 있다. 빌립보서 2장 16절은 "생명의 말씀을 밝혀 나의 달음질도 헛되지 아니하고 수고도 헛되지 아니함으로 그리스도의 날에 내가 자랑할 것이 있게 하려 함이라"고 말한다. 이 구절에서 "헛되다"는 단어가 두 번 나오고 있다. 이 단어는 바울의 편지에서 고린도전서 15장 10, 14절, 갈라디아서 2장 2절, 4장 11절, 그리고 데살로니가전서 2장 1절, 3장 5절에 나오는 단어다. 바울이 이들 서신에서 그 단어를 사용한 것은 그들 교회의 문제로 인해 바울의 모든 복음을 위한 노력이 수포로 돌아갈 수 있음을 암시한다. 빌립보서 2장 16절에서 이 단어를 그리스도의 날과 연결하여 사용되고 있다는 점은 주지해야 할 점이다. 즉 바울은 자신의 모든 노력을 그리스도가 다시 올 때 바울의 자랑거리로 삼고 싶다는 것이다. 교회가 복음 안에서 굳게 서 있을 때 주님이 재림한다면 그 앞에서 바울은 자신의 모든 노력의 결실에 대해 자랑할 수 있지만, 교회가 어떤 문제로 인해 제대로 서 있지 못하면 그렇게 할 수 없고, 그의 모든 노력은 무위로 돌아갈 수 있다는 심정의 표현이다.

바울이 다른 교회의 여러 문제를 대면하면서 그것에 대해 대응하는 차원에서 사용된 이 단어를 빌립보교회를 향하여도 사용하고 있다는 사실은 빌립보교회도 다른 교회들처럼 동일한 위기의식을 바울에게 제공하고 있음을 암시한다. 이러한 사실을 감안하면, 바울이 빌립보교회에게 보낸 편지는 바울과 그 교회 사이에 엄연히 존재했던 특수한 삶의 자리를 반영하고 있다는 점을 알 수 있다. 그러므로 바울로 하여금 위기의식을 갖게 한 요인들이 무엇인지 살펴볼 때 이 서신에 대해 편견 없이 정확하게 이해할 수 있을 것이다.

∥ 빌립보의 상황과 빌립보교회

그림 95) 폐허된 빌립보에 세워졌던 교회 터 십자가 팻말이 보인다.
그러나 인근에 지어진 루디아 기념 교회는 전혀 손상이 없다.

그림 96) 폐허된 옛 빌립보 인근 루디아가 세례 받았던 곳에 완벽하게 보존된 루디아 기념 교회

사도행전에서 유일하게 빌립보를 로마의 식민지라고 언급하였다(16:12). 빌립보가 로마의 식민지라는 것은 모든 내전이 끝난 후, 퇴역 군인들을 이곳에 정착시켜 로마법이 지배하는 도시로 만들었다는 것이다. 로마의 식민지라는 유일한 언급은 이 도시야말로 황제를 위해 충성을 다하는 사람들로 구성된 도시였고, 로마시민들에게는 로마 제국의 번영을 허락한 그들의 신에 대한 경외심의 표현으로 황제에 대한 충성과 헌신이 요구된다는 의미를 내포하고 있다. 그 도시민들은 이 도시가 빌립보 평지에서 벌어진 주전 42년의 2차 내전(옥타비아누스와 안토니 대 부르투스와 캐시어스) 후 "콜로니아 율리아 빌립핀시스"(Colonia Iulia Philippensis)로, 그리고 3차 내전(옥타비아누스 대 안토니) 후에 황제의 공식 명칭이 더 붙은 "콜로니아 율리아 아우구스타 빌립핀시스"(Colonia Iulia Augusta Philippensis)라는 공식 명칭을 얻음으로 인해 자만심과 애국심을 가지게 되었다.

그런데 빌립보서의 특성을 살펴보면 빌립보교회가 너무나도 많이 빌립보 도시가 가지고 있었던 로마 색채를 드러내고 있음을 알 수 있다. 예를 들면, 옥에 갇힌 사건에서 "시위대"에게 복음이 증거 되었다는 점 강조(1: 13), 바울이 사용하고 있는 어휘들, 즉 "생활하라"(1: 27a 헬라어로는 폴리튜에스테-시민으로서의 삶), "협력하는 것"(1: 27b 헬라어로 스테게테-군인이 자신의 자리를 지킴), "시민권"(3: 20 폴리튜마-시민으로서의 역할 강조), "빌립보 사람들아"(4: 15 라틴어 호격을 헬라어로 표기-이는 로마 시민권을 가진 사람들을 부를 때 쓰임), "가이사의 집 사람들"(4: 22)을 보면 알 수 있다. 빌립보교회가 바울의 복음 전파와 방어에 처음부터 참여하였다고 한 점이나 서신의 서두에서 다른 서신들과 달리 수신인이 교회가 아니라 "성도, 집사, 감독들"이라고 언급한 점 등은 이 교회가 복음 사역에 처음부터 헌신한, 즉 하나님의 나라를 확장시키는 일에 자신들을 드린 사실을 강조하고 있는 것들이다.

빌립보의 시민들이 로마 제국의 시작과 확장을 위해 헌신한 사실과 이 교인들이 하나님의 나라를 유럽 지역에서 시작하고 확장시키는 일에 헌신한 사실과 맥을 같이 하는 측면이 있다. 그러므로 빌립보 시민들과 교인들의 문화적 동질성이 배제되지 않고 일맥상통하고 있음을 알 수 있다. 즉 예수를 믿기 전의 문화적 관습이 후에도 습관적으로 승화되고 있다는 사실이 발견된다.

‖ 배경

바울은 1장 5절에서 "첫날부터 이제까지 복음을 위한 일에 참여하고 있다"고 말한다. 그리고 1장 7절에서도 "나의 매임과 복음을 변명함과 확정함에 . . . 참여한 자가 됨이라"

고 말한다. 이 같은 표현은 오직 이 서신에만 나오는 표현이다. 바울이 왜 그렇게 말했을까? 바울은 4장 10절에서 "나를 생각하던 것이 이제 다시 싹이 남이니", 4장 15절에서 "주고받는 내 일에 참여한 교회"라고 빌립보교회에 대해서 말하고 있다. 바울은 처음부터 이 교회로부터 복음 전파를 위한 자신의 노력에 대해 물질적 도움을 받았다는 말이다. 그리고 계속해서 그 같은 도움을 당연히 받을 것으로 기대했다는 말이 된다. 바울은 나라를 위한 헌신이 무엇인지 잘 아는 이 교인들이 하나님 나라의 확장을 위해 헌신하도록 유도했고, 그들은 바울에게 동의한 암묵적인 관계가 형성되었다는 뜻이다. 물질의 도움을 받은 바울이 편지를 쓸 때 감사의 말을 서두에 해야 되는데, 감사의 말이 편지의 말미에 나온다는 사실 또한 그 같은 관계가 이미 형성되었음을 암시한다. 당연한 것을 받았으므로 감사의 말이 급한 것이 아니라, 더 급한 말을 먼저 해야 할 필요가 있기 때문이다.

반면 바울이 복음을 전하다가 옥에 갇히게 되었다. 그리고 이 소식이 빌립보교회에게 전달되었다. 얼마 후에 에바브로디도가 지원금을 가지고 바울에게 왔다. 에바브로디도는 이때에 바울에게 빌립보교회의 상황을 보고하였을 것이다. 그 와중에 에바브로디도가 병에 걸렸는데, 사경을 헤매고 있다는 소식이 빌립보교회에게 전달되었다(2: 27). 그 일로 인해 빌립보 교인들이 근심하게 되었다는 사실도 다시 바울에게 전달되었다. 그 후 기적적으로 그가 다시 소생하였다. 이제 바울은 물질에 대한 감사의 말, 에바브로디도에 대한 기쁜 소식, 그리고 에바브로디도가 전한 빌립보교회의 상황에 대한 응답을 해야만 했다. 이것이 이 서신을 쓰게 한 배경인 것이다.

그렇다면 에바브로디도를 통해 보고된 빌립보교회의 상황은 무엇인가? 1) 자신이 옥에 갇힘에 대한 의구심, 2) 지속적인 핍박, 3)주의 일을 수행함에 있어서의 내적 갈등, 4) 적대 세력의 등장과 그릇된 가르침, 5) 물질적 지원이 늦어지게 된 이유 등이다. 만일 이 같은 상황이 지속되면, 빌립보에서의 복음 전도와 교회의 설립, 그리고 빌립보교회의 복음 전파를 위한 동참 등은 헛수고로 끝날 수 있다는 인식이 바울로 하여금 서둘러 편지를 쓰게 한 배경이다. 그래서 이 서신을 보면, 1) 자신이 옥에 갇힌 것에 대한 해명 혹은 변호(1: 10-26), 2) 지속적인 핍박의 존재와 고난에 대한 격려와 이유 설명(1: 27-29; 2: 25-30), 3) 디모데를 파송해야 하는 상황에서 그에 대한 추천(2: 19-24), 4) 에바브로디도의 회복에 대한 기쁜 소식(2: 25-30), 5) 적대자들의 그릇된 교리에 대한 경고와 가르침 반박(3장), 6) 분쟁의 위험과 권면(2: 1-16; 4: 2-4), 7) 물질적 도움에 대한 감사(4: 10-20), 8) 그 외의 권면의 말(예를 들면, 4: 4-9) 등이 반영되어 있다.

‖ 바울의 대응

첫째, 바울이 옥에 갇힌 사건은 바울의 해명에서 보듯이 빌립보교회에게는 아주 심각한 문제를 야기한 것 같다. 단순하게 복음만을 전하다가 옥에 갇혔다면, 바울 주변에서 같은 목적을 가지고 복음을 전하던 사람들이 옥에 갇히지 않았다는 사실이 납득이 되지 않는다. 로마법에 따르면, 아무런 죄가 없이 그것도 로마 시민권을 가진 사람을 옥에 가둘 수 없다. 이 때문에 빌립보교회들은 물질적 도움을 주겠다는 암묵적 관계에 대해 회의적이 되지 않을 수 없었을 것이다. 그것은 바울의 복음 전파와 방어, 그리고 그들의 참여에 대해 헛된 것으로 여겨질 위험에 직면하게 만든 것이다. 빌립보교회에 있었던 분파도 이 문제와 연관이 있었을 것으로 보인다. 이에 대해 바울은 자신이 옥에 갇힌 것은 그리스도 때문에 발생한 것이며, 그 결과로 옥에서의 결실이 로마의 "시위대" 안에까지 나타났고, 결과적으로 가이사의 집 사람들도 그들에게 안부를 전하게 되었다고 변호한다. 즉 옥에 갇힘이 그들이 의심하는 것처럼 어떤 범죄 행위에 의해서 된 것이 아니라고, "아무 일에도 부끄러워하지 아니 한다"고 해명한다(1: 20).

둘째, 계속되는 핍박과 고난에 대한 것이다. 이 교회를 포함한 바울 주변에서 발생하고 있는 핍박과 고난 역시 그 교회가 복음을 전파하고 방어함에 동참해야 할 동력을 잃게 하는 요소로 작용했을 것이다. 이에 대해 바울은 그 같은 고난은 복음의 전파에 있어서 필연적으로 뒤따르는 것이라고 말한다. 빌립보 사람들은 로마 제국을 시작하고 확장함에 있어서 어떤 위험과 힘든 일에 있어서도 물러서지 않고 확고하게 그 사명을 감당한 기억을 가지고 있다. 그와 같이 하나님의 나라를 시작하고 확장함에 있어서 핍박과 고난은 필연적이며, 군인이 그렇게 한 것처럼 그것을 버티고 극복해야 한다는 것이다(1: 27-29).

셋째, 적대자들의 그릇된 교리와 가르침은 사역의 방향에 대해 오해를 불러일으킬 수 있는 요인이었다. 그것은 빌립보교회와 바울의 사역의 틀을 위험하게 이탈시킬 수 있는 것이었다. 그들의 가르침은 교회가 이 땅의 일에 집착해야 하되 믿음에 의지하지 않고 육신을 의지함으로 이 땅에서 완성될 수 있을 것이라는 것이다. 빌립보 사람들은 그 같은 업적을 이 땅에서 이룬 경험이 있다. 그것은 이 땅에서의 영광이 있다는 것이다(3: 19). 이에 대해 바울은 이 서신에서만 사용하고 있는 시민권의 개념을 사용하고 있다(3: 20). 그리스도인들은 이 땅에서 로마의 시민권을 획득한 사람들이 아니라, 하늘의 시민권을 얻은 사람이며(3: 2), 그 목록이 생명책에 기록되어 있다고 말한다(4: 3). 그들은 이 땅에서의 황제가 수여한 영광을 기대하는 것이 아니라, 재림 때에 있을 영광스런 몸으로 변화될, 그래서 영원한 하나님 나라의 시민이 되는 영광스런 소망을 가진 사람들이라는 것이다(3: 20-21).

넷째, 교회내의 분열이다. 힘을 합쳐서 모든 핍박과 고난을 버티고 극복해 나가야 할 교회가 분열되면, 그 저항하는 힘을 분산시키게 될 것이다. 이 교회 안에 영향력을 가지고 있는 두 여자 유오디아와 순두개를 중심으로 의견이 일치하지 않고 파가 갈라진 것이다. 이 문제야 말로 바울에게 가장 큰 위기의식으로 작용했을 것이다. 그러므로 바울은 오직 이 서신에서만 언급하고 있는 그리스도론을 제시하고 있다(2: 5-11). 예수님의 마음을 품으라는 말로 그들의 분열을 막는 강력한 권면을 대치하고 있다. 여기서 "예수님의 마음을 품으라"는 것은 원어로 보면 "그리스도 안에 있는 생각을 너희도 가지라"는 뜻이다. 그리스도의 생각은 복음을 위하여 하나님과 동등 될 것을 포기하고, 사람과 같은 종의 모양을 취라는 겸비와, 죽기까지 순종하는 것이었다(2: 6-8). 즉 아무리 좋은 동기를 가지고 주의 일에 참여한다고 해도 종의 입장을 취하라는 것이다. 그리고 복음을 위하여 자신을 겸손하게 비우라는 것이다. 이 점에 있어서, 바울은 서두 인사말에 자신은 "그리스도 예수의 종"이라고 한 반면, 수신인을 가리켜 "모든 성도와 감독들과 집사들"이라고 교회 직제를 사용하고 있는 이유가 발견되는 것이다. 당신들은 주의 일을 하는 직분을 가진 사람으로서 주장할 것이 있겠지만, 나는 종의 신분으로 아무 것도 주장할 것이 없다는 강력한 권고의 말이 된다.

‖ 개요

요지: 복음의 전파와 방어를 위해 헌신한 사람들이 한 마음으로 그렇게 해야 한다.

1. 인사(1: 1-2)

인사에서 바울은 로마서에서 사용하고 있는 "그리스도 예수의 종"이라는 말로 자신을 지칭하며, 지역 교회의 이름이 아닌 성도, 감독, 집사들에게 편지한다고 특이하게 언급하고 있다.

2. 격려의 말(1: 3-11)

바울은 우선적으로 빌립보 성도들에게 얼마나 자신이 그들을 사모하고 감사하고 있는지, 그리고 그들을 위해 간구하며 기도하는지 밝히면서 그들을 격려한다.

1) 감사와 간구(1: 3-7)

바울은 이 교회가 첫날부터 복음을 위한 일에 물질적으로 참여하고 있음에 대해 기뻐하며 감사하고 있다.

2) 사모하며 기도하다(1: 8-11)

바울은 얼마나 그들을 위해 사모하는지 알려주며, 그들에게 지식과 총명이 더욱 풍성해 져서 지극히 선한 것을 분별하고 그리스도의 날까지 하나님께 영광 돌리기를 위해 기도하고 있다.

3. 옥에 갇힌 이유(1: 12-18)

이렇듯 빌립보 성도들을 격려한 후에, 문제의 핵심인 옥에 갇힘에 대해 자신을 변호하는 말을 우선적으로 하고 있다. 옥에 갇힘으로 복음 전파의 진전이 되게 했다. 바울이 옥에 매인 사실이 시위대와 그 밖의 사람들에게 알려짐으로 어떤 사람들은 더욱 열정적으로 복음을 전하고, 다른 이들은 투기와 분쟁으로 복음을 전하게 되었다. 어떤 이유에서든지 복음이 전파되게 되었기 때문이다.

4. 닥칠 위기(1: 19-26)

바울은 옥에 갇혀 있으면서 자신에게 무엇이 닥칠지 모르는 가운데 있다. 그런 중에 자신의 장래와 관련한 심경을 피력하고 있다. 자신은 언제나 소망을 가지고 그리스도가 존귀하게 되는 삶을 살겠다는 것이며, 죽음도 유익하다는 것이고, 사는 것을 택할지 혹은 죽음을 택할지 모르며, 주님 곁에 있는 것이 더 좋지만 그들의 유익을 위해서는 사는 것이 더 좋다는 것이다.

5. 복음으로 인한 고난(1: 27-30)

대적하는 자들이 있지만, 그것 때문에 두려워하지 말고 오히려 서로 힘을 합하여 복음에 합당한 삶으로 능히 그것을 이길 수 있고, 그리스도가 주신 은혜는 바울을 포함하여 모든 그리스도인들에게 고난도 함께 따른다는 점을 보여주고 있다.

6. 한 마음을 품으라(2: 1-4)

빌립보교회 내에 서로 간에 생긴 갈등은 어떤 도덕적 문제에 기인한 것이라기보다 사역과 관련하여 서로 간에 합의치 못하기 때문인 것처럼 보인다. 그래서 "그리스도 안에서 무슨 권면이나 사랑의 무슨 위로나 성령의 무슨 교제나 긍휼이나 자비가 있거든"이라는 조건을 말하고 있다. 그 같은 사역을 할 때 자신의 주장만 내세우면서 다툼이나 허영으로 하시 발라고, 겸손하게 남을 존중하여 한 마음으로 하라는 것이다.

7. 그리스도를 본받으라(2: 5-11)

이 같이 사역과 관련한 동의 문제로 갈등이 생긴 이 교회의 지도자들에게 참 지도자인 그리스도의 모범을 신약 전체에 걸쳐서 이곳에서 유일하게 제시하고 있다. 그리스도는 복음을 위하여 자신의 모든 영광을 버리고 겸손히 종의 형체를 가지고 십자가에 죽기까지 복종하였다는 것이다. 그 결과 하나님은 모든 사람에게 전해질 복음을 마련하였고, 그리스도를 높여서 모든 무릎이 그의 앞에 주라고 고백하게 되었다는 것이다. 이 같은 모범에 따라서 복음 사역을 위해서 그리스도의 겸손의 모범을 따르라는 것이다.

8. 힘을 합하여 생명의 말씀을 밝히라(2: 12-18)

복음을 위한 그리스도의 모범을 따르라고 권면한 뒤, 바울은 계속해서 그들이 항상 복종하며 원망과 시비가 없이 악한 세대에 빛들의 자녀로서 생명의 말씀을 밝히게 되면 바울의 복음을 위한 모든 노력이 헛되지 않게 된다고 간청한다. 그러면 그리스도의 날에 자신이 빌립보 교인들로 인하여 주님께 자랑거리가 있다는 것이다

9. 복음을 위한 일꾼의 모범(2; 19-30)

바울은 복음을 위한 사역에 있어서 한 마음으로 연합한 모범을 두 사람의 예를 들어서 빌립보교회에게 설명하고 있다. 하나는 디모데의 모범이고, 다른 하나는 에바브로디도의 모범이다.

1) 디모데의 모범(2: 19-24)

바울은 디모데에 대하여 "뜻을 같이하는" 자가 이밖에 없다고 말하면서, 다른 사람들은 자기 일을 구하고 그리스도의 일을 구하지 않는다고 말한다. 그리고 그는 자신과 함께 복음을 위하여 수고하였다고 말하면서, 자신과 그가 복음을 위하여 한 마음으로 일하고 있다고 모범을 보이고 있다.

2) 에바브로디도의 모범(2: 25-30)

에바브라디도 역시 복음을 위하여 바울과 뜻을 같이하여 자신의 목숨도 아끼지 않고 헌신적으로 애쓴 사실을 통하여, 복음 때문에 받는 고난을 견디는 일에 있어서도 바울과 같이함을 모범적으로 보여주고 있다.

10. 행악하는 자들에 대한 경고(3: 1-21)

빌립보교회 내 갈등의 한 원인으로 고려되는 이들 행악자, 즉 바울의 적대자들이 빌립보교회에 나타나서 가르침으로 교회 내에 그들을 지지하는 지지파와 그렇지 않은 사람들 간에 마음이 일치하지 않는 상황이 발생했을 것이라고 추측할 수 있다. 그들은 자신들의 유대적인 뿌리를 자랑하며, 이 땅의 일에 속한 일을 온전히 함으로 그리스도인들은 완전해져야 한다고 가르친 것처럼 보인다. 바울은 교회에게 그들의 존재를 정의하며, 그들이 가르치고 있는 바를 대응하여 자신의 모범을 제시한다.

1) 행악하는 자들의 존재(3: 1-3)

바울은 이들을 개들이라고 지칭하며, 이들은 인간적 노력으로만 봉사하고 자신들에게 있는 육체적 자랑거리들을 자랑한 것으로 보인다.

2) 푯대를 향하여 달려가는 바울(3: 4-16)

바울은 그들이 자랑하고 있는 유대적인 전통에 대응하기 위해, 자신은 그 전통으로 말하자면 누구보다도 더 월등하다고 주장하지만, 그런 것들은 그리스도 안에서 아무 것도 아니라고 한다. 더 나가서 그는 부활과 고난을 함께 경험하기를 원하므로 그 목표를 향하여 앞으로 달려간다고 고백한다.

3) 땅의 일을 생각하지 말라(3: 17-21)

많은 사람들이 그리스도의 십자가를 외면하고 땅의 일에 집착하지만, 바울은 앞으로 있을 영광스런 부활의 때를 기다린다고 말한다. 그리고 빌립보교회에게 자신을 본받을 것을 명한다.

11. 권면(4: 1-9)

바울은 빌립보 성도들에게 특별한 애정을 가지고 주안에 서도록 권면하며, 교회 내에 양분 되어 있는 여자 지도자들이 서로 한 마음을 품고 주의 일에 힘쓰라고 권한다. 세 번째 권면은 주 안에서 항상 기뻐하라는 것이다. 네 번째 권면은 아무 것도 염려하지 말고 기도로 하나님께 아뢰라는 것이며, 다섯 번째 권면은 무엇에든지 경건하고, 옳으며, 정결하며, 사랑받고 칭찬 받을 만하며, 바울에게 배우고 듣고 본 바를 행하라는 것이다.

12. 감사와 끝맺는 말(4: 10-23)

바울은 빌립보교회로부터 받은 물질적 도움에 대해 감사의 말을 서신의 서두에서 했어야 했음에도 불구하고, 이 교회내의 여러 상황에 먼저 대응한 후에 서신의 말미에서 감사의 말을 하게 된다. 그 감사의 말에는 빌립보교회가 처음부터 계속적으로 물질적 도움을 준 것을 상기시키며, 그 모든 것은 하나님이 기쁘게 받을 향기로운 제물이라고 칭찬함으로 감사를 대신한다. 그리고 하나님이 필요한 모든 것을 채워주실 것이라는 약속도 함께 한다. 그리고 문안과 함께 마지막 인사인 "그리스도의 은혜"가 있기를 바라면서 끝을 맺는다.

골로새서

골로새와 골로새교회는 신약성경에서 이 서신을 제외한 어떤 곳에도 등장하지 않는 도시와 교회이다. 그리고 사도행전에서도 이 교회가 어떻게 세워졌는지 아무런 힌트를 주지 않는다. 다만 골로새서 안에서 바울의 말을 통하여 이 교회가 바울 자신에 의해서 세워진 것이 아니라, 3차 전도 여행 기간 중 에베소에서 사역할 때 그에게 영향을 받은 에바브라(1: 7)의 사역을 통해 복음을 듣고 배운 사람들로 인해 교회가 세워졌을 것이다.

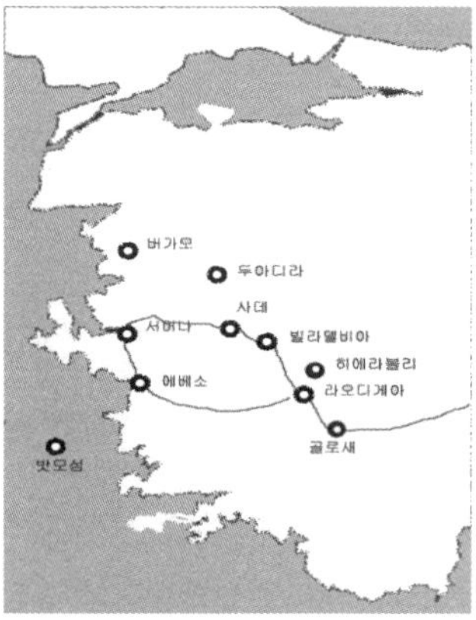

그림 97) 골로새의 위치

그림 98) 골로새가 위치한 루카스 계곡

그림 99) 주후1세기 네로 황제 때에 지진으로 폐허된 골로새는 팻말 외에 몇 개의 무덤을 제외하고 발굴된 유적이 전혀 없다.

골로새는 에베소에 이르는 실크로드 선상에 있으며, 요충지인 라오디게아로부터 동남쪽으로 약 20km 떨어진 곳에 위치하고 있다. 이 도시는 라오디게아(계시록을 제외하고는 오직 골로새에서만 4회 언급됨)와 히에라볼리(신약에서 오직 골 4: 13에서만 언급됨)와 루카스 계곡에 이르는 삼각 도시를 형성하고 있다. 주후 1세기에 두 다른 도시가 중요한 위치에 있게 되면서 과거에 누리던 중요성이 격감하였다. 이 도시의 주 생산품은 양질의 양모였다. 이곳의 주민은 원래의 부리기아 사람들과 정착한 헬라인과 안티오쿠스 3세 때 이주시킨 유대인들로 구성되어 있다.

브리기아 인들에게는 전통적 밀의 종교가 있다. 전통적으로 그들은 씨벨레(Cybele) 우상을 섬기는 사람들이었고(후대에 이단으로 낙인찍힌 몬타누스는 개종하기 전에 브리기아 사람으로서 씨벨레의 사제였다), 헬라인들은 철학적 전통을 가진 사람이었으며, 유대인들은 유대교적인 전통을 가지고 있었다. 이러한 배경을 가진 골로새 사람들은 서로 섞여 살면서 종교적으로 혼합주의적인 경향을 띄었을 것이다. 그러한 혼합주의적 경향을 가졌던 이방인들이 개종하여 기독교회를 형성하였지만, 그들의 신앙 표현 양태는 과거의 인습을 완전히 벗어버리지 못한 가운데, 아직도 혼합주의적 모습을 노출하였다. 골로새교회의 양상에 대해 여러 견해가 있다. 예를 들면, 에세네파를 닮은 영지주의적인 유대주의, 이교도의 신비종교, 영지주의적인 유대주의와 이교도의 요소가 혼합된 혼합주의, 유대주의 경향을 띤 혼합주의, 유대주의적인 그리스도인의 신비적 금욕주의 등이다.

그들의 논리는 철학적 사고에 입각해 있고, 유대적인 절기를 지키며, 천사들을 섬기며, 금욕주의적 경향을 나타났다. 비록 에바브라가 바울의 영향을 받아 고향인 골로새에서 복음을 가르치고 있었지만, 이 같은 신앙 양태가 신자들 속에 나타나자, 이에 대해 어떻게 대처해야 할지 몰랐기 때문에 아킵보에게 사역을 맡기고(4: 17) 옥에 갇혀있는 바울에게 가서(4: 12) 이 사실을 보고하며 도움을 청한다. 뿐만 아니라, 자신의 사역을 통해 어떻게 교회가 생겨났으며, 그들이 복음에 대해 어떤 반응을 일으켰는지에 대해서도 상세하게 보고하였을 것이다.

‖ 배경

바울은 자신이 직접 전도하지 않았고 방문하지도 않았던 이 교회에 편지하지 않을 수 없었다. 첫째는 사도적인 권위를 가지고 에바브라의 라오디게아와 히에라볼리에서의 열정적 사역을 칭송하며, 그의 노력으로 말미암는 교회의 탄생에 대해서 감사하며 격려하기를 원했고, 둘째, 에바브로의 보고를 통해 그들이 당면한 위기의식을 나타내며, 그에 대한 처방책을 제시해야만 했고, 셋째, 그와 아울러 새 사람을 입은 삶의 핵심적 삶의 원칙을 제시하며, 넷째, 비록 그들이 작은 도시 안의 작은 교회일지라도 여러 사람들이 깊은 관심을 가지고 있으므로, 그들을 격려할 필요가 있었고(4: 14-17), 다섯째, 라오디게아에서 오는 편지를 읽고, 또한 골로새서도 라오디게아교회가 읽도록 권면할 필요가 있었다(4: 16). 에바브라는 옥에 갇혀 있는 바울을 돌보기 위해 남아 있고, 대신 오네시모와 함께 두기고의 인편으로 이 편지를 골로새교회로 보낸다.

그림 100) 지진으로 폐허된 히에라볼리의 높은 언덕 위에 성채로 세워진 도시. 사도 바울의 영향으로 이곳에 교회가 세워짐

그림 101) 히에라볼리에 있는 사도 빌립의 순교 기념 교회. 이곳에 그의 무덤이 있다고 함.

‖ 이단적 교훈

이단적 교훈에 대한 바울의 평가를 보면, 이 이단적 교훈을 가르치는 특정한 적대자들이 출현했다기보다 개종하기 전에 이미 그 지역에서 인습화 된 혼합 종교의 습관이 개종 후에도 나타나서 그 습관에 따라서 설득하려는 사람들이 있음을 암시한다. 2장 4절과 19절에서 "아무도"라고 언급할 때, 바울은 적대자들을 지칭한 것이 아니다. 2장 20절과 22절에서는 세상의 규례와 사람의 명령과 가르침을 말하는데, 이 말 역시 관습적인 전통을 언급하는 표현이다. 그러나 그러한 가르침은 일상적으로 사람이 살아가는데 필요한 어떤 사회 규범에 대한 것이 아니라, 철학 혹은 종교적 인습에 대한 가르침이고 전통이다. 그것들은 사람들을 속이기 위해 자료들을 교묘하게 인용하여 설득시키는 행위를 말한다(2: 4). 그런 설득은 실제로는 실상이 아니고 허상에 지나지 않는 속임수인 것이다. 그런데 사람들은 그것이 전통적으로 인습화 된 것이기 때문에 쉽게 그런 속임수에 사로잡힌다. 바울은 이것을 사람들의 전통, 세상의 초등 학문(2: 8)이라고 말한다. 오늘날에도 불교적 명상, 유교적 철학, 무속주의의 기복신앙이라는 혼합주의적 전통과 인습이 한국 기독교 안에 나타나고 있다.

당대에 철학과 종교는 떼려야 뗄 수 없는 상관관계를 가지고 있었다. 철학은 사람의 종교적 이념을 제시하고 방법론을 마련하는 데 유용한 도구였다. 그 대표적 예는 기독교 초기에 나타난 영지주의자들에게서 알 수 있다. 철학적 논리는 사람들에게는 너무나 정당한 것으로 받아들여질 수밖에 없는 것이었다.

2장 16절에서는 그들의 종교적 행태를 먹고 마심, 절기, 초하루, 안식일을 지키며, 2장 18절에서는 꾸며낸 겸손과 천사 숭배라고 말한다. 이는 틀림없이 유대주의의 종교 형태와 유사성이 있는 것이다. 2장 21절의 세상에 사는 것과 같이 규례를 따름이라는 말 역시 이방 종교적 규례를 따르는 삶의 연장이 개종 후에도 계속되고 있는 현상을 말한다. 또 다시 2장 21절에서 "붙잡지도 말고 맛보지도 말고 만지지도 말라"는 말은 견유학파의 무소유 개념과 유사하기도 하고, 혹은 불결하게 되는 음식이나 불결한 물건 혹은 사람과의 접촉을 금하는 유대주의적인 관습에 속한 것일 수도 있다. 그런 것들이 "자의적 숭배와 겸손과 몸을 괴롭게 하는 데는 지혜 있는 모양"이라고(2: 23) 한 것으로 보아 견유학파의 삶의 유형일 가능성이 높다. 이러한 삶의 양태는 종교적 금욕주의적인 삶의 양태와도 일맥상통한다. 이 같은 종교적 양태는 종교의 힘으로 사람들에게 자신의 의미 부여와 사회 제도를 신성화시키는 힘을 가지고 있었는데, 개종 후에도 계속적으로 종교적 힘으로 사람들을 예속시키려는 사람들의 술책에 불과하다. 그래서 바울은 그것을 하나님의 명령과 가르침이 아닌 사람의 명령과 가르침이라고 한다(2: 21).

‖ 바울의 대응

이 같은 골로새교회 내에 만연하고 있는 혼합주의적 종교적 삶의 양태에 대한 보고를 들은 바울은 그 위험성을 직시하고 그대로 방치할 수가 없었던 것이다. 그래서 자신이 세우지도 않고 한 번도 방문해 보지 못한 이 교회에 편지를 써서 그 문제를 해결하려고 애쓴다. 바울이 이들의 신앙적 삶의 양태에서 본 문제 의식은 그들이 마치 참 종교적 삶의 양태인 것처럼 사람들이 지어낸 인간적 전통과 관습을 쫓도록 속임을 당하고 있으며, 그로 인해 복음에서 이탈할 수 있는 위험이 있다는 것이다.

그것은 역으로 보면, 원 뿌리에서 이탈하여 거짓 뿌리에 달라붙는 것과 같다는 것이다. 이들이 받은 복음의 핵심은 그리스도에게 있다는 사실로부터 이탈하여, 즉 몸이 머리에서 이탈하여 다른 머리에 붙으려고 하는 것이다. 그리고 그것이 참 신앙의 삶이라고 속임을 당한다는 것이다. 바울은 이 같은 전제하에 골로새교회가 다시 머리되신 그리스도에게로 돌아와야 한다고 권면하고, 더 나가서 경고하고 있다. 에베소서에서 바울이 머리인 그리스도보다는 몸인 우주적 교회에 대하여 집중적으로 다루고 있다면, 골로새서에서는 머리되신 그리스도에 대하여 집중적으로 다루고 있다. 예를 들면, 그를 "사랑의 아들의 나라"(1: 14), "그는 보이지 않는 하나님의 형상이요 모든 피조물보다 먼저 나신 이"(1: 15), 창조자(1: 16), "그가 근본"(1: 18a), "부활하여 만물의 으뜸인 분"(1: 18b), "그 안에 하나님의 충만함으로 가득하며"(1: 19), "만물이 하나님과 화목케 하는 분"(1: 22), "신성의 모든 충만이 육체로 거하는 분"(2: 9), "교회를 함께 부활하게 하는 분"(2: 12), "모든 권세자들을 이긴 분"(2: 15)이라고 표현하고 있다. 이 그리스도가 복음이라는 것이다.

바울은 이 복음을 위하여 일꾼이 되었고, 고난을 받았다고 언급한다. 왜냐하면 이 복음은 비밀이기 때문이라고 말한다. 그리스도의 비밀이 특히 이 서신에서 강조되고 있는 이유도 그들이 이 사실을 모르고 인본주의적 삶을 취하려고 하기 때문이다. "그리스도의 비밀"이란 말은 바울의 서신에서 네 번 나오는데, 이 서신에서만 3회 나오고 있다는 것은 이 서신이 그 사실을 강조하고 있음을 암시하는 것이다(엡 3: 4; 골 1: 27; 2: 2; 4: 3).

바울의 세 서신, 즉 에베소서, 빌립보서, 골로새서는 교회론을 강조하는 서신으로 불리는데, 에베소서와 골로새서의 교회론의 차이는 이미 언급한 바와 같이, 에베소서는 몸에 대한 강조요, 실제적인 지역 교회 안에서의 삶의 방식과 윤리적 지침에 대한 강조라면, 골로새서는 교회가 하나님의 구원 섭리인 그리스도로부터 이탈하여 인간의 삶의 현장에서 인본주의적 전통과 인습에 매달리려는 삶의 양태에 대한 위험성을 지적하고 있다. 반면 빌립보서는 교회가 복음 전파와 방어에 참여할 때에 여러 가지 문제, 특히 경쟁적 분파주의로 빠질 수 있으며, 그렇기 때문에 그 문제를 극복하기 위해서 그리스도의 자기 비하의 정신을 본받아야 할 것을 강조하고 있다.

기타 바울의 가르침은 그가 직접 방문하여 가르칠 기회가 없었으므로 그리스도인으로서의 삶의 방식과 윤리적 지침을 줄 수밖에 없었다. 그리면서 바울은 골로새교회와 라오디게아교회, 그리고 히에라볼리교회와의 연대성을 이곳에서만 강조함으로, 이 세 교회의 공통적 관계를 인정하면서 유사한 가르침을 시도하고 있는 것이다. 이 서신이 없었다면 라오디게아교회와 히에라볼리교회의 존재와 회람 서신의 존재에 대해서 어떤 정보도 소유하지 못했을 것이다.

‖ 개요

요지: 회심 후에도 혼합주의적 삶의 경향을 표출하고 있는 성도들에게 하나님의 모든 지혜인 그리스도에게 뿌리를 두고 살아야 한다고 권면하는 서신

1. 인사(1: 1-2)

바울은 이 교회를 직접적으로 세우지는 않았지만, 사도적인 권위로 골로새의 신실한 성도들에게 은혜와 평강을 기원하는 인사를 한다.

2. 골로새교회를 향한 감사와 중보기도(1: 3-12)

바울은 비록 얼굴로 대면하지 않았지만, 골로새 성도들이 그리스도 안에서 서로 사랑하고 있다는 소식을 듣고, 그들을 위해 기도할 때에 감사 기도를 드린다. 그리고 감사의 기도 말고 그들을 위한 중보의 기도를 드리면서, 그들도 하나님이 그들에게 베푼 기업에 대해서 감사하도록 권한다.

1) 감사(1: 3-8)

골로새 성도들을 위한 감사는 그들의 믿음, 사랑, 하늘에 쌓아둔 소망 때문에, 그리고 에바브라에게서 복음을 듣고 은혜를 깨달은 날부터 복음의 열매를 맺고 있기 때문이다.

2) 중보기도(1: 9-12)

골로새교회의 신앙 형태는 혼합주의적인 형태를 취하고 있다. 그렇기 때문에 바울은 성도들이 신령한 지혜, 총명, 그리고 하나님의 뜻을 알고, 범사에 주님을 기쁘게 하고, 하나님을 아는 일에 있어서 성장하며, 오래 참고 견디며, 감사가 넘치기를 중보기도 한다.

3. 복음의 터 위에 세워짐(1: 13-23)

머리되신 그리스도의 생명의 비밀을 알지 못하여 회심 이전의 관습적인 신앙 양태를 벗어나지 못하고 혼합적으로 삶을 영위하는 골로새 교인들에게 그 비밀을 알려주고 믿음을 가지고 머리에 단단히 붙어 있으라는 권면을 해야만 했다.

1) 아들 안에서의 죄 사함(1: 13-14)

예수 그리스도는 하나님의 아들이며 그를 통하여 죄 사함을 받았다는 사실과 하나님 나라에 옮겨졌다는 사실을 상기시키면서, 그 안에서 그들의 위상을 강조하고 있다.

2) 창조주이며 구속자인 예수(1: 14-23)

더 나가서 바울은 예수 그리스도가 누구인지, 특히 그의 신성에 강조점을 두고 있다. 그는 만물의 창조 수단이며(만물 속에는 인간의 모든 제도를 포함하고 있음), 그는 만물보다 먼저 계신 분이며, 그가 근본으로서 교회의 머리가 되며, 죽은 자 가운데서 먼저 부활하신 분이며, 만물의 으뜸이며, 그 안에 모든 충만으로 거하며, 십자가의 피로써 모든 것을 화평하게 했으며, 육체의 죽음으로 거룩하게 하신 분이다. 그러므로 이 같은 모든 것의 근본이신 그리스도로부터 떠나서 이전의 세상의 관습으로 돌아갈 수 없다는 것이다. 복음으로 이 사실이 알려졌고 믿어졌다면 그 토대 위에 굳건히 서 있어야 한다고 바울은 권면한다.

4. 그리스도가 주신 사도적인 직분(1: 24 - 2: 3)

바울은 자신의 사도적인 직분을 교회의 일꾼이라고 지칭하면서, 이 직분을 하나님이 주셨는데, 이는 지금까지 감추어져있던 비밀인 그리스도만을 이방에 전하기 위함이라고 한다. 그러므로 이 복음을 들은 골로새 교인들은 오직 그리스도만을 믿고 거기에 뿌리를 박아야 한다는 것이다.

1) 교회의 일꾼 된 이유(1: 24-25)

하나님이 자신을 일꾼으로 삼으신 것은 하나님의 말씀을 이루려 함이라고 말한다.

2) 그리스도의 비밀을 전함(1: 26-29)

하나님의 말씀을 이루는 것은 구약을 통해 지금까지 숨겨져 왔던 그리스도를 밝혀서 예언된 말씀을 역사 속에서 성취시키는 일인 것이다. 말씀의 성취인 그리스도를 전하고 그 안에서 완전한 자로 세우기 위해 그리스도를 가르쳐야 한다.

5. 혼합적 신앙 양태에 대한 문제 지적(2: 1-23)

이처럼 바울은 기독론에 대해서 강조하고, 자신의 역할이 그 그리스도를 전하고 가르치는 것이라고 언급하면서, 교묘한 말로 혼합적 신앙 양태를 전하여 혼합주의로 이끌어가려는 상황에 대해 그 신앙 양태가 가지고 있는 문제를 지적한다.

1) 경고의 목적(2: 1-5)

바울은 속이려는 자를 경계하라고 경고하면서, 서로 연합하여 하나님의 비밀인 그리스도를 깨닫게 하기 위함이라고 말한다.

2) 참 뿌리 안에서 세움을 받으라(2: 6-7)

그들이 그리스도를 주로 받았으므로, 주안에 뿌리를 박으며, 그 안에서 굳게 서는 것이 마땅하다고 바울은 말한다.

3) 헛된 속임수를 주의하라(2: 8)

헛된 속임 수는 철학, 사람의 전통, 세상의 초등 학문을 따르는 것을 말한다.

4) 그리스도의 구속 사역에 의한 교회(2: 9-15)

바울은 혼합주의적 신앙 양태의 허구성을 들추어내고자, 다시 한 번 그리스도의 구속 사역을 강조하면서 믿음을 받아드린 사람들이 어떻게 변화되었는지 강조하고 있다. 구속 사역을 이룬 그리스도는 신성의 모든 충만이 육체로 거했으며, 모든 통치자의 머리이며, 그들은 육의 몸을 벗었으며, 세례로 함께 장사되고 함께 살아났으며, 모든 죄를 사함 받았고, 법조문을 십자가에 못 박으시고, 십자가로 통치자들을 이겼다는 것이다. 교회는 승리자 안에 연합된 그의 몸이다.

5) 혼합주의적 가르침(2: 16-23)

그렇다면 혼합주의적 가르침은 무엇인가? 그것은 먹고 마시는 문제, 절기를 지키는 문제, 꾸며낸 겸손, 천사 숭배, 세상의 초등 학문, 금욕주의 등이다. 이 모든 것은 머리를 붙들지 않는 것이며, 사람의 명령과 가르침이며, 자의적 숭배라는 것이다.

6. 새 사람이 추구해야 할 삶의 양태(3: 1-17)

다시 한 번 바울은 이 같은 혼합주의적 맥락에서 골로새 교인들의 현재 위상에 대해서 상기시키면서, 그 위상에 맞는 행위가 뒤따라야 한다고 강조한다.

1) 위의 것을 찾아야 하는 이유(3: 1-4)

그리스도와 함께 죽고 새 생명을 받았기에, 그들은 하늘에 속한 사람들이고, 그러므로 그 속성에 맞는 삶, 즉 위의 것을 추구하면서 살아야 한다는 것이다.

2) 새 사람이 되기 전과 현재(3: 5-11)

이전의 삶의 양태는 음란, 부정, 사욕, 악한 정욕, 탐심, 분 냄, 노여움, 악의, 비방, 부끄러운 말, 거짓말하는 삶이었으나, 이제는 새 사람을 입었으므로 창조자의 형상을 본받는 삶의 양태로 바뀌어야 한다는 것이다.

3) 거룩함과 용서의 삶의 양태(3: 12-13)

하나님이 택하여 거룩해졌기 때문에, 그에 맞는 긍휼, 자비, 겸손, 온유, 오래 참음, 서로 용납하며 용서하는 삶의 양태를 나타내야 한다.

4) 사랑, 평강, 감사의 삶의 양태(3: 14-17)

그 같은 삶의 양태에 덧 붙여서, 사랑을 더하며, 그리스도의 평강이 지배하는, 그리고 감사하는 삶을 살아야 한다.

8. 가정 내의 삶의 양태(3: 18 - 4: 1)

이제 바울은 새 사람을 입은 사람들이 보여야 할 그리스도 안에서 가정 내의 삶의 양태는 어떤 것이어야 하는지 가르치고 있다.

1) 남편과 아내, 그리고 부모와 자녀(3: 18-21)

아내는 남편에게 복종하고, 남편은 아내를 사랑하고 괴롭게 하지 말라고 명한다. 이 서신에서는 에베소서에서의 남편과 아내의 관계에 대한 것처럼 길게 그 이유를 설명하지 않고 있다. 자녀들은 모든 일에 부모에게 순종해야 한다. 그리고 아비들은 자녀를 노엽게 하지 말아야 한다.

2) 종과 상전(3: 22 - 4: 1)

종들은 모든 일에 상전들에게 순종하되, 눈가림만 하지 말고 주를 두려워하는 가운데 성실한 마음으로 순종해야 한다. 반면 상전들은 의와 공평을 종들에게 베풀어야 한다. 이는 하늘에 계신 하나님이 그들의 상전이기 때문이라는 것이다.

9. 마치면서 주는 권면(4: 2-6)

이제 바울은 이 서신을 마치면서 몇 가지 권면과 부탁을 한다.

1) 깨어 기도하라(4: 2-4)

첫째, 기도를 계속하되, 깨어 있으며 감사하라는 것이다. 둘째, 바울 자신을 위한 기도 제목으로, 전도할 문을 열어주고, 그래서 그리스도의 비밀을 전하게 해 달라는 것이다.

2) 지혜로 행하라(4: 5-6)

외인에 대해서는 지혜롭게 행하고, 세월을 아끼며, 은혜로운 말을 하며, 대답할 것을 항상 준비하라는 것이다.

10. 맺는 말(4: 7-18)

이제 바울은 이 서신을 끝맺으면서 다른 서신과는 차별되게 몇 사람에 대해서 평가하며 천거하는 것을 볼 수 있다. 그리고 처음으로 라오디게아의 교회와 히에라볼리의 교회의 존재를 언급하고 있으며, 회람 서신에 대해서도 언급하고 있다. 라오디게아에서 오는 서신이 있었지만, 현재에는 그것이 무엇인지 알 수 없다.

1) 두기고에 대한 천거와 역할(4: 7-8)

두기고에 대한 천거는 그가 바울의 사정을 알게 하는 신실한 동역자로서, 그의 방문은 골로새교회에 위로가 될 것이라고 한다.

2) 오네시모에 대한 천거(4: 9)

오네시모는 빌레몬서에서 보면 빌레몬의 종으로 나온다. 그는 바울과 함께 갇혀 있었으며, 바울이 골로새에 있는 원래 주인인 빌레몬에게 보내면서 함께 그 교회에게 천거하고 있다. 그는 신실하고 사랑받는 형제라고 한다.

3) 문안 인사(4: 10–15)

아리스다고, 바나바의 생질 마가, 유스도, 그리고 에바브라 등이 골로새교회에게 문안하고 있다. 그 교회를 세운 에바브라에 대해서는 그가 골로새교회를 위하여, 특히 그 교회가 하나님의 뜻 가운데서 굳건히 설 것을 위해 간절히 기도하고 있으며, 라오디게아교회와 히에라볼리교회를 위하여 많이 수고한다고 전한다. 바울은 그들의 문안 인사에 데마와 그의 서신에 세 번 나오는(골 4: 14; 딤후 4: 11; 몬 1: 24) 누가를 포함시키면서 이곳에서 유일하게 누가를 "의사"라고 지칭하고 있다. 여기서 라오디게아 있는 형제들과 눔바와 그 여자의 집에 있는 교회에게 문안하라고 한 것을 보아, 골로새교회와 그 교회는 거리상으로 아주 밀접한 관계를 유지하고 있었음을 알 수 있다.

4) 회람 서신에 대한 언급(4: 16)

이곳에서 바울은 라오디게아교회에서 오는 서신을 읽으라고 권하면서 유일하게 회람 서신을 언급하고 있다.

5) 아킵보에게 주는 권면

아킵보에게는 그가 주 안에서 받은 직분을 진실 되게 지키라고 권하고 있는데, 그 직분이 무엇인지는 모른다.

6) 끝맺음

바울은 대필자를 두고 있었는데, 마지막 끝을 맺으면서 친필로 문안 인사를 하며, 은혜가 있기를 축복하고 있다.

데살로니가전서

그림 102) 데살로니가에 있는 바울 기념 교회

그림 103) 바울 기념 교회 내부

‖ 배경

사도행전에서 데살로니가교회의 배경에 대해서 보고하고 있다. 그리고 바울이 그곳을 급하게 피할 수밖에 없었던 상황에 대해서도 기록하고 있다. 이 사건의 연장선에서 두 개의 편지를 쓸 수밖에 없는 데살로니가의 상황과 바울의 입장이 발생하였다.

바울은 그곳을 급히 피한 후에, 너무 급하게 교회가 시작되자마자 그곳을 떠나야 했기 때문에, 그들의 신앙에 대해 염려하고 근심한 나머지 몇 차례 재방문하고자 했으나 뜻을 이루지 못했다. 바울은 아덴에 머물면서 디모데를 그곳에 파송하여 그들의 믿음을 확인하고자 했다. 그 후 디모데가 바울에게 돌아와서 바울에게 그곳의 상황을 보고한다(3: 5-6). 그의 보고는 크게 두 가지로 구분된다. 첫째는 바울의 염려를 덜어줄 기쁜 소식이었으며, 둘째는 바울에게 새로운 차원의 염려를 불러일으키는 나쁜 소식이었다. 바울은 기쁜 소식에 대해 감사하며, 위로받음에 대해, 그리고 그의 기쁜 소식에 담겨 있는 내용에 대해 격려할 필요를 느꼈다. 더 나가서 그에게 염려를 불러일으키는 나쁜 소식에 대해 대응해야만 했다. 이 두 가지 이유 때문에 바울은 데살로니가전서를 쓰게 된다.

그렇다면, 좋은 소식과 나쁜 소식은 무엇인가? 첫째, 좋은 소식은 크게 세 종류이다. 하나는 비록 고난이 데살로니가교회 내에 있었지만, 바울이 그들을 보기를 원한 것 이상으로 그들도 바울을 보기를 원했다는 것이다(3: 6). 이 말은 비록 바울이 그들을 급하게 떠날 수밖에 없었던 상황이었지만, 그들이 그 상황을 이해하고 그들을 버린 것이 아니었다고 생각했다는 것이다. 다음, 고난 중에도 믿음을 포기하지 않고 계속해서 서로 사랑하고 있다는 사실이다(3: 5). 이 사실은 복음의 효과가 지속적으로 그들에게 나타나고 있다는 증거인 것이다. 끝으로, 그들은 바울은 물론(1: 6) 유대에 있는 교회를 모방하며, 다른 교회에 모범이 되었다는 소식이다(1: 7). 이것은 복음의 능력으로 말미암아 자신들의 지역교회에만 집중하는 것이 아니라, 범세계적 유대 관계를 형성하며 영향력을 확대시켜 나갔다는 사실을 암시하고 있는 것이다. 디모데가 보고한 나쁜 소식이 있음에도 불구하고, 바울은 이 교회가 일반적으로 좋은 상태에 있다는 느낌으로 이 기쁜 소식을 통해 마음의 위안과 용기를 얻었고, 그들에게 이런 사실을 알리고 격려해야만 했다.

둘째, 나쁜 소식은 다양한 측면에서 발생하고 있는 교회내의 문제인 것이다. 그것들은 1) 사회 문화적 관습과 관련된 것, 2) 도덕성과 관련된 것, 3) 종말론과 관련된 것, 4) 종교적 경험과 관련된 것, 5) 외부로부터의 송사와 관련된 것이다.

사회 문화와 관련된 문제 중에서 지도자에 대한 태도(5: 12)는 그들이 지도자의 사회적 위상(노동자) 때문에 지도자로서의 위상을 인정치 않는 태도가 있으며, 5장 14절에서는

"게으른 자", 즉 일하지 않고 놀고 남에게 기대어 사는 사람들이 교회 내에 존재하는데, 이는 당시의 사회 문화적 관습과도 일맥상통한다. 즉 회심 이전의 사회 문화적 관습이 회심 이후에도 실제 삶 속에 상존하고 있음을 뜻한다.

도덕성과 관련된 문제는 4장 1-8절에서 말하고 있는 성적 부도덕성과 그로 인한 성도들 간의 갈등이다. 누군가가 형제의 아내와 불륜을 범했고, 그로 말미암아 그에 대해 복수하고자 하는 경향을 나타내고 있음을 뜻한다.

종말론과 관련된 문제는 사도 바울의 종말에 대한 가르침과 실제로 교회 내에 발생하고 있는 상황과 관계가 있다. 바울은 임박한 종말에 대해 가르쳤다. 그러나 지속되는 핍박과 성도들의 죽음은 주님의 재림 자체와, 만일 그것이 사실이라면, 시기의 문제에 대해서 회의심을 품게 했을 것이다. 만일 재림이 임박했다면, 무엇 때문에 세상일에 대해서 열심히 노력해야 하는가? 라는 의문을 제기했을 것이다. 만일 재림이 이미 지나갔다면, 아무 일도 벌어지지 않았으며, 하나님의 신원은 도대체 어디 있으며, 어떻게 참고 견디라고 격려할 수 있는가? 죽은 자의 운명은 어찌 되는가? 라는 질문이 생길 수밖에 없다.

종교적 경험과 관련된 문제는 5장 19-20절의 영적인 경험과 관련되어 있는 것이다. 그들은 회심 이전 밀의 종교에서의 경험과 성령님의 역사에 의한 경험 사이에서 혼동이 있었고, 어떤 이들은 성령의 역사 자체에 대해서도 금하거나 부인하는 사람들이 있으므로 서로 간의 갈등이 생기게 되었다는 것이다.

외부로부터의 송사와 관련된 문제는 바울이 데살로니가를 급히 떠난 후에 어떤 적대자들이 외부로부터 침투하여 바울을 송사했다는 것이 2장 1-12절에서 암시되고 있다. 그 내용은 바울은 비겁자며, 아첨의 말로 물질적 유익을 위해 복음을 팔지만, 위기에 처하니까 그들을 돌보지 않고 이속만 챙기고 그들을 버렸다는 것이다. 바울 자신에 대한 송사뿐만 아니라, 교회 공동체 자체에 대해서도 송사한 것으로 보인다. 즉 이 공동체는 게으른 사람들의 집단으로 이 모든 것의 원인은 바울에게 있다고 했을 것이다.

‖ 바울의 대응

바울은 이 같은 문제들이 그대로 방치되면 자신의 모든 노력이 헛수고가 된다는 사실을 인지하고, 이 문제를 해결하기 위해 일차적으로 디모데를 파송하였지만, 디모데의 노력에도 불구하고 해결되지 않았고, 자신이 직접 방문할 기회를 찾았으나, 찾지 못하였으므로 편지를 써서 보내었다. 그 편지에서 그의 대응은 디모데의 좋은 소식에 담겨 있는 바에 대해 감사하며, 격려하며, 기쁨을 표시한다. 그러나 나쁜 소식에 대해서는 일일이 대응한다. 첫째, 지도자의 사회적 위상의 문제에 대해서, 그리스도 안에서의 위임은 일반 사회에서의 평가와는 전혀 다른 것임을 인식하고, 그들을 높이 존중해 주어야 한다고 권한다(5: 13). 그렇게 함으로써 그리스도인 공동체는 다른 사회 공동체의 기준과 달라야 함을 일깨워 준다. 둘째, 일하지 않고 남에게 의존하는 게으른 사람에 대해서, 외부로부터의 불필요한 비난을 받지 않고 오히려 칭송을 들을 수 있는 공동체가 되어야 한다고 권한다(4: 11-12). 셋째, 성도들 간의 성적 문제에 대해서, 하나님의 뜻은 거룩함이기 때문에 거룩함을 유지하기 위해 성적 문제도 하나님의 부르심에 합당한 수준으로 수정해 나갈 것을 권한다(4: 7). 그것은 거룩함을 위하여 역사하는 성령을 거슬리는 것임을 강조한다(4: 9). 넷째, 종말론의 오해로 인한 문제에 대해서, 바울은 종말이 아직 임하지 않았고, 예수님의 재림은 임박한 것이지만, 그것이 언제 이루어질지에 대해서는 아무도 모른다고 말한다. 하지만 그것은 반드시 성취될 것이기 때문에, 죽은 자에 대해서 슬퍼하거나 의심하지 말 것을 권고한다(4: 13-18). 다섯째, 외부로부터의 송사에 대해서, 바울은 2장 1-12절에서 자신을 변호하고 있다. 그 핵심은 바울과 그 일행은 아첨하는 말로 그들에게서 물질적 유익을 얻으려고 애쓴 것이 아니라, 밤과 낮으로 일하면서 복음을 전했다고 말하면서, 자신들의 행위가 하나님 앞이나 사람 앞에서 아무 흠도 없음을 데살로니가 성도들이 안다고 했다(2: 10).

‖ 개요

요지: 막 태어난 교회를 버려두고 그곳을 빠져나왔음에 대한 자신의 변호와 목회적인 관심의 표명, 그리고 데살로니가교회가 보여준 기쁜 소식과 우려할만한 상황의 발생에 대해 대응한다.

1. 인사(1: 1)

이 서신에서 인사의 특징은 데살로니가 사람의 교회라는 수신인의 명칭에 있다. 2장 14절에서 나오는 동족의 의미를 정의해 주는 말이기도 하다.

2. 복음의 수용과 믿음의 모범(1: 2-10)

바울이 이 교회를 생각하면서 기도할 때 감사한 이유는 이들이 복음을 수용하고 확장시킨 일을 기억하고 있기 때문이다.

1) 그들의 믿음, 사랑, 소망에 대한 격려(1: 2-4)

바울은 이처럼 막 태어난 교회가 믿음이 있고, 서로 사랑하며, 그리스도의 재림에 대한 소망을 가지고 있기 때문에, 이들을 위해 기도하며, 감사한다고 격려하고 있다.

2) 복음의 능력과 믿음의 본(1: 5-10)

바울은 복음이 삶의 모범과 함께 성령의 능력으로 전파되었고, 그 결과 그들은 우상 숭배하는 데서 살아계신 참 하나님께로 돌아왔으며, 이웃 사람들에게 이들을 통해서 하나님의 말씀이 전해지고 있으며, 주님 재림에 대한 소망을 가지고 있음을 확인한다.

3. 바울의 변호(2: 1-12)

바울을 대적하는 자들이 이 지역에 있고, 그들은 어떻게든지 바울을 무너뜨리려 하므로, 그가 전한 복음 자체를 무너뜨리려고 시도하면서 바울에 대한 송사를 하지만, 바울은 이 송사에 대해 자신을 효과적으로 변호하고 있다.

1) 권면은 속임수가 아님(2: 1-3)

적대자들은 그가 전하는 복음이나 권면은 속임 수에 지나지 않는다고 하지만, 바울은 속임수라면 고난과 능욕을 견딜 이유가 없다고 한다. 하나님과 함께 하는 복음 전파라는 것이다.

2) 복음은 하나님의 위탁(2: 4-5)

하나님이 복음을 위탁하였고, 하나님이 바울의 동기를 알고 있기 때문에, 속임수가 아니라는 것이다. 아첨하는 말도 탐심의 말도 아닌 것을 하나님이 증거 한다는 것이다.

3) 유모와 같이 사역함(2: 6-8)

그들에게서 속여 빼앗은 것이나 권위적으로 대한 것이 아니라, 유모처럼 자신 전체를 주기를 기뻐하면서, 깨끗한 동기를 가지고 복음을 전파했다고 바울은 자신을 변호한다.

4) 거룩한 삶의 모범(2: 9-12)

순수한 동기는 밤낮으로 일하면서 복음을 전하였고 믿는 자들에게 흠 없는 삶의 모범을 보인 것이 증거라는 것이다. 그러면서 이 같은 변호를 하는 것은 그들이 복음에 합당한 삶을 살도록 부정적인 이미지를 불식시키려는 노력임을 암시한다.

4. 바울의 감사와 소원(2: 13-20)

바울은 데살로니가교회가 바울이 전한 말씀을 사람의 말이 아닌 하나님의 말씀으로 받았고, 핍박을 받지만, 유대에 있는 히니님의 교회들을 본받음으로 인해 하나님께 감사드린다. 여기서 바울은 유일하게 유대의 교회들을 언급하면서, 그들도 같은 민족에게 핍박을 받았으며, 예수 그리스도와 선지자를 죽였다고 정죄한다. 그들이 받는 핍박에 대해, 그들만이 아닌 다른 교회들도 같은 경험을 한다고 그들을 격려한다. 바울은 자신이 그 교회를 급히 떠나야 했기 때문에 그들에게 실망감을 줄 수 있었다는 우려를 가지고 다시 방문하기를 원한다고 했다. 그러나 사탄이 막았다고 가지 못한 이유를 설명한다.

5. 디모데가 전한 소식과 방문 의도(3: 1-13)

데살로니가교회의 형편이 궁금하지만 자신을 갈 수 없었기 때문에, 대신 디모데를 파송한다. 그 후 그가 돌아와서 데살로니가교회의 형편을 바울에게 보고한다.

1) 소식(3: 1-7)

데살로니가에서 돌아온 디모데는 그곳의 상황을 바울에게 보고하는데, 일차적으로 기쁜 소식을 전한다. 기쁜 소식의 내용은 그들의 믿음, 사랑, 바울을 보기를 원하는 마음 등으로, 이에 대해 바울은 기뻐한다. 이 기쁜 소식은 비록 궁핍하고 환난 가운데 있지만 위로가 된다.

2) 방문 의도(3: 8-13)

그들의 그러한 태도로 인해 바울은 기뻐하고 감사하고 위로 받았지만, 그들의 믿음에 부족한 면이 있다고 판단되어, 그 부족한 면을 채워주고자 방문하기를 원한다. 그리고 그들이 거룩하고 흠이 없는 삶을 살기를 권면한다.

6. 하나님의 뜻은 거룩함(4: 1-8)

3장 마지막 부분에서 성도들의 거룩함에 대해 언급했는데, 이곳에서도 다시 거룩함에 대해 언급하면서, 그것은 하나님의 뜻이라고 했다. 거룩함을 언급하면서, 바울은 데살로니가교회의 성도들 사이에 생긴 성적 부도덕과 연결시키고 있다. 바울은 거룩함과 반대의 측면인 성적 부도덕이 결혼 관계 속에서 발생했음을 인지하고, 그에 대처하고 있다.

7. 형제 사랑(4: 9-12)

데살로니가교회는 형제 사랑에 대해 모범을 보이고 있는데, 여기서 형제 사랑은 물질적 도움과 관련되어 있는 것 같다. 그러기에 자기 일을 하고 손으로 일하기를 힘써야 된다는 것이다. 그렇게 해서 물질이 필요한 사람에게 도움을 줄 수 있는 힘이 생기기 때문이다.

8. 재림과 부활의 소망(4: 13 - 5: 11)

데살로니가전서에서 매 장마다 예수님의 재림에 대해 언급하고 있는데, 이 부분에서는 구체적으로 재림과 관련한 문제들, 예를 들면, 시기, 소망, 슬픔, 그리고 삶의 양태에 대해서 논한다.

1) 재림과 부활의 확실성(4: 13-18)

재림과 부활은 확실한 것이므로 죽은 자에 대해 슬퍼하거나 소망을 잃지 않기를 바라고 있다. 재림 때에 그리스도 안에서 죽은 자들이 먼저 일어나고, 그 후에 살아남은 자들도 공중에서 주를 맞을 것이기 때문에, 서로 위로하라고 바울은 권면한다.

2) 재림의 시기(5: 1–11)

재림의 시기에 관해서는 어느 때든지 사람이 인지하지 못한 상태에서 재림한다고 한다. 마치 사람들이 인지하지 못한 상태에서 도둑이 몰래 오듯이 그렇다는 것이다. 그러나 그리스도인들은 빛의 아들들이기 때문에, 정신을 차리고 있으면 재림에 대한 인지가 가능하다는 것이다. 그런고로 주님을 맞을 준비를 해야 하는데, 정신을 차릴 것이며, 믿음을 가질 것이며, 사랑의 호심경을 붙이고 다니며, 구원의 소망의 투구를 쓰고 있어야 한다. 그리고 서로 힘을 합하여 권면하고 덕을 세우기를 힘써야 한다.

8. 권면의 상황과 내용(5: 12-22)

바울은 이제 교회 내에 있는 문제를 일으키는 사람들, 지도자와의 갈등, 은사의 활용에 대한 문제들을 대응하면서, 그에 상응하는 권면을 하고 있다.

1) 지도자에 재한 존중(5: 12–13)

먼저 어떤 이유인지 모르지만 지도자에 대해 존중하지 않는 현상이 발생하였는데, 그에 대해 가장 귀히 여기며 화목하라고 권한다.

2) 게으른 자에 대한 권면(5: 14–15)

다음으로 교회 내에서 문제를 일으키는 사람들, 특히 일하지 않고 남의 도움으로만 살아가려는 사람들에 대해서 권면하고 있다. 그들을 권계하라는 것이며, 마음이 약한 자들은 격려하고, 힘이 없는 자들을 붙들어 주고, 오래 참고, 악으로 악을 대하지 말며, 항상 선을 따르라고 권면한다.

3) 범사에 감사하고 기도하라(5: 16–22)

기뻐하며, 쉬지 말고 기도하며, 범사에 감사하라고 권면한 후에 교회 내의 은사 활용의 문제에 대해서, 은사가 나타날 때에 그것을 무시하지 말라는 권고를 하고 있다. 범사에 좋은 것을 취하라는 것에는 은사의 활용에도 적용되며, 악은 어떤 모양이라도 버리라는 것은 은사의 나타남에 대한 시기, 질투, 또는 자랑도 포함되는 것이다.

9. 끝맺는 인사(5: 23-28)

서신을 끝맺으면서 다시 한 번 거룩함에 대해서 강조한다. 거룩하여 주님 재림할 때까지 온전히 보전되기를 바란다는 간절한 소망이 담겨 있다. 문안을 하면서 바울은 아주 특이하게 온 성도들이 이 편지의 내용을 알 수 있도록 읽어 주라고 당부한다. 그것은 이 편지에서 바울이 대응하고 있는 모든 내용들이 온 성도들과 관계가 있음을 암시하는 표현이다.

데살로니가후서

‖ 배경

데살로니가전서에서 교회 안에 종말론과 관련한 문제와 게으른 자의 문제가 있음이 노출되었고, 바울은 그에 대해 대응하였음을 보았다. 그러나 이 교회에서 첫 번째 서신을 받은 후에도 아직까지 종말론과 관련한 예수님의 재림 문제와 게으른 사람의 문제가 해결되지 않았음을 바울은 알게 된다. 그리고 박해가 아직도 계속되고 있다는 소식을 듣는다. 예수님의 재림 문제에 대해 어떤 사람들이 "주의 날이 이미 이르렀다"고 가르치고 있다는 것이다. 그러므로 이미 재림이 이루어졌으면 무슨 소망이 있으며, 박해를 계속해서 받아야 할 이유를 알지 못하는 사람들이 생겨났다(2: 2). 게으른 자들은 도무지 일하지 않고, 일만 만드는 사람들이다(3: 11). 바울은 상존하는 박해에 대해서 데살로니가 교인들을 향한 하나님의 신원하심에 대해서, 그리고 재림에 대한 그릇된 가르침에 대해서 교정해야 했으며, 문제를 일으키는 사람들을 경고하며, 교회가 그들에게 어떻게 대해야 할지 가르칠 필요가 있었다. 이러한 이유로 바울은 데살로니가교회에 두 번째 편지를 써 보낸다.

‖ 바울의 대응

바울은 데살로니가 교인들이 지속적으로 받는 핍박과 환난에 대하여, 1) 그들의 인내와 믿음을 다른 교회에게 자랑하며(1: 4), 2) 하나님의 공의로운 심판이 있다고 위로하며, 3) 환난을 주는 사람들에게 같은 종류의 환난이 있을 것이며, 4) 멸망의 형벌이 있을 것이라고 선언한다.

다음, "주의 날이 이미 이르렀다"는 그릇된 가르침에 대해서는, 1) 그것은 속임수이기 때문에 미혹되거나 마음이 흔들리지 말 것(2: 2), 2) 재림 전에 배교하는 일과 멸망의 아들이 나타날 것(2: 3), 3) 그러나 불법한 자를 막는 자가 있기에 아직 나타나지 않으며(2: 7), 4) 주의 재림 때에 그를 폐한다는 것(2: 8), 5) 악한 자는 사탄의 활동을 따라 모든 능력과 표적과 기사와 속임으로 나타나며(2: 9), 6) 미혹의 역사로 거짓 것을 믿게 하는(2: 11) 일이 있기 전에는 재림이 있지 않을 것이라고 바울은 가르친다.

게으른 자의 문제에 대해서는, 1) 자신도 일함으로 본을 보였고(3: 9), 2) 그들에게서 떠나라고 명하며(3: 6), 3) 열심히 일하며 양식을 먹으라고 명하며(3: 12), 4) 순종하지 않는 사람과 사귀지 말라고 명한다(3: 14).

‖ 개요

요지: 재림의 시기와 관련한 오해와 교회 내에 상존하는 문제를 일으키는 사람에 대하여 대처한다.

1. 인사(1: 1-2)

2. 환난과 신원(1: 3-12)

바울은 데살로니가교회가 믿음을 가지고 서로 사랑함으로 하나님께 감사하며, 그들이 계속해서 받는 환난 때문에 염려하지 않고 그들이 그것을 인내하는 것에 대해서 자랑한다. 그리고 예수님이 재림할 때 그들을 신원해 줄 것이라고 격려한다.

1) 환난을 견뎌야 하는 이유(1: 3–5)

공의로운 하나님이 그것을 견디는 자들을 하나님 나라에 합당한 자로 여기므로, 그 나라를 위하여 고난도 받아야 한다는 것이다.

2) 하나님의 보응과 신원(1: 6–10)

그럼에도 불구하고, 하나님은 신원하여 주는데, 환난을 주는 자들에게는 환난으로 갚고 환난 받는 자들에게는 안식을 준다는 것이다.

3) 바울의 기도(1: 11–12)

바울의 기도 제목은 그들이 하나님의 부르심에 합당한 자들이 되며, 선을 기뻐하며, 믿음의 일을 능력 있게 성취하며, 주 예수의 이름이 영광을 받으며, 그들도 주 안에서 영광을 얻는 것이다.

3. 재림의 전조(2: 1-12)

주님의 재림이 이미 임하였다고 주장하는 사람들로 인해 그들이 흔들리고 있다는 소식을 듣고, 바울은 재림의 전조를 설명하면서, 그 전조가 아직 나타나지 않았기에 주님의 재림은 아직 임하지 않았다고 대응한다.

1) 배교와 대적자의 출현(2: 1–4)

전조로는 배도하는 일이 있고, 스스로 하나님이라고 칭하는 자가 출현하는 것이다.

2) 불법자의 출현(2: 5–8)

그러나 자기 때에 출현시키기 위하여 막는 자가 있어서 드러나지 않았지만, 암암리에 활동하고 있다.

3) 사탄의 능력으로 표적을 행함(2: 9–12)

악한 자가 나타날 때, 사탄의 역사에 따라서 표적과 기사가 임한다.

4. 바울의 권면과 소원(2: 13 - 3: 5)

재림의 문제에 대해 대응한 후에, 바울은 몇 가지 권면을 하며, 그들에게 부탁하는 말을 한다.

1) 굳건하게 전통을 지키라(2: 13–15)

그들이 편지로 가르침을 받은 유전, 즉 전통을 지킬 것을 권하고 있다.

2) 바울의 소원(2: 16–17)

하나님의 위로가 그들에게 있고, 그들이 모든 선한 일과 말에 굳건하게 하기를 소원한다.

3) 바울의 기도 제목(3: 1–2)

바울의 팀을 위하여 기도 제목을 내는데, 그것은 하나님의 말씀이 자신들을 통하여 영광스럽게 되는 것과 자신들을 악한 자들에게서 건져지게 하는 것이다.

4) 바울의 소원(3: 3–5)

그들도 악한 자에게서 지켜주고, 하나님의 사랑과 그리스도의 인내를 체험하기를 소원한다.

5. 문제를 일으키는 자들에 대한 대처(3: 6-15)

데살로니가전서에서 교회 내에 문제를 일으키는 자들을 어떻게 대해야 할지 가르쳤지만, 그 중에서 일하지 않고 놀고먹으려는 사람들이 아직 있으므로, 바울은 이에 대해 어떻게 처리할지에 대해서 가르친다.

1) 모범을 통한 전통을 따르지 않는 자에게서 떠나라(3: 6–9)

이런 자들에게서 분리하라고 바울은 명한다.

2) 일하여 양식을 먹게 하라(3: 10–12)

아직 일하지 않으면서 먹으려는 사람은 일하면서 먹게 하라고 권한다.

3) 사귀지 말라(3: 13–15)

그러나 이를 순종치 않는 사람이 있으면, 사귀지 말아서 부끄럽게 하고 형제에게 대하듯이 권하라고 당부한다.

6. 끝맺는 인사(3: 16-18)

바울은 여기서도 친필로 문안하는 이유는 그것이 편지의 표적이 되기 때문이라고 한다.

개인 서신

사도행전이나 바울 서신에서 바울의 동역자들, 추종자들, 지인들의 이름이 많이 나오고 있지만, 바울이 개인적으로 편지를 보낸 사람은 오직 세 사람 뿐이다. 한 사람은 디모데이며, 다른 사람은 디도이며, 마지막은 빌레몬이다. 그 외의 사람에게 편지를 썼다는 사실은 전혀 알려져 있지 않고, 오직 바울 자신의 서신을 통해 이 세 사람에게만 편지를 썼음을 알 수 있다. 그들에게 보낸 편지는 디모데에게 둘(디모데전서와 후서), 그리고 각각 하나씩이다(디도서와 빌레몬서). 디모데전후서와 디도서 이 세 서신은 바울의 제자들 중 두 사람의 사역을 위한 지침서인데, 일반적으로 목회 서신이라고 한다. 빌레몬서는 사역과는 상관없는 순수한 개인적 서신이다. 이제 이 목회 서신에서 바울이 지침을 주고 있는 지역교회 내에서 목회 시에 목회자에게 주는 바울의 교훈은 무엇인지, 그리고 개인 서신이 정경에 포함되어 있는데, 그 서신이 가지고 있는 가치에 대해서 살펴보고자 한다.

디모데전서

그림 104) 디모데는 65년경 에베소의 감독으로 15년간 사역하다가 돌에 맞아 순교 당하였다고 함

‖ 개요

요지: 하나님의 집에서 사역자가 올바른 사역을 하기 위해 필요한 지침을 바울이 제시하고 있다.

1. 인사(1: 1-2)

바울은 인사에서 특이하게 그리스도에게 소망이라고 지칭하고 있으며, 디모데를 가리켜 믿음의 아들이라는 표현을 처음으로 사용하고 있다.

2. 다른 교훈을 가르치지 말며, 율법의 목적을 올바르게 가르치라 (1: 3-11)

바울이 디모데에게 처음으로 명한 것은 사람들이 다른 교훈이나 변론에 착념치 못하게 하며, 율법을 올바로 가르쳐야 한다는 것이다.

1) 변론을 내는 신화와 족보(1: 3–4)

사람들이 신화와 족보 이야기에 집착하면, 그것은 복음의 능력에 있지 않기 때문에 변론만을 야기한다는 것이다.

2) 율법의 선생이 되지 말라(1: 5–11)

사람들은 사랑의 동기에 의해서가 아니라 헛된 말에 빠져 율법의 스승이 되려고 하지만, 그것은 올바른 사람을 위한 것이 아니라 불법한 자를 위한 것이므로, 조심해서 가르쳐야 한다고 권한다.

3. 바울에게 직분을 맡김(1: 12-17)

바울은 죄인 중에 괴수였던 자신에게 긍휼을 베풀고 구원하신 것은 모든 사람을 구원하기 원하는 하나님의 뜻을 이루기 위해 부르신 것이라고 말한다.

1) 죄인 중의 괴수(1: 12–15)

그리스도께서 죄인을 구원하려고 세상에 임하였고, 자신이 죄인 중에 괴수였기 때문에 자신이 구원받은 것은 다른 죄인들을 구원하기 위함이다.

2) 예수님의 오래 참으심(1: 16–17)

예수님이 그러한 바울에게 오래 참으신 것은 그를 통하여 예수를 믿어 영생을 얻는 길이 죄인들에게 있음을 보여주는 본이 된다는 것이다.

4. 디모데에게 명함(1: 18 - 2: 15)

1) 믿음과 착한 양심을 가지라(1: 18–20)

바울은 선한 싸움을 싸우며, 착한 양심을 가지라고 디모데에게 명한다.

2) 모든 사람을 위해 기도하라(2: 1–7)

하나님은 모든 사람이 구원 받으며 진리를 알기를 원하기 때문에, 바울은 디모데에게 그것을 위하여 모든 사람을 위하여 기도해야 한다고 명한다.

3) 남자와 여자의 행위 규범(2: 8–15)

그리스도인 남자가 해야 할 일은 거룩한 손을 들고 기도하는 것이고, 그리스도인 여자가 할 일은 정절과 선행으로 자기를 단장하며, 순종하는 가운데 종용히 배워야 하며, 가르치는 것이 허용되지 않는다고 한다. 그것은 여자가 후에 지음을 받고, 먼저 유혹을 받았기 때문이다.

5. 직분자의 자질(3: 1-13)

바울은 지역 교회가 질서를 가지고 성장하기 위해서는 직분자들이 있어야 하는데, 감독의 자질과 집사의 자질에 대해서 지침을 주고 있다.

1) 감독의 자질(3: 1–7)

감독의 자질에 있어서 핵심은 선을 사모하며 책망할 것이 없어야 한다는 것이다. 그 핵심 아래 다음과 같은 자질이 제시되고 있다. 1) 한 아내의 남편, 2) 절제, 근신, 그리고 아담함, 3) 나그네를 잘 대접함, 4) 가르치기를 잘 하며, 5) 술을 즐기지 않고, 6) 구타하지 않고 관용하며, 7) 다투지 않으며, 8) 돈을 사랑치 않으며, 9) 자기 집을 잘 다스리며, 10) 새로 입교한 자는 안 되며, 11) 외인에게 선한 증거를 얻은 자.

2) 집사의 자질(3: 8–13)

집사의 자질은 1) 단정하며, 2) 일구이언 하지 않으며, 3) 술에 인 박이지 않으며, 4) 더러운 이를 탐하지 않으며, 5) 깨끗한 양심을 가지며, 6) 믿음의 비밀을 가져야 하며, 7) 한 아내의 남편이 되어 자기 집을 잘 다스려야 한다. 여자 집사들은 1) 단정하며, 2) 참소하지 않으며, 3) 절제하며, 4) 모든 일에 충성되어야 함.

6. 하나님의 집에서의 질서와 행위(3: 14 - 4: 16)

디모데에게 진리의 기둥 하나님의 집에서 어떻게 행할지에 대해서 가르치고 있다.

1) 경건의 비밀(3: 14–16)

경건의 비밀이 크다고 했는데, 그 경건은 그리스도의 품성을 모방하는 것이다. 그리스도는 육신을 입고 오셨지만, 영으로 의롭다함을 받은 참 경건의 모범이다. 그는 만국에서 전파되고 영광 가운데 올라갔다.

2) 감사함으로 받으면 버릴 것이 없다(4: 1–5)

어떤 사람들은 금욕적 삶을 주장할 것이지만, 그리스도인들은 혼인이나 음식에 관해서 말씀과 기도로 감사하면 버릴 것이 없다.

3) 경건의 연습(4: 6–10)

선한 일군으로 선한 양육을 받기 위해서 망령되고 헛된 신화를 버리고 경건에 이르기를 연습하라는 것이다. 그것은 모든 소망을 하나님께 두는 연습이다.

4) 믿는 자의 본이 되라(4: 11–16)

영적 권위를 유지하기 위해 연소함을 업신여기지 못하게 하기 위하여 항상 말, 행실, 사랑, 믿음, 정절에서 믿는 자의 본이 되라는 것이다. 그리고 읽는 것과 가르치는 일에 전심하며, 신앙의 진보를 모든 사람에게 알리라고 바울은 권한다.

7. 교회의 권속들에 대한 태도(5: 1 - 6: 2)

교회 안에는 여러 종류의 사람들이 있는데, 바울은 이들에 대한 사역자의 태도와 취급 요령을 디모데에게 가르친다.

1) 늙은이와 젊은이들에게(5: 1–2)

늙은이를 꾸짖지 말며, 아비와 어미에게 대하듯 하고, 젊은이를 형제에게 하듯 하고, 젊은 여자는 깨끗함으로 자매에게 하듯 하라.

2) 과부에 대한 친족들의 책임(5: 3–8)

과부의 자녀들이 일차적으로 그들의 어머니 혹은 할머니에게 효를 하여 부모에게 보답하는 법을 배우게 하라는 것이다.

3) 참 과부의 조건(5: 9–16)

60세가 넘을 것, 한 남편의 아내였던 자, 선한 행실의 증거를 가진 자, 나그네를 접대하고, 성도들을 돕는 자, 선한 일을 좇은 자.

4) 장로에 대한 태도(5: 17–19)

배나 존경할 자로 알고, 장로에 대한 송사는 두 세 증인이 없으면 받지 말 것이다.

5) 모든 것을 공평히 대하라(5: 20–21)

범죄 한 자들을 꾸짖어야 하고, 편견이 없어야 하며, 편애가 없어야 한다.

6) 개인적인 권면(5: 22–25)

경솔히 안수하지 말고, 다른 사람의 죄에 간섭하지 말고, 정결을 지키며, 포도주를 위장병을 위하여 사용하며, 모든 것이 드러난다는 사실을 명심하라.

7) 상전과 종들의 태도(6: 1-2)

종들은 상전들에게 범사에 공경할 것이다. 믿는 상전을 형제라고 가볍게 여기지 말고 잘 섬겨야 한다.

8. 치명적인 유혹(6: 3-10)

그리스도인들이 의식하지 못하고 빠져들어 갈 수 있는 치명적인 유혹이 있는데, 바울은 이에 대해 다음과 같이 권고한다.

1) 경건의 교훈을 따르지 않음(6: 3-5)

경건에 관한 교훈에 착념치 않으면, 교만하여 지고, 마음이 부패해지고, 진리를 잃어버리며, 경건을 이익의 재료로 생각하는 자들의 다툼이 일어난다.

2) 자족치 않음(6: 6-8)

부하고자 하는 유혹에 빠지면, 시험과 올무와 어리석고 해로운 정욕에 떨어진다. 그래서 침륜에 떨어지고 멸망에 빠진다.

3) 돈을 사랑함(6: 9-10)

돈을 사랑하는 것이 일만 악의 뿌리다. 이들은 미혹을 받아 믿음에서 떨어지며 근심에 싸인다.

9. 하나님의 사람에게 있어야 할 것(6: 11-19)

끝으로 바울은 디모데에게, 특히 하나님의 사람에게 반드시 있어야 할 것에 대해 가르친다.

1) 피하고 따라야 할 것(6: 11)

돈을 사랑하는 것을 피하고, 의와 경건과 믿음과 사랑과 인애와 온유를 좇으라.

2) 싸우고 취할 것(6: 12)

믿음의 선한 싸움을 싸우며, 영생을 취하라.

3) 재림 때까지 흠 없는 삶을 살 것(6: 13–16)

주님이 다시 오실 때까지 점도 없고, 책망 받을 것이 없어야 한다.

4) 재물에 소망을 두지 말 것(6: 17)

재물에 소망을 두지 말며 하나님께 두라

5) 선한 사업을 많이 할 것(6: 18–19)

선한 일을 행하고, 선한 사업에 부하고 나눠주기를 좋아하며, 동정하는 자가 되라.

10. 디모데를 향한 마지막 부탁(6: 20-21)

바울은 디모데에게 가르친 바를 지키고 허탄한 변론을 피하라고 명한다.

디모데후서

‖ 개요

요지: 바울이 생을 마감하기 전에 사랑하는 제자 디모데에게 당부한 사역자의 직무와 자세에 대한 가르침.

1. 인사(1: 1-2)

인사에서 바울은 특이하게 생명의 약속에 따라서 사도가 되었다고 자신을 밝힌다.

2. 디모데의 유산과 복음과 함께 고난을 받으라는 권면(1: 3-8)

바울은 디모데를 생각하며, 그가 받은 조상의 유산 때문에 감사하며, 복음을 위해 고난도 함께 받으라고 권한다.

1) 디모데가 받은 유산(1: 3-6)

거짓이 없는 믿음과 하나님의 은사이다.

2) 복음을 위해 고난을 받으라(1: 7-8)

하나님이 우리에게 능력을 주셨으므로, 그것을 힘입어 복음을 위하여 고난도 함께 받아야 한다.

3. 복음의 반포자 바울(1: 9-18)

바울은 행위에 의해서가 아니라 은혜에 의해서 생명의 복음을 전하는 반포사가 되었다고 선언하면서, 역경이 뒤따를 수 있다고 말한다.

1) 복음을 위한 소명(1: 9–10)

복음을 위한 소명을 받기 전에 먼저 구원의 경험이 있고, 그 후에 거룩한 소명에 대한 부르심에 의해서 반포자가 되는데, 그것은 전적으로 하나님의 은혜에 의한 것이다.

2) 복음 때문에 고난도 받음(1: 11–12)

복음 때문에 고난도 받을 수 있지만, 그 가운데서도 의뢰한 것을 지킬 수 있는 하나님을 의뢰할 수 있다.

3) 복음 전파를 부탁한 것을 지키라는 권면(1: 13–14)

디모데에게 자신에게서 본 모범을 따라서, 그리고 내주하는 성령의 능력으로 아름다운 것을 지키라고 권한다.

4) 바울을 배반한 자와 도움을 준 자(1: 15–18)

반포자로 부르신 자신을 배반한 사람도 있고, 격려하며 도움을 준 사람들이 있다. 양쪽의 사람들이 있음을 바울은 암시한다.

4. 디모데를 향한 바울의 명령(2: 1 - 4: 5)

바울은 자신이 관제와 같이 부르심을 받았음을 인지하고, 사랑하는 제자요 영적인 아들인 디모데에게 그가 사역자로서 견지해야 할 여러 가지 사안에 대해서 유언과 같은 명령을 하고 있음을 본다.

1) 은혜 가운데서 강하라(2: 1)

2) 충성된 사람에게 위탁하라(2: 2)

3) 그리스도의 병사로서 고난을 받으라(2: 3–6)

4) 그리스도를 기억하라(2: 7–8)

5) 모든 것을 참는 이유(2: 9–10)

6) 항상 미쁘신 하나님(2: 11–13)

7) 말다툼을 피하라(2: 14)

8) 망령된 말을 버리고 하나님의 말씀을 옳게 분별하라(2: 15–16)

9) 망령된 말을 하는 사람들(2: 17–19)

10) 깨끗한 그릇이 되라(2: 20–21)

11) 청년의 정욕을 피하라(2: 22)

12) 무식한 변론을 피하라(2: 23–26)

13) 말세의 고통 하는 때를 알라(3: 1–4)

14) 경건의 능력을 부인하는 자에게서 돌아서라(3: 5–9)

15) 경건하게 살려면 고난도 따른다(3: 10–12)

16) 배우고 확신한 일에 거하라(3: 13–14)

17) 성경의 기능(3: 15–17)

18) 말씀을 전파하라(4: 1–2)

19) 전도자의 직분을 다하라(4: 3–5)

5. 바울의 간증(4: 6-18)

바울은 이제 자신의 목숨이 다한 것으로 알고, 생애를 정리하면서 간증과 부탁을 하고 있다.

1) 의의 면류관이 기다리고 있다(4: 6-8)

선한 싸움을 싸우고 믿음을 지켰으므로, 의의 면류관을 기다린다. 그 면류관은 주님을 사모하는 자에게도 주신다고 한다.

2) 다른 사역들의 동향(4: 9-12)

데마는 바울을 버리고 데살로니가로, 그레스게는 갈라디아로, 디도는 달마디아로 갔지만, 누가만이 바울과 함께 있다고 바울은 고한다.

3) 구리 세공업자에 대한 경고(4: 13-15)

구리 장색 알렉산더가 자신에게 해를 끼친 사실도 디모데에게 알려주며, 그를 조심하라고 경계한다.

4) 사람은 버려도 주님은 모든 악한 일에서 건져 내신다(4: 16-18)

처음 복음 때문에 변호할 때에 있었던 사람들이 이제는 바울을 버리고, 자기만 남았다고 말하면서도, 그들에게 허물을 돌리지 않는 여유를 보이고 있다. 왜냐하면 주님이 자신의 곁에서 강건하게 했기 때문이라는 것이다.

6. 마치는 인사(4: 19-22)

브리스가와 아굴라와 오네시보로의 집에 문안하라고 한다. 그리고 에라스도는 고린도에 머물고, 드로비모는 밀레도에 있다고 한다. 그리고 바울과 함께 몇 사람이 디모데에게 문안 한다.

‖ 경건의 능력을 키우는 네 가지 요소

디모데전서와 후서에서는 '경건'이라는 어휘가 신약 전체의 60% 이상 사용되고 있다(전체 13회 중 8회). 디모데후서 외의 다른 곳에서는 주로 경건의 유익과 그리스도인들이 경건한 삶을 살아야 한다는 점에 대해서 사용되고 있지만, '경건의 모양'과 '경건의 능력'에 대해서는 디모데후서 3장 5절에서만 언급되고 있다.

위의 개요에서 보듯이 바울은 제자 디모데가 취할 경건의 형태에 대해서 많은 것을 가르치고 있다. 경건에 관한 가르침을 통하여, 경건의 모양은 취할 수 있으나 그 능력을 부인할 수 있다는 것이다. 그렇다면 경건의 모양만이 아닌 그 능력을 실제로 터득하며 활용할 수 있는 방안에 대해서 디모데후서에서 제시하고 있는데, 그것은 압축하면 네 가지 요소가 있다. 이 네 가지 요소는 다음과 같다.

첫째, 지성의 함양이다. 2장 15절에서 "너는 진리의 말씀을 옳게 분별하며"라고 바울이 명하고 있는데, 여기서 "분별하라"는 동사의 의미는 "분석하고 검토하여 확증하라"는 의미가 있다. 이는 사역자가 하나님의 말씀을 확증함에 있어서 분석하고 분해하고 검증하는 지성의 기능을 함양해야 함을 뜻한다. 하나님의 말씀이 검증되고, 그 검증된 말씀에 따라서 순종하며 활용하고, 그 말씀을 확실한 진리로 선포할 때, 사람을 변화시킬 능력이 있는 것이다. 검증된 말씀을 통하여, 자신의 경건은 물론 다른 그리스도인의 경건을 위한 지성적 노력을 하는 것이 경건의 능력을 키우는 요소인 것이다.

둘째, 영성의 증진이다. 역시 2장 15절에서 "부끄러울 것이 없는 일꾼으로 인정된 자로 자신을 하나님 앞에 드리기를 힘쓰라"고 바울은 명한다. 여기서 "드린다"는 동사는 로마서 12장 1절에서 "너희 몸을 하나님이 기뻐하시는 거룩한 산 제물로 드리라"의 "드리라"라는 동사와 같은 단어이다. 이 단어는 문자적 의미로 볼 때, "하나님 곁에 자신을 갖다 놓으라"는 의미가 있다. 즉 하나님의 눈과 손이 닿는 곳에 두어, 필요할 때 하나님이 사용할 수 있게 하라는 의미이기도 하다. 영성의 핵심적인 정의는 바로 자신이 그토록 드려지는 데 있음을 알 수 있다. 바울은 디모데에게 그렇게 하도록 "힘쓰라"고 말한다. 이 같은 노력이야 말로 영성을 증진시키는 것을 의미한다.

셋째, 덕성의 행위이다. 바울은 디모데에게 "자기를 깨끗이 하면," "청년의 정욕을 피하라," "의와 믿음과 사랑과 화평을 따르라," "모든 사람에 대하여 온유하며, 참으며"(2: 21, 22, 23)라고 명한다. 이것은 도덕적 행위와 관련된 명령이다. 도덕적 행위를 드러내는 힘은 내적인 품성인 덕의 표출이다. 이 같은 행위는 사실상 바울이 갈라디아서 5장 22-23절에서 말하고 있는 성령의 열매와 밀접한 관계가 있다. 덕성은 성령의 내적 에너지에 의해 행위로 이어지게 하는 힘인 것이다. 그리스도인에게 이것은 절대적으로 또한 지속적으로 나타나야 하는 것이다.

그림 105) 그리스의 마테오라(데살로니가와 아테네 사이에 있음)에 있는 수도원의 일부. 고대 그리스도인들은 자신의 경건을 유지하기 위해 이 같은 절벽에 집을 짓고 고행하며 경건한 삶을 유지하려고 애썼다.

넷째, 사회성의 형성이다. 바울은 2장 22절에서 "주를 깨끗한 마음으로 부르는 자들과 함께"라고 말한다. 여기서 "함께"라는 말은 동질의 공동체성을 의미하는 아주 중요한 전치사이다. "주를 깨끗한 마음으로 부르는 자들"은 동질임을 의미한다. 거룩하지 못한 것과 구별되는 공동체를 가리킨다. 그리스도인은 거룩한 공동체의 일원으로, 그렇지 못한 사람과 차별성이 있음을 드러내야 한다. 그러기 위해 그들에게 거룩한 공동체의 일원임을 모범적으로 나타내야 한다. 나 혼자만의 세계에 사는 것이 아니므로, 동질의 공동체 일원끼리 힘을 합치며, 거룩한 공동체들이 그 공동체를 유지하며 발전시켜 나가도록 서로 간에 도와야 한다.

디도서

그림 106) 주후 100년 전후해서 그레데 섬에서 목회하다가 순교 당한 디도

요지: 바울이 제자 디도에게 제시한 사역을 위한 지침서

1. 인사(1: 1-4)

바울은 인사에서 특이하게 자신이 사도된 것은 경건에 속한 진리와 영생의 소망을 인함이고, 그것은 전도로 드러났다고 밝힌다.

2. 장로와 감독의 자질(1: 5-9)

디도를 그레데 섬(지중해에서 다섯 번째 큰 섬)에 남겨 둔 것은 그 지역의 교회에 장로들을 세우기 위함이라고 하면서, 장로들과 감독의 자질에 대해서 설명하고 있다.

1) 장로의 자질(1: 5-6)

책망할 것이 없음, 한 아내의 남편, 방탕하다는 비방이나 불순종하는 자녀가 없어야 한다고 제한적으로 제시하고 있다.

2) 감독의 자질(1: 7-9)

반면 감독은 하나님의 청지기이기 때문에, 청지기적인 자질이 있어야 한다. 그것은, 책망할 것이 없고, 제 고집대로 하지 않고, 급히 분재지 않으며, 술을 즐기지 않고, 구타하지 아니하며, 더러운 이를 탐하지 않으며, 나그네를 대접하며, 선을 좋아하며, 근신하며, 의로우며, 거룩하며, 절제하며, 배우고 실천하는 자세를 가져야 한다.

3. 불순종하는 자(1: 10-16)

그레데 섬에는 유대주의를 따르는 사람들이 있으며, 그들 중에 헛된 말을 하며 복음을 순종치 않는 사람들이 많이 있다.

1) 불순종하고 속이는 자의 입을 막으라(1: 10-11)

사역자로서, 디도는 그런 사람들이 헛된 말로 속이지 못하게 그 입을 막아야 한다.

2) 그레데 사람들을 꾸짖어야 하는 이유(1: 12-14)

그레데 사람들은 거짓말을 잘하며, 악한 짐승이며, 배만 위하는 게으른 사람들이기 때문에, 그것으로 인해 그들의 믿음이 굳건하게 서지 못하므로 그것을 꾸짖으라는 것이다.

3) 마음과 양심이 더러운 자(1: 15-16)

마음과 양심이 더러운 자는 하나님을 입으로는 시인하지만 행위로는 부인하는 자요, 선한 일을 버리는 자라고 경고한다.

4. 가정 윤리(2: 1-10)

바울은 디도에게 가정 안에서 서로 간에 어떤 역할을 하며 살아야 할지 교훈한다.

1) 늙은이와 젊은이의 삶과 역할(2: 1–8)

늙은 남자는 절제하며, 경건하며, 근신하며, 믿음과 사랑과 인내함에 온전케 하라는 것이고, 늙은 여자는 행실이 거룩하며, 참소치 말며, 많은 술의 종이 되지 말며, 선한 것을 가르치는 자들이 되어야 한다. 그들은 젊은 여자들을 가르쳐서 남편과 자녀를 사랑하며, 근신하며, 순전하며, 집안일을 하며, 남편에게 순종하도록 하라고 한다. 젊은 남자들을 권면하여 근신하게 하도록 가르치라고 말한다.

2) 종들에 대한 지침(2: 9–10)

종들은 상전에게 범사에 순종하며, 기쁘게 하고, 거슬려 말하지 말게 하며, 떼어 먹지 말고, 오직 선한 충성을 다하게 하라고 가르친다.

5. 하나님의 은혜가 나타남(2: 11-14)

바울은 하나님의 은혜의 역할에 대해서 네 가지 측면에서 설명하고 있다.

1) 구원을 줌(2: 11)

모든 사람에게 구원을 주시는 하나님의 은혜가 나타났다.

2) 경건한 삶을 살도록 양육함(2: 12)

구원함을 받은 사람이 경건한 삶을 살도록 필요한 것을 제공한다.

3) 복스러운 소망을 갖게 함(2: 13)

재림에 대한 복된 소망을 갖게 한다.

4) 선한 일에 열심을 갖게 함(2: 14)

구원받은 사람들이 선한 일에 열심을 갖게 한다.

6. 선한 행실을 하게 하라(2: 15 - 3: 14)

바울은 디도에게 사역자로서 필히 해야 할 일을 제시하고 있다.

1) 가르침의 권위를 가지라(2: 15)

권위 있는 책망은 업신여김을 받지 않게 만든다.

2) 그레데 사람들이 행할 일(3: 1–2)

국가에 순종하고, 선한 일을 하며, 훼방하지 말며, 다투지 말고 관용을 베풀며, 범사에 온유함을 나타내도록 하라는 것이다.

3) 선한 행실을 위한 성령의 능력(3: 3–7)

전에는 선한 행실과 반대적인 삶을 살았지만, 중생하여 성령으로 새롭게 되었기에 선한 행실을 할 수 있다.

4) 선한 행실을 저해하는 요소(3: 8–11)

어리석은 변론과 족보 이야기와 분쟁과 율법에 대한 다툼은 선한 행실에 저해가 된다.

5) 선한 행실을 위한 조처(3: 12–14)

선한 행실을 위해서는 사람들과의 연합이 필요하다. 그러므로 바울은 그러한 조치를 취하고 있다.

7. 끝내는 인사(3: 15)

일상적인 문안 인사로 끝낸다.

빌레몬서

‖ 개요

요지: 바울이 주인인 빌레몬에게 보낸 노예 오네시모를 위한 천거서

1. 인사(1: 1-3)

빌레몬에게 편지할 때, 그의 부인과 함께 그 집에 있는 교회에게 편지한다고 말한다.

2. 빌레몬으로 인한 위로(1: 4-7)

바울은 성도들을 향한 빌레몬의 사랑과 불쌍히 여기는 마음으로 인해 위로와 기쁨을 얻었다고 격려한다.

3. 오네시모를 보냄(1: 8-18)

바울은 갇힌 가운데 회심한 오네시모를 원래의 주인인 빌레몬에게 보내는 편지를 쓰고 있다. 여기서 바울은 그가 자신에게 많은 도움을 주고 있지만, 주인인 빌레몬에게 보낼 수밖에 없으므로, 그가 받을 때 종처럼 대하지 말고 형제처럼 받으라고 권한다.

4. 순종의 확신(1: 19-22)

오네시모가 빌레몬에게 빚진 것이 있으면 자신에게 셈하라고 말하면서, 바울의 부탁을 빌레몬이 들어줄 것을 확신한다.

5. 마지막 인사(1: 23-25)

바울과 함께 갇힌 에바브라, 마가, 아리스다고, 데마, 누가가 문안한다. 바울과 동역하는 사람들이 얼마나 많은지 알 수 있다.

‖ 빌레몬서에 나타난 바울의 문화적 보수성

바울의 서신중에서 유일하게 단 한 장으로 된, 그리고 교회의 목회적인 문제와 전혀 상관이 없는 순전한 개인 서신이 27권의 신약 정경에 포함되었다는 사실은 이 서신이 가지고 있는 사도적인 권위가 인정되었기 때문이었다. 그러나 이 서신이 가진 특성 때문에, 그 중요성에 대해서 큰 무게를 두지 않은 것도 사실이다. 그럼에도 불구하고, 이 서신에서 간과해서는 안 될 것은 바울의 문화적 보수성이다. 바울 당시에 로마 제국의 사회 제도에 있어서 중요한 사회 계층 중 노예 계층이 있다. 노예들은 로마 제국 노동력의 약 70%를 차지하는 노동력의 원천이었다. 만일 노예 제도가 무너지면, 당시의 로마 제국의 경제적 기반이 흔들리는 결과를 초래하기에, 노예 제도를 무시하거나 그것을 뒤엎으려는 시도는 결코 용납될 수 없는 사안이었다.

이 같은 상황에서 노예 제도에 대한 바울의 입장은 기독교는 말할 것도 없고, 로마 제국 모두에게 매우 큰 영향을 미치는 요인이었다. 만약 바울이 조금이라도 노예 제도의 반인륜적 행태에 대해서 비판하고, 모든 사람이 하나님 앞에서 동등하기 때문에 그것은 폐지해야 된다고 가르쳤거나 선동했다면 결과는 명약관화 한 것이다. 즉 바울을 위시한 기독교회는 로마 제국의 적이 되는 것이다. 기독교회가 뿌리를 내리기 전에 로마의 적으로 몰려 싹이 트자마자 멸절 당하였을 것이다. 바울에게 있어서 최우선 순위는 복음의 전파와 방어, 그리고 차세대에게로의 전수였다. 그것을 저해하는 요소가 있다면 바울은 그 어떤 것도 용납하지 않고 배척하였다.

빌레몬서에서는 그 같은 사실이 명백하게 드러났다. 즉 빌레몬의 소유였던 오네시모라는 노예를 그 당시의 관습에 따라서 주인인 빌레몬에게 돌려보내고 있는 편지이다. 바울은 이 주인의 소유라는 노예 제도의 규범을 그대로 수용하고 있음을 볼 수 있다. 바울은 "그가 만일 네게 불의를 하였거나 네게 빚진 것이 있으면 그것을 내 앞으로 계산하라"(1: 18)고 말한다. 이 말은 당시의 노예 제도의 관습에 의한 해법이다. 노예인 오네시모는 빌레몬에게 속한 사람이므로, 그의 모든 행위는 주인의 이익과 직결되어 있다. 그가 주인에게서 위임받지 않은 이탈이나 독자적인 행위는 용납될 수 없었다. 그러나 위의 내용을 보면, 오네시모는 그의 위임 없이 독자적 행위를 했으므로, "불의"와 "빚진"이라는 표현을 쓴 것이다. 바울은 당시 노예 제도의 관습을 그대로 수용하고 있다는 사실을 볼 수 있다.

그러나 바울은 그것으로 끝나지 않고, 이 편지에서 노예 제도와 관련한 혁명적 제안을 하고 있음을 본다. "이 후로는 종과 같이 대하지 아니하고 종 이상으로 곧 사랑 받는 형제로 둘 자라 . . . 그를 영접하기를 내게 하듯 하고"(1: 16-17)라고 그를 추천한다. 이 같은 종에 대한 대우는 당시에는 감히 상상할 수 없는 혁명적 제안이요, 대우인 것이다. 바울은 비록 당시의 문화인 노예 제도를 외적으로는 그대로 수용하고 있지만, 내면으로는 그 관습을 혁명적으로 뛰어넘는 인간 평등사상의 씨앗을 이 편지 속에 담아 놓고 있는 것이다.

그림 107) 빌레몬과 그의 아내 아피아와 오네시모가 네로 황제 때 골로새에서 순교 당하였다고 함

제 4 부

교회 확장과 일반 서신

사도행전에서 바울에 의한 이방 세계 속에서의 교회 확장에 대한 간략한 기록을 보았다. 거기에 자세히 기록되지 않은 다른 지역에서의 교회 확장에 대한 언급이 간헐적으로 암시되어 있다. 수리아 안디옥을 기점으로 하여, 길리기아, 갑바도기아, 갈라디아, 브리기아, 비두니아, 무시아, 그리고 소아시아의 여러 지역을 포함하고 있다. 계시록에서 언급된 소아시아의 7교회 중 에베소교회의 탄생을 제외한 6개 교회의 탄생에 대해서는 알려진 바가 없다. 이와 같이 기록된 바울의 사역을 통하여 탄생한 교회들 이외의 다른 교회들이 광범위하게 확장되어 있었다. 또한 바울의 편지를 통하여 일루리곤 지역까지 복음이 이미 전파되었음을 알 수 있다.

제 3 부에서는 바울의 서신서를 통하여 바울과 연관된 교회들의 상황과 그 상황에 대처한 바울의 노력을 보았다. 그런데 바울이 관심을 보이지 않았거나 보이지 못한 교회들의 상황이 발생하였고, 그 상황과 관련이 있는 사도들의 대응이 기록된 서신서들이 신약정경에 포함되어 있다. 교회 확장의 과정에서 발생한 교회의 상황은 바울의 대처와 다른 사도들의 대처로 나뉘게 된다. 다른 사도들의 대처가 포함된 8개의 서신을 일반 서신이라고 한다. 그래서 제 4 부에서는 교회 확장의 과정에서 발생한 교회들의 상황과 사도들의 대처가 기록되어 있는 일반 서신을 다룬다.

히브리서

‖ 저자의 문제

바울 서신과 히브리서를 제외한 일반 서신은 그 서신의 저자의 이름이 직접적으로 또는 간접적으로(요한 서신들) 서신의 서두에 언급되어 있다. 그러나 히브리서는 그렇지 않기 때문에, 히브리서의 저자가 누구인가에 대한 논란이 기독교 초기부터 이어져 왔다.

논란이 되어 온 저자들은 1) 바울, 2) 누가, 혹은 알렉산드리아의 클레멘트, 3) 로마의 클레멘트, 4) 아볼로, 5) 바나바 등이다. 그러나 이들 중 결정적인 단서가 제공되고 있지 못하기 때문에, 누가 이 서신의 저자인지 결정할 수 없다. 내적 증거도 서신의 문체가 누가와 사도행전과 유사하다는 정도 이외에는 아무 것도 없다.

그러나 본문 중 2장 1-4절은 하나의 단서를 암시적으로 제공한다. 즉 저자가 포함된 "우리"로 불리는 교회 공동체가 전제된다. 이 구절에서 저자에 관해서 암시하는 바는 그 "우리"에 포함된 저자가 제 2 세대라는 것이다. "이 구원은 처음에는 주로 말씀하신 바요 들은 자들이 우리에게 확증한 바니"라고 3절에서 말한다. 주로부터 들은 자들을 제 1 세대라고 하면 여기서의 우리는 제 2 세대에 속한다. 그리고 10장 32-35절을 보면, "전날에 너희가 빛을 받은 후에 . . . 그러므로 너희 담대함을 버리지 말라"고 말한다. 이 말은 이 서신을 받는 사람들은 이제 두 번째 핍박을 받고 있는 공동체임을 알 수 있다. 저자는 첫 번째와 두 번째 핍박을 모두 알고 있는 제 2 세대의 지도자임에 틀림없다. 또한 13장 24절에서 "이달리아에서 온 자들도 너희에게 문안 하느니라"고 인사한다. 이것은 이 저자가 이달리아에서 온 그리스도인들과 함께 있는 지도자임을 말하는 것이다. 이와 같은 관점에서 히브리서의 저자는 익명의 제 2 세대에 속한 지도자로서, 서방 지역에서 잘 알려진 지도자라고 말하는 것이 제일 안전하다.

‖ 수신인의 문제

수신인의 문제도 저자의 문제처럼 결정적으로 누구인지 단정하기가 어려운 것으로 여겨져 왔다. 가장 강력한 주장은 이 서신에 제목으로 붙어 있는 "히브리인들에게"라는 명칭 때문에, 초기부터 이 서신이 유대인 그리스도인에게 쓰인 서신이라고 인지되어 왔다. 그 외에도 성경의 인용과 증거의 방식, 구약의 제사와 관련된 내용들, 옛 언약과 새 언약의 비교, 그리고 모세와 예수님과의 비교 등이 유대인 그리스도인이 이 서신의 수신자임을 입증한다는 것이다.

어떤 사람들은 이 서신이 유대인들에게 전도할 목적으로 쓰인 것이라고 생각하기도 하지만, 분명한 사실은 이 서신의 전체 내용은 그리스도인들을 향한 것이기 때문에 그것은 받아들여지지 못한다. 그렇다면 이 서신은 팔레스타인이나 예루살렘에 거주하는 유대인 그리스도인에게 쓰인 서신이라는 설만이 가장 유력한 설인가? 유대인 그리스도인에게 쓰인 것이라면 전제되는 것이 있다. 그들이 개종할 때 가진 "그리스도의 도의 초보를 버리고 죽은 행실을 회개함과 하나님께 대한 신앙과 . . . 죽은 자의 부활과 영원한 심판에 관한 교훈의 터를 다시 닦지 말고"(6: 1-2)라는 권고는 해당되지 않는다. 유대인들은 개종 이전부터 그 같은 신앙 체계를 관습적으로 가진 사람들이기에, 개종 당시에 그러한 신앙 체계를 새롭게 가지게 되었다고 말할 수 없다. 이 같은 신앙의 초보는 이방인 회심 자들이 회심할 때에 가졌던 도의 초보에 해당되는 것이다.

그리고 이미 언급한 이달리아에서 온 사람들이 너희에게 문안한다는 사실은 저자를 비롯해서 수신인에게 인사하는 사람들은 수신인에게 잘 알려진 성도들임에 틀림없다. 그러기에 문안할 수 있는 것이다. 그렇다면 어떻게 이들이 팔레스타인 내지는 예루살렘에 거주하는 유대인 그리스도인에게 문안할 수 있는가? 이달리아에서 온 성도들과 그들과는 문안을 할 수 있는 상황에 놓여 있지 않기 때문이다. 이 문안을 통하여 유추할 수 있는 것은 이 서신의 수신인이 이달리아나 로마에 있는 이방인 성도들일 개연성이 있는 것이다. 13장 23절에서 보면, 저자는 디모데가 옥에서 놓인 사실을 알라고 했고, "그가 속히 오면 내가 그와 함께 가서 너희를 보리라"고 말한다. 이 사실 또한 디모데는 이방 교회들에게 잘 알려져 있었고, 저자는 이 교회가 그에 대해서 잘 알고 있다는 사실을 의미하고 있다.

구약의 인용과 적용 방식은 반드시 이 서신이 유대인 그리스도인에게 쓰인 것임을 입증하는 강력한 증거는 되지 못한다. 왜냐하면 초기 이방인 그리스도인들에게 전도할 때 권위 있는 말씀으로 구약을 사용했고, 특히 바울이 이방인 그리스도인들인 갈라디아 사람들에게 편지를 쓸 때, 정교하게 구약을 사용하면서 적대자들의 논지를 반박했다는 사실이 있기 때문이다.

이 서신의 "히브리인들에게"라는 제목도 이 서신이 반드시 유대인 그리스도인에게 쓰인 서신이라는 사실을 입증하는 강력한 무기가 되지 못한다. 그 제목이 원 저자에 의해서 붙여진 것이 아니고, 후대에 이 편지를 수집할 당시의 교회가 가정해서 그렇게 제목을 붙였을 가능성이 있기 때문이다.

이 같은 논점들을 고려할 때, 이 서신은 제 2 세대 지도자가 두 번째 핍박을 받고 있는 제 2 세대 이방인 공동체에게 쓴 서신이라고 결론을 내릴 수 있다.

‖ 상황

13장 22절에서, 저자는 "내가 너희를 권하노니 권면의 말을 용납하라 내가 간단히 너희에게 썼느니라"고 이 서신의 목적을 압축하고 있다. 이 말은 이 서신을 받은 수신인 교회 공동체가 저자의 권면의 말을 들어야 할 상황이 발생했고, 그 사실을 인지한 저자가 그 상황에 대응하기 위해 이 서신을 썼는데, 그것을 압축하여 권면의 말이라고 표현하고 있다는 말이다. 권면의 말은 단순히 어떤 방향 제시를 위한 수단만이 아니라, 그 공동체에 발생한 상황을 총체적으로 담고 있는 표현이다. 그러므로 히브리서 전체가 그 권면의 말 속에 담겨 있는 상황을 반영하고 있는 것이다.

이렇게 볼 때, 유대교와 대결하려는 논쟁의 글이나 기독론의 우위성을 변증하려는 글이 아니라, 기독론을 사용하여 권면의 정당화를 꾀하고 있음을 알 수 있다. 이 권면의 상황은 그들이 받은바 믿음의 도리를 버리고(6: 1) 뒤로 물러가려는 상황과 관련이 있다. 일차적인 핍박이 있었을 때는 서로 돕고 잘 견뎠는데, 또 다른 2차적인 핍박이 발생했을 때는 믿음이 나약해지면서 회심 후에 원래 있었던 삶의 자리에서 이탈하여 과거 회심 이전의 안전했던 삶의 자리로 돌아가려는 위기에 처해 있으며, 그들에게 주어졌던 그리스도인으로서의 세상의 죄를 대속하기 위한 제사장적 사명감을 잊어버릴 이유 때문에 지도자와의 갈등이 생겨난 것으로 보인다.

히브리 공동체가 이 같은 상황에 놓여있음을 인지한 저자는 이 문제를 해결하기 위해 신학적 주제의 핵심인 기독론을 세상의 죄를 해결하기 위한 제사장적 관점에서, 그리고 제사장으로 이 세상의 죄를 정결케 하는 제물로서 받으신 고난의 모범을 제시하고 있다. 예수님이 가신 길을 따라서 구속의 연장선에서 히브리 공동체가 고난을 참고 사명을 감당해야 한다고 권하고 있다. 뿐만 아니라, 소극적으로 뒤로 물러갈 때 일어날 수 있는 무서운 결과에 대해 지속적으로 경고의 말을 하며, 반면 소극적으로 구약의 선진들의 삶의 모범을 본 받아서 믿고, 참고, 뒤로 처지지 말고 앞으로 전진 해 나갈 것을 권고하고 있다.

‖ 개요

요지: 예수님의 희생을 통한 구속 공동체는 이 세상에서 구속의 사건을 연장시키는 제사장적 사명을 감당해야 하는데, 어떤 어려움이 있다 해도 참고 견뎌야 한다.

1. 말씀하시는 하나님(1: 1-14)

오랫동안 선지자들을 통해 여러 모양으로 여러 가지 방법으로 말씀해 왔던 하나님이 마지막에 그 아들 예수를 통해 말씀했는데, 그의 말과 천사의 말과는 비교가 되지 않는다. 그러므로 그의 말을 멸시하는 것은 불가능하다.

1) 아들을 통하여 말씀함(1: 1-2a)

마지막에 아들을 통하여 말한 것은 무엇일까? 그것은 먼저 주로 말씀하고, 그에게 들은 제자들이 전해준 복음의 말씀, 즉 구원의 말씀이다.

2) 하나님의 아들(1: 2b-14)

그 아들 예수가 죄를 정결케 하는 일을 하고 하나님의 우편에 앉았는데, 그 아들은 누구인가?

(1) 상속자, 창조의 대행자(1: 2b)

(2) 하나님의 본체, 만물을 붙들고 있는 분(1: 3)

(3) 천사보다 뛰어난 분(1: 4-14)

그러기에 그가 천사보다 뛰어난 분이므로, 천사들이 그를 경배해야 하는 존재였다. 하나님은 어느 천사가 아닌 오직 예수님에게만 아들이라고 칭하셨고, 그가 차지할 보좌는 영원하며, 그 나라는 공평한 나라이다.

2. 큰 구원을 등한히 여기지 말라(2: 1-18)

천사들에게 말한 말씀이 견고케 되어 그것에 불순종하는 모든 것에 대해 정당한 보응을 받는다. 그보다 더 뛰어난 예수님의 말을 어기면 어떻게 될까? 그러므로 큰 구원을 등한히 여기지 말라는 것이다.

1) 구원의 유래(2: 1–4)

예수님이 제자들에게, 그리고 제자들이 후대에게 전했고, 하나님은 기적들을 통하여 증거 하였다. 첫 번째 경고 "흘러 떠내려 갈 수 있다."

2) 만물을 복종케 한 아들(2: 5–9)

죽음의 고난을 받으시고, 영광과 존귀로 관 쓰신 예수님이기에 만물을 그 발아래 복종케 하였다.

3) 고난을 통해 완전케 된 구원의 창시자(2: 10–18)

사망으로 말미암아 사망의 세력을 잡은 자 마귀를 없이 하고, 죄를 없이 하기 위해, 그리고 그 사역을 완전케 하기 위해 고난을 통해야만 했다.

3. 안식에 들어가기를 힘쓰라(3: 1-16)

저자는 과거 이집트를 나온 이스라엘 백성의 광야 생활을 모형 삼아, 믿지 못하고 마음이 강퍅하게 되어 안식에 들어가지 못하는 히브리 공동체를 향하여 경고를 하고 있다.

1) 사도이며 대제사장인 예수를 깊이 생각하라(3: 1–6)

(1) 예수님의 신실성(3: 1-2)
권면 1, "예수를 깊이 생각하라."

(2) 종인 모세와 아들인 예수의 신실성 대조(3: 3-6)

2) 마음을 완고하게 하지 말라(3: 7–13)

경고 2, “살아 계신 하나님에게서 떨어지지 말라.” 권면 2, “강퍅케 말라.” 권면 3, “염려하라.” 권면 4, “강퍅케 됨을 면하라.”

3) 믿음이 없으면 안식에 들어가지 못함(3: 14–19)

(1) 시작시의 확신한 것을 견고히 잡고 있어야 한다(3: 14)

(2) 안식에 들어가지 못한 광야의 이스라엘 백성(3: 15-19)

4. 안식할 날이 남아 있음(4: 1-13)

1) 믿음의 필요성(4: 1–2)

경고 3, “안식에 이르지 못할 자가 있음.” 권면 5, “두려워하라.”

2) 하나님의 안식에 들어간 자가 있다(4: 3–10)

약속 2, “안식할 때가 하나님의 백성에게 남아 있다.”

3) 말씀을 통하여 안식에 들어 갈 수 있다(4: 11–13)

권면 6, “안식에 들어가기를 힘쓰라.”

5. 대제사장인 그리스도(4: 14 - 5: 14)

1) 승천한 그리스도가 대제사장임(4: 14–16)

권면 7, “믿는 도리를 굳게 잡으라.” 권면 8, “은혜의 보좌 앞에 담대히 나아가라.” 여기서 “나아가라”는 권면이 5회 나오는데, 그중 첫 번째이다.

2) 대제사장의 존귀한 역할(5: 1–4)

대제사장은 예물과 속죄하는 제사를 드리는 존귀한 임무를 가지고 있다.

3) 멜기세덱의 반차를 따르는 대제사장(5: 5–6)

아론의 자손이 아닌 예수님이 대제사장이 될 수 있는 것은 하나님이 그 영광을 예수님께 부여했기 때문이다. 그 부여는 억지가 아니라, 이미 구약의 멜기세덱의 예를 통해 가능하다.

4) 고난을 통한 구원의 근원이 됨(5: 7–10)

그가 아들이지만, 죄를 정결케 하는 일을 위한 대제사장의 임무를 감당함에 있어서 고난을 통과하고 순종함이 필요했다. 그래야만 그 임무가 완전하게 되기 때문이다.

5) 아직 아이들이라 멜기세덱을 이해하지 못함(5: 11–14)

경고 4, "아직 어린아이가 되었도다."

6. 완전한 데로 나아가라(6: 1-12)

저자는 이 공동체가 어린아이의 자리에 머물러 있지 말고 완전한 데로 나갈 것을 권하고 있다.

1) 초보를 다시 닦지 말라(6: 1–2)

그리스도의 초보는 죽은 행실 회개, 하나님께 대한 신앙, 세례들, 안수, 죽은 자의 부활, 영원한 심판에 관한 교훈이다. 권면 9, "완전한 데 나아가라."

2) 구원 받은 자의 타락(6: 3–8)

이들은 비췸을 받고, 하늘의 은사를 맛보고, 성령에 참예한바 되고, 하나님의 선한 말씀과 내세의 능력을 맛보고 타락한 자. 경고 5, "다시 회개할 수 없다."

3) 게으르지 말고 동일한 부지런을 나타내라(6: 9–12)

7. 영원한 소망(6: 13-20)

하나님은 약속을 기업으로 받는 사람에게 맹세하여 보증하였다. 대제사장 되신 예수 그리스도께서 휘장 안으로 들어간 것처럼 영원한 보증이 되며 소망이 된다.

1) 오래 참아 약속을 받은 아브라함(6: 13–15)

아브라함에게 약속된 것이 하루아침에 이루어지지 않고 오래 걸리지만, 반드시 이루어진다.

2) 맹세로 약속을 보증함(6: 15–17)

그 이유는 하나님이 그 약속을 이룰 것이라고 맹세하여 보증하였기 때문이다.

3) 영혼의 닻 같은 소망(6: 18–20)

하나님이 거짓말 하지 못하므로 앞에 있는 소망을 얻으려고 피하는 자에게 위로를 준다. 그것은 영혼의 닻이다. 대제사장인 예수님이 우리를 위하여 먼저 들어갔기 때문이다.

8. 새 언약의 대 제사장이신 예수님(7 - 8장)

7장과 8장에서는 대제사장에 대한 구약의 개념과 대비하여 예수님의 대제사장 직에 대해서 설명하고 있다.

1) 멜기세덱의 반차(7: 1–10)

저자는 예수님의 대제사장에 대한 설명을 위해 멜기세덱의 제사장 직을 설명하고, 아브라함을 통해 후에 제사장 직분을 맞게 될 레위도 결국은 멜기세덱에게 십분의 일을 드렸다고 한다.

(1) 멜기세덱은 영원한 제사장(7: 1-3)
(2) 레위도 아브라함을 통해 십분의 일을 드림(7: 4-10)

2) 영원한 제사장 직분(7: 11–25)

레위 계통의 대제사장 직분이 완전하지 못하기 때문에, 그 계통을 좇지 않는 멜기세덱의 계통을 좇는 대제사장이 세워져야 하는데, 그것은 무궁한 생명의 능력을 좇아 된 제사장인 것이다.

(1) 옛 언약의 제사장이 아님(7: 11-19)
(2) 영원히 계신 예수님은 영원한 제사장(7: 20-25)
두 번째 "하나님께 나아가는 자"를 온전히 구원하실 수 있다.

3) 제사장이 드리는 예물(8: 1–13)

제사장은 자신과 백성의 죄를 위하여 제물을 드리는 임무를 가지고 있다. 그런데 옛 언약에 따라서 드리는 제물은 흠 있는 것이므로, 이를 폐하고 새 언약을 좇아서 제물이 드려져야 한다.

(1) 옛 예물은 하늘의 모양(8: 1-5)
(2) 흠 있는 옛 것을 폐하고 새 언약을 줌(8: 6-13)

9. 성막과 제사(9: 1-28)

제사장과 제물은 반드시 성막을 통해서만 유효한데, 옛 것은 새 것이 올 때까지 임시적으로 유효한 것이고, 완전하고 영원한 것이 오면 폐지된다.

1) 개혁될 성막에서의 제사법(9: 1–10)

2) 언약의 피(9: 11–22)

(1) 그리스도의 피의 효력(9: 11-14)
(2) 피를 흘려야 정결하게 됨(9: 15-22)

3) 하늘의 모형과 실상(9: 23–28)

10. 온전한 믿음으로 하나님께 나아가자(10: 1-22)

대제사장 예수 그리스도가 옛 언약의 제사 방식으로가 아니라, 완전한 성전인 자기 몸을 드리고 휘장을 통하여 하나님이 거하시는 곳으로 들어갔으므로, 하나님께 담대히 나갈 수 있게 되었다.

1) 제사의 첫째 것을 폐하고 두 번째를 세움(10: 1–9)

옛 제사를 통해 "나아오는"(세 번째) 자들을 언제든지 온전케 할 수 없다.

2) 영원한 단 한 번의 제사(10: 10–14)

3) 예수님이 열어놓은 산 길(10: 15–25)

"온전한 믿음으로 하나님께 나아가자."(네 번째) 권면 10, "나아가자." 권면 11, 굳게 잡으라. 권면 12, 선행을 계속하라. 권면 13, 폐하지 말라. 권면 14, 격려하라.

11. 침륜에 빠지지 말라(10: 26-39)

저자는 이 공동체를 향하여, 비록 환난 중에 있다 해도 믿음을 버리고 뒤로 물러가 침륜에 빠져서는 안 된다고 경고한다.

1) 하나님의 손에 빠져 들어가지 말라(10: 26–31)

(1) 성령을 욕되게 하는 것(10: 26-29)
경고 6, "성령을 욕되게 할 때의 형벌."

(2) 심판의 하나님(10: 30-31)
경고 7, "살아 계신 하나님의 손에 빠져 들어가는 것이 무섭다."

3) 담대함을 버리지 말라(10: 32–39)

두 번째 받는 핍박으로 인해 믿음이 흔들리고 뒤로 물러가려는 경향에 대해, 앞으로 전진 할 것을 권면한다.

(1) 첫 번째 핍박 때의 삶(10: 32-34)

첫 번째 핍박 때는 믿음을 가지고 서로 도우며 인내하여 잘 견뎠다.

(2) 믿음으로 전진하라(10: 35-39)

두 번째 때도 역시 믿음으로 전진하라고 권면한다. 권면 15, 기억하라. 권면 16, 버리지 말라.

12. 믿음으로 산 위인들(11장)

믿음의 정의를 내리고, 그렇게 산 구약의 인물들의 예를 들어 믿음으로 끝까지 견뎌야 함을 촉구하고 있다. "믿음은 바라는 것의 실상이요 보지 못하는 것의 증거"이다.

1) 하나님을 기쁘게 하는 믿음(11: 1-6)

"하나님께 나오는 자"(다섯 번째).

2) 노아의 믿음(11: 7)

3) 아브라함의 믿음(11: 8-19)

4) 이삭, 야곱, 요셉의 믿음(11: 20-22)

5) 모세의 믿음(11: 23-29)

6) 그 후손들의 믿음(11: 30-33)

7) 믿음의 승리(11: 34-40)

13. 함께 죄를 대항하라(12: 1-13)

이 영광스런 경주를 시작하고 끝마친 예수를 바라보며 옛 선진들의 증인에 둘러싸여서 전진할 것을 당부한다.

1) 예수님을 본으로 삼아 인내로 경주하라(12: 1–3)

권면 17, “벗어버리라.” 권면 18, “인내로써 경주하라.” 권면 19, “예수를 바라보라.” 권면 20, “참으신 자를 생각하라.”

2) 하나님의 징계를 가볍게 여기지 말라(12: 4–11)

권면 21, “주의 징계하심을 경히 여기지 말라.” 권면 22, “낙심하지 말라.”

3) 연약한 자를 일으키라(12: 12–13)

권면 23, “연약한 무릎을 일으켜 세우라.” 권면 24, “곧은길을 만들라.” 권면 25, “고침을 받게 하라.”

14. 말씀하신 이를 거역하지 말라(12: 14-29)

경고하신 자를 거역하거나 잠간의 필요를 위해서 영원한 상속을 포기하는 일이 없어야 한다고 저자는 경고한다.

1) 쓴 뿌리를 피하라(12: 14–17)

권면 26, “화평함과 거룩함을 좇으라.” 권면 27, 28, 29, “두려워하라.” 경고 8, “회개할 기회를 얻지 못하리라.”

2) 경고한 이를 배반치 말라(12: 18–29)

권면 30, “거역치 말라.” 경고 9, 하나님의 심판을 피하지 못함. 권면 31, “은혜를 받자.” 권면 32, “기쁘게 하나님을 섬기자.”

15. 여러 가지 권면(13: 1-17)

권면 33, "형제 사랑하기를 계속하라."
권면 34, "갇힌 자를 생각 하라."
권면 35, "학대 받는 자를 생각하라."
권면 36, "혼인을 귀히 여기라."
권면 37, "침소를 더럽히지 말라."
권면 38, "돈을 사랑치 말라."
권면 39, "있는 바를 족한 줄로 알라."
권면 40, "저희 믿음을 본 받으라."
권면 41, "여러 가지 다른 교훈에 끌리지 말라."
권면 42, "영문 밖으로 그에게 나아가자."
권면 43, "항상 찬미의 제사를 하나님께 드리자."
권면 44, "선을 행함과 서로 나눠 주기를 잊지 말라."
권면 45, "순종하고 복종하라."
권면 46, "즐거움으로 하게 하고 근심으로 하게 말라."

16. 마지막 인사(13: 18-25)

1) 기도의 부탁(13: 18–19)

이 교회를 빨리 방문하기 위해 기도를 부탁하다.

2) 하나님이 자기 뜻을 행하게 하신다(13: 20–21)

특이하게 이 서신에서 양의 큰 목자라고 하면서, 연약의 피를 흘린 그리스도를 죽은 자 가운데서 살리신 하나님이 선한 일에 온전케 하사 자기 뜻을 행하게 하시고 영광이 영원토록 있기를 축원하고 있다.

3) 마지막 문안(13: 22–25)

마지막 인사에서 디모데가 옥에서 놓인 사실을 알려주고 있으며, 이달리야에서 온 자들도 문안한다고 전한다.

야고보서

그림 108) 주의 형제 야고보 상(작자 미상): 주후 62년 경 대제사장 알비너스는 야고보가 율법을 어겼다는 이유로 산헤드린을 소집하여 정죄하고 돌로 처 죽이게 했다. 이러한 처형은 로마의 총독 알비너스가 집무하기 전에 벌어진 사건이었다.

‖ 저자

야고보서의 저자 문제를 논의함에 있어서 가장 큰 장애물은 야고보서 자체에서 저자 야고보가 누구인지 명확한 정의 없이 단순히 야고보라고 한 데 있다. 신약에 나타나 있는 야고보라는 이름을 가진 사람은 한 둘이 아니라 여럿이 있다: (1) 주의 형제이자 예루살렘교회의 지도자 야고보(행 12: 17; 15: 13; 21: 28; 고전 15: 7, 갈 1: 19; 2: 9, 12); (2) 알페오의 아들로서 열두 사도 중 하나(마 10: 3; 막 3: 18; 눅 6: 15; 행 1: 13); (3) 스베데와 살로메의 아들인 야고보는 사도 중 하나로서 헤롯에 의해서 처형됨(48년경; 마 4: 21; 10: 2; 17: 1; 막 10: 35; 13: 3; 눅 9: 54; 행 12: 2); (4) 글로바의 아내 마이라가 어머니인 작은 야고보로서, 그의 형제는 요셉(마 27: 56; 막 15: 40; 요 19: 25); (5) 열두 사도 중 하나인 다대오라고 불리는 유다의 아버지 혹은 형제인 야고보(눅 6: 16; 행 1: 13; 마 10: 3); (6) 유다서를 기록한 유다의 형제 야고보.

고대 기독교에서는 이 서신의 저자는 주의 형제 야고보라고 인정하고 있다. 대부분의 현대 학자들도 이 서신이 주의 형제 야고보에 의한 서신임을 받아들이고 있다. 그렇게 받아들여지고 있는 이유는 야고보라는 이름을 가진 다른 사람의 경우, 한 사람도 이 서신을 기록할 만한 위치에 있지 못하고, 오직 주의 형제 야고보만이 해당되기 때문이다. 예수님의 동생인 야고보를 저자로 보는 이유는 사도행전 15장 23-29절에 나오는 야고보의 연설 가운데 230개의 단어들과 야고보 서신의 것들이 너무나 현저하게 닮았기 때문이다.

이 야고보는 초기 기독교에서 가장 두드러진, 그리고 영향력 있는 지도자였다. 바울은 그를 예루살렘교회에서 기둥 같이 여기는 사람이라고 했고(갈 2: 9), 직접 부활한 그리스도를 만났다고 했다(고전 15: 7). 헤게시피우스(Hegesipius) 같은 사람은 야고보의 경건성에 대하여 '의인 야고보'라고 말하였다.

‖ 수신인

이 서신의 수신인의 문제는 이 서신에서 가장 난해한 문제 중 하나이다. 야고보는 이 수신인을 단지 "흩어져 있는 열두 지파"(1: 1)라고 했기 때문이다. 흩어져 있는 열두 지파에 대한 해석은 크게 둘로 나뉜다: (1) 인종적 혹은 지리적 의미에서 실질적으로 팔레스타인 밖에서 흩어져 사는 유대인들이고; (2) 상징적 표현으로 종말론적 구원의 참 이스라엘이다. 전자의 경우는 이 서신이 그리스도인을 위해 보내졌다는 사실로 인해 배제되었고, 후자의 경우는 이방인 그리스도인과 유대인 그리스도인 전체를 포함한 것으로 이해된다. 야고보서 전체에 흐르는 여러 가지 비유들은 공관복음에서 반영되고 있는 1세기 중반의 팔레스타인의 지정학적 상황과 일치한다. 그러므로 흩어진 열두 지파는 초대 교회 당시 예루살렘교회가 핍박을 받아 유대와 사마리아로 흩어진 유대인 그리스도인 총체라고 정의를 내리는 데 무리가 없게 한다.

‖ 야고보서의 정경내의 위상

초기 기독교회들은 야고보서를 높이 평가하지 않은 것이 사실이다. 이 사실은 야고보서가 초기 기독교회에서의 오랜 기간에 걸친 정경화 과정에서 정경으로서의 권위가 의심받는 부류에 속해 있었다는 점으로 입증된다. 이 서신의 정경성에 대해서 초기 교부들도 의심하였다. 그 같은 위상 때문에 야고보서는 중세 1000년의 역사 속에서도 별로 관심을 끌지 못하였다.

현대에 들어와서, 야고보서에 대한 혹평이 루터에 의해서 내려졌다. 그는 야고보서를 "지푸라기 서신", 그래서 아궁이에 던져져야 할 서신이라고 혹평했다. 그의 이 같은 혹평은 외적으로는 초대 교회에서 이 서신이 받아들여지지 않았고, 내적으로는 야고보서에 기독론이 빠져있고, 오히려 바울과 대적하는 분위기를 띠고 있으며, 내용이 일관되지도 않고, 다양한 윤리적 교훈이 체계 없이 여기 저기 무질서하게 흩어져 있거나, 동일한 어휘들이 중언부언 나열되어 있다는 것이다. 아울러 믿음과 칭의에 대치되는듯한 율법과 행위에 대하여 강조하고 있다는 이유에서다.

그러듯 평가 절하된 서신이지만, 정경의 권위를 가지고 있기 때문에, 이 서신의 가치를 무시할 수는 없었다. 그러기에 기독교회는 루터의 영향을 무시하지 않으면서 그 정경적 권위를 유지하기 위해 바울의 관점에서 야고보서의 기독교 윤리적 가치에 중점을 두고 이 서신을 해석하려는 경향을 나타내었다. 그러나 한 정경을 다른 정경의 그늘 밑에 던져서 그 영향력 하에서 해석하는 것은 부당하다. 그러므로 현대 기독교회는 야고보서를 바울의 관점 하에서 편향적으로 기독교의 윤리적 측면만 이해하려고 하는 시도를 버리고, 일차적으로 바울의 그늘에서 벗어날 필요가 있고, 야고보가 야고보서를 통하여 의도하고 있는 바를 독립적으로 이해하려는 시도가 필요하다. 그러한 작업을 위해서 그렇듯 냉대를 받아 오게 한 결정적 요인인 야고보서만의 특성에 대해서 탐구하고, 그 특성을 제대로 반영할 해석의 방향을 제시해야 한다.

‖ 특성과 배경

저작 경위를 살펴보기 전에 먼저 선행되어야 할 과제가 있다. 그것은 저작 경위에 대한 탐색을 가능케 하는 요소인데, 야고보서만이 가지고 있는 특성을 살펴보는 것이다. 야고보서 전체가 108개의 구절로 구성되어 있는데, 그 중 54개 구절이 명령형으로, 그리고 69개 구절은 적대적인 형식으로 쓰여 있다. 복음서와 비교해 볼 때, 야고보서에 반영되고 있는 예수님의 가르침이 약 72회 정도 간접적으로 반영되어 있다. 이 사실은 아직 복음서의 전통이 형성되지 않은 상태에서 야고보의 의식 속에 예수님의 가르침이 내면화되어 있고, 그것이 실제의 삶 속에서 실천되고 글로 표현되어 있음을 뜻한다. 50% 이상의 명령문, 부정적인 요소에 대한 지적, 신앙생활의 긍정적 요소에 대한 제안은 이 서신이 신앙생활에 있어서의 대칭적인 면을 드러내고 있음을 의미한다. 부정적인 요소들은 세속성과 관련이 있고 긍정적인 요소는 참 종교성의 실현과 관련이 있다.

이 서신의 특성을 종합적으로 생각하면, 첫째, 그리스도의 가르침은 야고보의 내면화된 참 종교성의 반영이고, 둘째, 야고보 공동체의 삶의 실상이 부정적 면과 경고에서 반영되어 있고, 셋째, 긍정적 양상으로 표현되고 있는 측면은 이 공동체가 참 종교성을 표출하도록 촉구하고 있다는 사실을 알 수 있다. 야고보 공동체는 주변의 유대인 종교 그룹들과의 대치 국면에서 참 종교성을 드러내야 하는 당위성을 가지고 있다. 즉 그리스도로부터 시작하여 야고보에게, 그리고 이 공동체에 전수되어야 하는 당위성이다. 그러나 이 공동체는 참 종교성이 아닌 세속성을 노출하는, 그래서 이 공동체의 존재의 정체성을 상실할 수 있는 위험에 처하게 되었고, 야고보는 이 같은 위험성을 지적하고, 그 대안을 제안하고 있음을 알 수 있다.

‖ 개요

요지: 참 종교성을 실현해야 할 야고보 공동체가 그 반대인 세속성을 나타내므로, 야고보는 이를 경고하고, 참 종교성의 양상을 제시하여 그리로 가도록 촉구하고 있다.

1. 1장

1장에서 야고보는 인사 후에, 고난을 대할 때의 이중적 태도, 가난과 부에 대한 이중적 평가, 죽음과 생명의 이중성, 의와 경건의 이중성에 대해서 논하고 있다.

1) 인사(1:1)

야고보는 자신이 예수님의 종임을 인정하고 흩어진 열두 지파에게 문안한다고 인사한다. 이 같은 인사는 오직 이 서신에서만 나타나는 인사다. 수신인이 흩어진 열두 지파라고 함으로써 이들이 누구인지 논란이 되고 있다.

2) 고난을 대면함에 있어서의 이중성(1: 2-8)

어떤 특정한 고난에 대해서 말하지 않고 광범위하게 언급하고 있다. 고난을 인내함으로 극복할 때 그리스도인의 인격의 온전함을 누리므로, 이를 극복하기 위해 하나님의 지혜가 필요한데, 이에 대해 믿음으로 구해야 한다. 그렇지 않은 사람은 믿음이 없어서 이중적인 사람이라고 말한다.

3) 부와 가난에 대한 이중적 태도(1: 9-11)

일반적으로 가난한 사람이 자랑거리가 없고 부한 사람이 자랑거리가 있는데, 야고보는 역설적으로 낮은 자는 높아짐을 부한 자는 낮아짐을 자랑하라고 한다.

4) 생명과 사망의 이중성(1: 12-18)

시험은 욕심에 이끌려서 생기는 것이고, 욕심은 죄를, 죄는 사망을 잉태한다. 그러나 하나님의 뜻에 따라서 진리의 말씀으로 거듭난 새 생명을 가질 수 있다고 말한다.

5) 두 종류의 의와 경건(1: 19-27)

듣기는 속히 하고 마음의 더러운 악을 버림으로 하나님의 의를 이루지만, 성냄으로 하나님의 의를 이루지 못하게 된다. 도를 듣기만 하고 행하지 않으면 이 사람의 경건은 헛것이며, 행함은 고아와 과부와 같은 사람을 환난 중에 돌보는 것이다. 참 경건은 세속에 물들지 않는 것이라고 야고보는 말한다.

2. 2장

2장에서 야고보는 공동체 내에서 발생하고 있는 가난한 자와 부유한 자에 대한 차별대우와 믿음과 행위의 이중성에 대해서 지적하고 있다.

1) 사람에 대한 이중적 대우(2: 1-13)

야고보 공동체는 부한 사람과 가난한 사람으로 형성된 것 같다. 그러기에 예배 처소에 들어올 때 가난한 자와 부유한 자에 대한 대우가 달라진다는 것이다. 이것은 사람을 차별대우 하는 것이고, 사랑과는 반대의 것이다. 이것은 악한 생각으로, 사람을 외모로 판단하는 것이라고 야고보는 책망한다.

2) 믿음과 행위의 이중성(2: 14-26)

야고보 공동체 내에는 말로만 믿음이 있다고 주장하는 사람들이 있어서, 야고보는 행위가 없는 믿음은 죽은 믿음이라고 말한다. 그러면서 아브라함과 기생 라합의 예를 들면서, 행위가 없는 믿음은 죽은 믿음임을 설명한다. 행함이 있는 믿음은 형제나 자매가 헐벗고 일용할 양식이 없는데, "평안히 가라, 덥게 하라, 배부르게 하라 하며 그 몸에 쓸 것을 주지 아니하면" 아무 유익이 없는 것과 같다는 것이다.

3. 3장

3장에서 야고보는 모든 자연 현상은 단일성을 유지하고 있는데, 오직 사람만이 혀의 이중성을 나타내고 있으며, 두 종류의 지혜가 있음을 밝히고 있다.

1) 사람의 혀의 이중성(3: 1-12)

혀는 아주 작은 것이지만, 작은 지체가 온 몸을 더럽히고 불태운다고 말한다. 이어서 이 작은 혀를 이중적으로 사용하는 현상이 있다는 것이다. 즉 한 입으로 하나님을 찬양하고, 같은 입으로 형제를 저주한다는 것이다. 이것은 자연 현상의 단일성과 정면으로 대치되고 있는 유일한 경우인 것이다.

2) 두 종류의 지혜(3: 13-18)

지혜와 총명이 있다고 주장하는 사람은 선행을 통해서 그것을 보여야 한다. 그러나 속에 독한 시기와 다툼이 있으면, 그것은 하늘에 속한 지혜가 아니라 땅에 속한 지혜이다. 하늘에 속한 지혜는 성결하고, 화평하고, 관용하고, 양순하며, 긍휼과 선한 열매가 있으며, 편벽과 거짓이 없다.

4. 4장

공동체 내에 다툼과 싸움이 있는 것은 삶의 동기가 세상적이며, 이웃을 판단하는 현상이 있고, 삶의 가치가 하나님과 다른 현상이 있기 때문이라고 야고보는 지적한다.

1) 이중적 삶의 동기(4: 1–10)

싸움과 다툼은 육체의 정욕에 기인하고, 세상과 벗되려고 하는 의지 때문이다. 세상과 벗된 것은 하나님과 원수가 되는 것이므로 하나님께 돌아와야 한다. 그러기 위해서는 우선 순복하고, 마귀를 대적하며, 하나님을 가까이 하고, 죄인들이 손을 씻고, 이중적인 사람이 마음을 성결케 해야 한다. 이것이 그리스도인의 회개인 것이다.

2) 율법의 준행과 판단의 이중성(4: 11–12)

그리스도인이 회개해야 할 것은 다른 측면에서 고려해야 한다. 즉 이웃을 판단함으로 스스로 율법을 비방하고 율법을 판단하는 것이 되고, 이는 율법의 준행자가 아니라 심판자가 된다. 즉 입법자와 심판자는 하나님인데, 그 자리를 빼앗았다는 것이다. 이 부분에 대해서도 회개해야 한다.

3) 두 종류의 삶의 가치(4: 13–17)

돈을 벌기 위해 무역업에 종사하는 사람은 그 삶의 동기가 하나님의 뜻을 준행하겠다고 해야 한다. 그러나 재물을 쌓아둠으로 자랑거리를 삼는다는 것이다. 이들은 내일 일을 알지 못하고 그렇게 한다는 것이다. 이 같이 하나님의 뜻과 상관없는 삶의 가치를 가진 사람은 그 부분에 대해서도 회개해야 한다.

5. 5장

5장에서는 전 신약성경에서 오직 이곳에서만 나오는 부한 자들에 대한 특이한 설명과 재림과 관련한 특이한 설명과 공동체 내의 질병의 원인과 처방에 대해서 알려주고 있다.

1) 재물의 이중적 가치(5: 1-6)

야고보는 부한 사람에게 임할 고생에 대해 경고하면서, 그들의 재물은 썩었고 녹슨 금과 은이 증거가 된다고 지적한다. 그들에게서 착취당한 사람의 신음 소리는 하나님의 신원을 받을 것임을 지적하고 있다.

2) 고난에 대한 이중적 대처(5: 7-11)

야고보는 고난당하고 있는 야고보 공동체에게 선지자들이 당한 고난과 오래 참음을 본으로 삼으라고 권면한다. 심판자가 가까이 있기 때문에 억울함을 하나님께 맡기라는 것이다. 그들을 위로하기 위해 욥의 고난과 회복의 모범에 대해 제시하고 있다.

3) 공동체의 질병으로 인한 이중적 삶의 길(5: 12-20)

질병을 앓고 있는 사람은 장로들을 불러다가 머리에 기름을 바르고 안수기도를 하라고 하면서, 죄를 서로 고하라고 한다. 야고보가 죄와 질병을 연관시키고 있는 것은 이 공동체 내에 발생한 계층 간의 차별화와 그로 인한 분쟁 때문에 서로 미워하고, 원망하고, 질시함으로 질병이 발생한 것으로 이해할 수 있다. 그러므로 죄를 서로 고하라는 것은 그 질병의 원인인 죄의 문제를 먼저 해결하라는 야고보의 시사인 것이다. 이 같은 공동체 내의 갈등은 미혹한 자들과 사망의 길을 가려는 사람들로 인해 생겨난 것처럼 보인다. 그래서 죄인을 미혹한 길에서 돌이키게 하면, 그는 영혼을 사망에서 구원하며 허다한 죄를 덮는다고 말하고 있는 것이다.

베드로전서

‖ 배경

베드로전서는 초기 기독교의 발전사에 있어서 중요한 단서를 제공한다. 이 서신에는 사도행전이나 바울의 편지에서 밝혀지지 않은 초기 기독교의 확장에 관한 정보가 있다. 이 서신에서 베드로는 수신인을 광범위한 지역의 그리스도인들로 명시하고 있다. 즉 "본도, 갈라디아, 갑바도기아, 아시아와 비두니아에 흩어진 나그네"라고 말한다. 사도행전과 바울의 편지를 통해서, 초기 기독교의 확장이 유다, 다메섹, 수리아, 길리기아, 비시디아, 브루기아, 갈라디아, 구브로, 그레데, 마게도냐, 아가야, 일루리곤, 소아시아 전역, 그리고 로마와 이달리아 지역에 확장되어 있음을 보았다. 그러나 베드로전서는 이 지역에 포함되지 않았던 소아시아의 북부와 동부 지역인 본도, 비두니아, 갑바도기아에 이미 그리스도인들이 퍼져 있다는 사실을 알려주고 있다. 그림 109는 초대 교회의 선교 지역을 보여주고 있다. 이것은 1세기가 지나기 전에 이미 로마 제국의 광범위한 영역에서 기독교 선교가 이루어졌고, 교회가 확장되었음을 보여주고 있는 것이다.

그림 109) 초대 교회의 확장된 선교 영역

그림 110과 111은 갑바도기아에 아직까지 보존되어 있는 600개의 교회들이 위치한 지형과 교회 내부의 모습을 보여주는 예가 된다. 이 중 가장 오래된 곳은 1세기에 지어진 교회이다. 이 사실은 베드로가 언급하고 있는 광범위한 지역에서 교회들이 존재했다는 사실을 대변하고 있는 것이다.

그림 110) 갑바도기아의 굴속에 있는 그리스도인들의 모임 장소

그림 111) 굴속에 그려진 십자가에 달린 예수님의 벽화

사도 베드로는 광범위한 영역에 퍼져 있는 그리스도인들에게 편지를 쓰고 있는데, 그들을 흩어져 있는 나그네로 표현하고 있다(1: 1, 17). 이 말은 그리스도인의 정체성과 관련된 말이다. 나그네라는 말은 한 곳에 정착하여 사는 토착민이 아니라, 외지로부터 어느 지역에 와서 잠시 머물다가 지나치는 사람을 말한다. 그들은 "택하심을 받은"(1: 2), "거듭난"(1: 3), "헛된 행실에서 대속함을 받은"(1: 18), "택하신 족속이요, 왕 같은 제사장들이요, 거룩한 나라요, 그의 소유가 된 백성"(2: 9)으로 이 세상 사람들과는 구별된 하나님의 백성으로서 하늘나라를 향하여 가는 순례자들이라는 말이다. 하나님의 백성이기 때문에, 이 세상은 그리스도인들이 안착하여 사는 곳이 아니고 잠시 거쳐 가는 곳이지만, 이들은 이곳에서 특별한 사명, 즉 제사장과 같은 역할을 감당하여야 한다는 것이다. 베드로전서에서만 표현하고 있는 "피 뿌림을 얻기 위하여"(1: 2)라는 말은 원어로 이들 그리스도인들이 나그네로 지나칠 때에 그곳의 백성들을 위한 제사장의 역할인 죄 용서함과 구속을 위한 그리스도의 피 뿌림을 적용시킴으로 그들에게도 구원의 복음을 전하는 역할을 암시한 것이다.

그 같은 여정은 그리스도의 초림으로 시작되어(1: 20) 재림 때까지 이어지는(1: 7, 13; 4: 7; 5: 7) 전 과정이다. 베드로는 이 그리스도인 공동체가 초림과 재림 사이의 여정에서 당면한 문제, 사명, 그리고 살아가야 할 삶의 형태에 대해서 말하고 있다. 그들이 그 시간 사이에 객으로서 이 세상에 살기 때문에 여러 가지 형태의 고난을 당하고 있다고 베드로는 말한다. 그래서 베드로는 이 짧은 서신에서 집중적으로 고난에 대해서 언급하고 있다(그리스도의 고난과 함께 그리스도인이 당하는 고난을 무려 12회나 언급하고 있음). 선행을 하지만 고난을 받을 때, 그것은 아름다운 것이며, 하나님이 능력으로 보호하여(1: 5) 그 나라에 들어가기까지 지켜주며, 영광의 상급이라는 유업을 받을(1: 4) 산 소망이 있다고 말한다(1: 3; 5: 6-7). 베드로는 이 짧은 서신에서 소망, 사랑, 그리고 영광이라는 말을 다양하게 사용하고 있는데, 이 공동체가 어떤 형편의 고난 중에서라도 소망을 잃지 말고 서로 뜨겁게 사랑함으로 하나 되어 하나님께 영광을 돌리며 주님을 맞을 준비를 하라는 권면을 하고 있는 것이다.

그런 권면 외에도 교회 내에서 장로들의 역할과 젊은이들이 순종의 본을 보일 것을 요구하며, 남편과 아내 사이의 관계에서 아내는 순종을 남편은 아내를 귀히 여기라는 원칙을 제시하고 있으며, 사환들은 주인에게 순종할 것을 명하고 있다. 그리고 그리스도인들은 이 세상 속에서 선한 행실과 거룩함으로 비방하는 사람들에게 선한 일을 보이고, 하나님께 영광을 돌리는 삶을 살라고 가르친다. 베드로가 이 모든 권면과 가르침 중에서 가장 힘주어 말하고 있는 것은 객으로서 이 세상에 잠깐 지나치는 거룩한 공동체가 어떤 형편의 고난을 받아도, 그것은 그리스도가 받은 고난의 발자취를 따르는 것이며, 하나님이 힘을 주어 그 영광의 나라에 들어갈 것이라는 위로의 말인 것이다. “모든 은혜의 하나님 곧 그리스도 안에서 너희를 부르사 자기의 영원한 영광에 들어가게 하신 이가 잠깐 고난을 당한 너희를 친히 온전하게 하시며 굳건하게 하시며 강하게 하시며 터를 견고하게 하시리라.”(5: 10)

‖ 개요

요지: 그리스도의 고난을 통한 구속을 믿음으로써 거룩하게 된 공동체가 이 세상에 잠깐 사는 동안 고난을 받아도, 영광의 소망을 가지고 서로 뜨겁게 사랑함으로 선한 행실을 하라.

1. 인사(1: 1-2)

하나님의 선택 받은 사람들에게 주는 선택의 주체와 수단, 그리고 이유를 제시함.

2. 구원과 구원 받은 자의 기본 강령(1: 3-23)

구원 받은 사람을 거듭난 사람이라고 하면서, 구원 받은 사람에게 있는 고난을 견뎌야 함을, 그리고 이 구원은 선지자들이 미리 증거 하신 것이라고 베드로는 말한다. 그 후에 구원 받은 사람이 기본적으로 지켜야 할 덕목에 대해서 권면한다.

1) 믿음의 결과인 구원(1: 3–12)

말세에 나타날 구원을 믿음으로 말미암아 하나님의 능력으로 보호하심을 받았다. 구원 받은 사람들은 썩지 않는 기업을 받을 산 소망을 가지고 있다.

(1) 구원의 소망(1: 3-5)
(2) 믿음과 구원(1: 6-9)
(3) 구원의 증인들(1: 10-12)

2) 구속 받은 자의 기본 강령(1: 13–23)

구원 받은 사람들이 지켜야 할 덕목은 예수님이 나타나실 때에 가지고 올 은혜를 사모하는 가운데, 거룩한 삶과 두려움으로 나그네의 삶을 지내며. 형제를 사랑하라는 것이다. 베드로가 특이하게 사용하고 있는 "보배로운"이라는 단어가 첫 번째 나온다.

(1) 거룩한 삶(1: 13-16)
(2) 나그네의 삶(1: 17-21)
(3) 사랑의 삶(1: 22-23)

3. 거듭난 자의 성장과 사명(1: 24 - 2: 12)

거듭난 자들은 계속해서 성장해야 하며, 그들에게 주어진 사명을 감당해야 한다.

1) 말씀에 의한 거듭남과 성장의 수단(1: 24 – 2: 3)

하나님의 살아 있는 말씀에 의해서 거듭났기 때문에, 성장의 수단도 역시 신령한 젖인 말씀이다. 말씀을 사모하면서, 악독, 궤휼, 외식, 시기, 비방하는 말을 버려야 한다.

2) 거룩한 제사장으로서의 사명(2: 4–8)

"보배로운"(두 번째) 산돌로 예수님을 칭하면서 그 "보배로운"(세 번째) 모퉁이 돌 위에 거룩한 제사장으로서 신령한 집을 지어야 한다. 믿는 자에게는 그 돌이 "보배"(네 번째)이지만, 믿지 않는 자에게는 버린 돌이라고 한다.

3) 소유된 백성으로서의 사명(2: 9–12)

택하신 족속, 거룩한 나라, 그의 소유된 백성이 되었으므로, 그에 합당한 사명이 있다. 그것은 "그의 빛에 들어가게 하신 자의 아름다운 덕"을 선포하며, 이방인 중에서 선한 행실을 통하여 하나님께 영광을 돌리는 것이다.

4. 신자의 제반 책임(2: 13 - 3: 12)

그리스도인들에게 있는 그 같은 기본적인 사명에 더하여, 베드로는 사회에서 가정에서 각기 다른 책임이 있다고 말한다.

1) 사회 제도적 책임(2: 13–17)

인간이 세운 제도에 순복하고, 왕을 공경하며 복종하고, 방백에게도 복종하고, 자유하나 자유로 악을 가리는 데 쓰지 말고, 뭇사람을 공경하라.

2) 사환들의 책임(2: 18–25)

사환들은 범사에 주인에게 순복하여야 한다. 선하고 관용하는 주인에게는 물론이고, 까다로운 주인에게도 그렇게 해야 한다. 그것은 예수님에게서 모범을 본 것처럼 해야 한다.

(1) 주인에 대하여(2: 18-20)
(2) 예수님의 본(2: 19-25)

3) 남편과 아내의 책임(3: 1–7)

아내는 남편에게 순종해야 한다. 믿지 않는 남편이라도 정절한 행위를 통해 구원을 얻을 수 있기 때문이다. 치장에 대해서는 외모로 하지 말고 내면의 영적으로 썩지 않을 것으로 하라고 베드로는 권면하며, 남편은 아내와 동거하며, 연약한 그릇이고 생명의 유업을 함께할 사람이기 때문에 귀히 여기라고 권면한다.

(1) 아내의 남편에 대한 책임(3: 1-6)

(2) 남편의 아내에 대한 책임(3: 7)

4) 그리스도인의 책임에 따르는 덕목(3: 8–12)

마음을 같이하여 체휼하며, 형제를 사랑하며, 불쌍히 여기며, 겸손하며, 악을 악으로 욕을 욕으로 갚지 말고 복을 빌라. 혀를 조심하여 악한 말과 궤휼을 금하며, 악에서 떠나 선을 행하고, 화평을 구하여 좇는 것이다.

5. 고난에 대한 대처방안(3: 13 - 4: 6)

그리스도인이 당면하는 고난에 대해서 어떻게 극복할 것인지, 베드로는 그 방안을 제시하고 있다.

1) 고난 중에도 선을 행하라(3: 13–17)

선을 행함으로 소망에 관한 이유를 묻는 자에게 대답할 것을 준비하고 있으라.

2) 고난을 겪은 그리스도의 모범(3: 18–22)

그리스도는 죄인을 구원하려고 죽음의 고난을 받았으나, 부활 승천하여 하나님 우편에 계신다.

3) 고난 중에도 거룩한 삶을 살라(4: 1–6)

음란, 정욕, 술 취함, 방탕, 연락, 우상 숭배와 같은 삶은 그리스도인 되기 전의 삶이기 때문에, 그 같은 삶에서 분리하여 거룩한 삶을 살아야 한다.

6. 종말론적 삶의 지침(4: 7-11)

베드로는 마지막이 임박했기 때문에 그리스도인들이 근신하며, 기도하며, 서로 사랑하며, 서로 대접하기를 원망 없이 하고, 은사를 받은 대로 청지기 같이 봉사하라고 권면한다. 말하려면 하나님의 말씀을 하는 것처럼 하고, 봉사하려면 하나님이 공급해 주는 힘을 가지고 하라는 것이다.

7. 고난당할 때를 위한 지침(4: 12-19)

1) 이상한 일 당하는 것처럼 이상이 여기지 말라.

2) 그리스도의 고난에 참예하는 것으로 기뻐하라.

3) 그리스도의 이름으로 고난을 받는 것을 영광스럽게 생각하라.

4) 고난 받음을 부끄러워 말라.

5) 그리스도의 이름으로 하나님께 영광을 돌리라.

6) 선을 행하는 가운데 영혼을 하나님께 의탁하라.

8. 교회 내의 질서(5: 1-11)

영적 싸움을 위해 교회 안에서 장로들과 젊은 자들의 책임이 있다.

1) 장로의 책임(5: 1–4)

장로의 책임은 양 무리를 치되 더러운 이익을 위하지 않고, 주장하는 자세를 취하지 않고, 자원하며 본을 보이는 것이다. 그 결과는 목자장이 올 때 영광의 면류관을 얻을 것이라고 한다.

2) 젊은 자의 책임(5: 5–7)

장로에게 순복하며, 겸손하며, 염려를 주께 맡겨 버려야 한다.

3) 마귀와의 싸움(5: 8–11)

마귀는 우는 사자처럼 삼킬 자를 찾기 때문에, 믿음을 굳게 하여 마귀를 대적할 것이다. 은혜의 하나님이 영원한 나라에 들어가게 하고, 고난을 받는 사람을 온전케 하며, 굳세게 하며, 강하게 하며, 터를 견고케 할 것이라고 격려한다.

9. 마지막 인사(5: 12-14)

베드로는 이 편지를 쓸 때 실루아노의 도움을 받았다고 말하면서, 은혜에 굳게 서라고 권한다. 그리고 "바벨론에 있는 교회와 내 아들 마가"도 문안한다고 전한다.

베드로 후서

‖ 배경

3장 1절에서, 베드로는 이 서신을 둘째 편지라고 한다. 이 말은 베드로전서가 첫째 편지임을 뜻한다. 그러므로 이 편지를 받는 수신인은 전서의 수신인인 것이다. 바울 서신 이해 때 보았듯이, 초기 기독교회 내에 이미 이단적 교리를 가르치는 거짓 선지자들이 있었다. 그 중에서 예수님의 재림과 관련해서 이상한 교리를 가지고 그리스도인들을 현혹시키는 일이 있었다.

이 같은 거짓 선지자들이 베드로가 지칭하고 있는 서신의 수신자들에게 등장하였거나 등장할 것이라고 베드로는 경고한다. 베드로는 이러한 이단에 속한 거짓 선지자의 출현과 가르침으로 수신인들이 믿음을 버리고 이단으로 빠져들어 갈 위험성이 있다는 사실을 인지하고(3: 17), 그들을 이단으로부터 보호하고, 믿음을 지키고 그리스도 안에서 계속해서 성장하도록 가르치며 권면하기 위해 이 편지를 쓴 것이다.

‖ 베드로의 대응

그 같은 목적을 달성하기 위해 베드로는 다음과 같은 다양한 방법을 채택한다.

첫째, 수신인들이 가지고 있는 그리스도에 대한 믿음은 "보배로운 믿음"(1: 1)이며, 주어진 약속도 "보배로운 약속"이라는 것이다. 베드로는 그의 두 개의 서신에서 신약에서 유일하게 보석(보석으로 사용된 곳은 계시록에서 5회 나온다)이 아닌 신앙과 관련한 개념에 대해서 이 "보배로운"이라는 단어를 사용하고 있다(벧전 1: 19, 보배로운 피; 벧전 2: 4, 보배로운 산 돌인 그리스도; 벧전 2: 6, 보배로운 모퉁이 돌; 벧전 2: 7, 너희에게는 보배다; 벧후 1: 1, 4). 보배로운 것은 그것 자체가 엄청난 가치가 있기 때문에, 버리거나 홀대하거나 하지 않고 귀하게 여기며 보존하려고 모든 노력과 주의를 기울이므로, 도적에게 틈을 주지 않는 것이다. 이들 거짓 선지자들은 그들이 가지고 있는 이 보배인 믿음과 약속을 훔쳐서 자신들의 것으로 삼으려는 도적과 같은 것이다. 베드로는 이 단어를 사용함으로써 그들이 가지고 있는 믿음과 약속을 보존하고 귀히 여기며 지켜야 할 보배로운 것이라고 가르친다.

둘째, 그리스도의 사건은 교묘히 만들어 낸 이야기를 따르는 것이 아님을 강조한다(1: 16). 거짓 선지자들은 그리스도의 초림 사건이 만들어 낸 이야기에 지나지 않으므로, 그의 재림에 관한 약속도 만들어 낸 이야기에 지나지 않는다고 가르친다(3: 3-4). 베드로는 이에 대해 그리스도의 사건은 자신이 직접 목격한 역사적 사건임을 강조하고(1: 16-18), 그 사실을 계속해서 생각해야 한다고 이 서신에서 반복함으로써(1. 12, 13, 15; 3: 1), 그들이 그 사실을 기억하게 하고 있다(3: 2).

셋째, 이 같은 이단 교리와 탐욕스런 행위에 대응하기 위해, 아는 것의 중요성을 강조하고 있다. 우리를 부르신 하나님을 앎으로 생명과 경건에 속한 것이 우리의 소유가 되었으며(1: 3). 계속적으로 열매 맺는 삶도 그리스도를 앎으로 가능하며(1: 8; 3: 3), 영원한 나라에 들어감을 알게 되었으며(1: 11-12), 초림의 사건과 재림의 임박함을 알며(1: 14, 15), 성경의 예언이 성령의 감동에 의한 것이며(1: 20), 말세에 조롱하는 자들이 온다는 사실을 알아야(3: 3) 한다는 것이다. 그래야만 올바른 지식에 근거해서 성장하며, 이단들과 싸워 이길 수 있다는 것이다.

넷째, 베드로가 대응한 네 번째 수단은 이들 이단자들의 실상을 노출시키며, 그들에게 거짓 선지자들이라는 꼬리표를 달아주는 것이다. 그들은 이성 없는 짐승(2: 12), 호색하는 자들(2: 2), 불의의 삯을 사랑하는 자들(2: 15), 불법한 행실을 하는 자들(2: 8), 더러운 정욕 가운데서 행하는 자들(2: 10), 탐심으로 지어낸 말을 하는 자들(2: 3), 정욕을 따라 조롱하는 자들(3: 3), 영광 있는 자들을 비방하는 자들(2: 10), 속이는 자들(2: 13), 허탄한 자랑을 하는 자들(2: 18), 물 없는 샘인 자들(2:17)이다.

다섯째, 베드로는 그들의 주장에 대해 반박하면서 대응한다. 예를 들면, 재림에 대해 부인하는 자들을 성경 말씀을 인용하면서 반박한다(3: 3-7).

여섯째, 베드로는 적극적으로 수신인들에게 그들이 처음에 가졌던 복음 안에서의 약속에 대해 재확인하면서 위로하고 권면한다(예, 1: 11).

‖ 개요

요지: 이단에 속한 거짓 선지자들의 가르침과 행위에 대해서 이기기 위해 그리스도에 대한 올바른 지식이 필요하다.

1. 인사(1: 1-2)

베드로에게서만 보이는 인사의 특이성은 "보배로운 믿음을 우리와 함께 받은 자"에게라는 수신인에 대한 수식어에 있다.

2. 신의 성품에 참여한 자(1: 3-4)

부르신 자를 아는 지식에 의해, 하나님의 능력은 경건과 생명을 위해 필요한 모든 것을 주신다. 그 결과로 "보배롭고 지극히 큰 약속"이 주어졌으며, 그 약속은 세상적인 정욕을 피하여 신의 성품에 참여하게 한다.

3. 열매를 맺을 수 있는 잠재성(1: 5-9)

베드로는 열매를 맺기 위해, "믿음에 덕을, 덕에 지식을, 지식에 절제를, 절제에 인내를, 인내에 경건을, 경건에 형제 우애를, 형제 우애에 사랑을 공급하라고 한다. 그러면 예수를 더욱 잘 알아서 열매를 맺는다고 가르친다.

4. 하늘나라에 들어갈 약속(1: 10-11)

부르심과 택하심을 굳게 함으로 실족치 않고 그리스도의 영원한 나라에 넉넉히 들어갈 것이라는 약속이 있다.

5. 그리스도의 초림에 대한 베드로의 증언(1: 12-18)

베드로는 예수 그리스도의 역사적 사실에 대해서 일깨워 주기를 원하여, 자신의 경험을 나눈다.

1) 그리스도의 사실을 일깨워 주고자 함(1: 12-15)

베드로 자신도 죽음이 멀지 않았음을 인지하고, 살아있는 동안 자신이 경험한 바를 알져 줄 필요를 느꼈다.

2) 역사적 그리스도에 대한 경험(1: 16-18)

베드로는 변화산에서 그리스도에 대해 하늘로부터 들은 소리를 근거로 해서, 그의 능력과 이 땅에 오심을 증언하고 있다.

6. 확실한 성경적 예언(1: 19-21)

베드로는 확실한 예언을 가지고 있으며, 성경의 예언을 사사로이 풀어서는 안 된다고 경고한다.

1) 예언의 확실성(1: 19)

2) 영감에 의한 성경적 예언(1: 20-21)

7. 거짓 선지자들(2: 1-22)

베드로는 과거에 거짓 선지자들이 출현했듯이 당시에도 출현할 것이라고 예고하면서, 그들의 실상을 낱낱이 파헤친다.

1) 거짓 선지자들의 출현 예고(2: 1-3)

거짓 선지자들은 멸망케 할 이단을 가만히 끌어들여 주님을 부인하고 멸망을 자초하는 사람들이다. 이들의 특색은 호색하는 것이며, 진리의 도를 훼방하고, 탐심을 위하여 지어낸 말로 유혹하는 자들이다.

2) 의인은 보호하고 경건치 않은 자는 심판한다(2: 4-8)

(1) 심판의 예: 범죄 한 천사에 대한 어둠의 심판, 노아 때의 홍수의 심판, 소돔과 고모라 때의 불의 심판.

(2) 의인의 예: 노아와 일곱 식구, 불의한 자 중에서 고통당하는 의인 롯.

3) 이성 없는 저주의 자식들의 행태(2: 9-19)

(1) 이들은 육체를 따라 더러운 정욕 가운데서 행한다.
(2) 주관하는 자를 멸시한다.
(3) 담대하고 고집스러우며, 떨지 않고 영광 있는 자를 훼방한다.
(4) 잡혀 죽기 위하여 난 이성 없는 짐승 같다.
(5) 알지 못한 것을 훼방한다.
(6) 불의의 값으로 불의를 당한다.
(7) 낮에 연락을 즐긴다.
(8) 음심이 가득한 눈으로 범죄 하기를 쉬지 않는다.
(9) 굳세지 못한 영혼들을 유혹한다.
(10) 탐욕에 연단한 마음을 가진 자들이다.
(11) 발람의 길을 간다.
(12) 물 없는 샘이다.
(13) 광풍에 밀려가는 안개다.
(14) 허탄한 자랑의 말로써 유혹한다.
(15) 음란으로써 육체의 정욕을 유혹한다.
(16) 자유를 준다고 유혹한다.

4) 도를 안 후에 타락한 자의 형편(2: 20-22)

도를 안 후에 타락하면, 개가 토했던 것을 다시 삼키며, 돼지가 씻었다가 더러운 웅덩이에 다시 눕는 것과 같다.

8. 재림을 부인하는 자(3: 1-7)

베드로가 이 두 번째 편지를 써야만 하는 이유는 예수께서 사도들을 통하여 명한 것을 기억시키기 위함이다. 그것은 재림에 대해 조롱하는 자들이 그들 중에 있었기 때문이다.

1) 재림의 약속에 대해 조롱함(3: 1–5)

주의 강림에 대한 약속이 없다고 주장한다. 그 이유는 만물이 처음 창조 시와 동일하게 있기 때문이라는 것이다.

2) 하나님의 창조 섭리를 거역함(3: 6–7)

물로 심판한 하나님이 불로 심판할 때까지 보존하고 있음을 그들은 알지 못한다.

9. 새 하늘과 새 땅에 대한 소망(3: 8-13)

모든 사람이 멸망치 않고 구원 받기를 원하는 하나님이 마지막 때에 도적 같이 임하여 새 하늘과 새 땅을 창조하실 것이다.

1) 종말에 있을 대 변혁(3: 8–11a)

하늘과 땅이 대 변혁을 일으킬 것이다.

2) 새 창조와 자세(3: 11b–13)

하늘이 불에 타고 땅이 뜨거운 불에 녹고 새 하늘과 새 땅이 다시 창조될 것이므로, 그 날이 임하기를 간절히 바라고 사모해야 한다.

10. 여러 가지 권고(3: 14-22)

이 같은 대 변혁에 대한 기대를 언급하고, 베드로는 그것에 기초해서 몇 가지 권면을 한다.

1) 흠 없이 그날을 대비하라(3: 14).

2) 오래 참고 성경을 억지로 풀지 말라(3: 15–16).

3) 유혹을 받아도 떨어지지 말라(3: 17).

4) 그리스도의 은혜와 그를 아는 지식에서 자라가라(3: 18).

요한 1서

‖ 배경

요한복음을 다룰 때, 사도 요한의 에베소 정착과 활동을 간략하게 설명한 바 있다. 사도요한은 에베소에 정착하면서, 그 지역을 거점으로 하여 목회하며 전도활동을 왕성하게 펼치면서, 사도행전에서 언급되지 않는 서머나, 버가모, 두아디라, 사데, 빌라델비아 지역에서 교회의 탄생과 확장에 결정적 역할을 한 것으로 보인다. 요한이 기록한 계시록의 7교회에게 보내는 편지를 보면, 적어도 세 교회, 즉 에베소, 버가모, 두아디라교회에 니골로파 이단이 왕성하게 활동한 것 같다. 초대 기독교의 역사는 요한이 세린두스라는 이단의 시도사와 대변하고, 교회를 그의 이단적 교리로부터 지키려고 한 것으로 보고하고 있다.

요한 1서에서 다른 서신과 특이하게 사용하고 있는 어휘와 개념들은 이 서신의 배경과 관련이 있다. 그것들을 요약하면, 예수님이 육신으로 왔다, 죄 없다고 말한다, 죄 가운데 살지 않는다, 적그리스도의 출현. 미혹하는 자, 형제를 미워함, 말로만 사랑한다, 사랑은 진리에 속한 표다, 우리 안에 거하는 줄 안다, 하나님께 속한 영, 세상에 속한 자들, 하나님께 속한 자는 우리의 말을 듣는다, 사랑하지 않으면 하나님을 알지 못한다, 독생자를 보냄, 성령은 우리가 하나님께 속한 줄을 알게 한다, 성령은 모든 것을 가르친다, 하나님을 사랑하면 형제를 미워하지 못한다, 예수께서 그리스도임을 믿는 자는 하나님께로 난 자, 물과 피로 임함, 증언하는 이 셋, 성령과 물과 피, 하나님의 증거, 사망에 이르는 죄, 우리가 하나님께 속함을 안다, 온 세상은 악한 자 안에 있음, 세상의 모든 것은 육신의 정욕, 안목의 정욕과 이생의 자랑, 아들이 지각을 주어 참된 자를 알게 함, 우상에게서 멀리하라 등이다. 이 사실들을 몇 개의 범주로 나누면, 죄의 문제, 성육신, 적그리스도, 사랑과 미움, 성령의 역사, 지각, 세상에 속한 것과 하나님께 속한 것 등이다.

성육신의 문제는 요한이 이 서신에서 가장 핵심적으로 다루고 있는 문제다. 여러 곳에서 예수님이 육신을 쓰고 오신 분임을 강조하고 있고, 그것을 부인하는 자가 적그리스도라고 말한다.

요한에 따르면, 죄의 문제는 매우 역설적이다. 죄 없다고 하면 거짓말 하는 자(1: 9)라고 하는가 하면, 하나님 안에 거하는 자는 범죄 하지 않는다(3: 6)고 말한다.

형제를 사랑하지 않으면, 즉 미워하면, 하나님께 속한 자가 아니며, 하나님의 사랑은 형제 사랑으로 나타난다고 강조하면서, 그 사랑은 말과 혀로만 하는 것이 아니라 실질적인 도움을 주는 것으로 표현된다고 말한다. 그것이 진리 안에 있음을 나타내는 표라는 것이다.

성령의 역사는 우리 안에서 모든 것을 가르치며, 우리가 하나님께 속해 있음을 알게 하며, 예수님이 육신으로 오셨음을 증거 하는 세 가지 중의 하나라고 말한다. 요한 1서에서 성령의 역사는 내적 증거와 가르치는 면에 강조점을 두고 있다.

지각의 문제에 대해서, 그리스도인들은 진리에 대한 지식, 적그리스도와 거짓 선지자들에 대한 지식, 성육신에 관한 지식, 하나님의 사랑과 형제 사랑이 진리에 속해 있다는 지식, 세상에 속한 것이 무엇인지에 대한 지식과 하나님께 속한 것에 대한 지식을 가지고 있다는 것이다.

요한은 이 서신에서 공동체를 두 부류로 분리해서, 하나는 하나님께 속한 그룹, 즉 서로를 사랑하고 그리스도의 성육신에 대한 진리를 가지고 있는 그룹으로, 다른 하나는 반대로 적그리스도에 속한 그룹, 즉 형제를 미워하며, 예수에 대한 진리를 외면하고, 세상의 것을 사랑하는 그룹으로 나누고 있다.

이 같은 특징은 이 서신을 받은 공동체가 이곳에서 떨어져 나간 반대의 그룹으로부터 공격을 받고 있으며, 요한은 그들의 공격과 주장, 그리고 삶에 대해서 반응하고 있음을 보이고 있는 것이다.

위에서 지적한 니골라 파는 방종한 가운데서 무절제하며, 성적으로 음탕한 삶을 살며, 우상에 드려진 제물을 먹는 것도 묵인한 것으로 알려져 있다. 그리고 세린두스 파는 영지주의의 철학적 입장을 견지한 것으로 보인다. 영지주의의 철학적 입장은 예수님의 성육신 교리를 전면적으로 부인하는 견해였다. 예수님의 출생은 다른 사람과 다르지 않은 자연인의 출생이며, 세례 시에 그리스도가 그에게 임하였다가 십자가에 처형되어 죽을 때 그에게서 떠났다고 주장한다. 그들은 자기들만이 이 같은 참 지식을 가지고 있고, 그 지식이야말로 진리를 알며 하나님께로 가는 유일한 길이라고 가르친다. 이들 중 어떤 주장은 육체는 악한 것이기 때문에 죄를 지을 수밖에 없다는 것이고, 영에 속한 것은 죄를 지을 수 없다는 것이다. 요한의 말에 의하면, 이들은 원래는 기독 공동체의 일원이었지만 그곳에서 이탈한 집단이라는 것이다(2: 18-19). 이 두 파의 가르침과 삶의 실천은 위의 이 서신의 특징에서 나타나고 있는 적대자들의 주장과 삶의 양태와 상관관계가 있음을 알 수 있다.

‖ 요한의 대응

요한은 그들의 정체성, 주장, 그리고 삶의 양식에 대해서 밝히며, 이 편지를 받는 수신인들이 예수님이 죄를 없게 하기 위해 육신을 가지고 오셨으며, 그 확신을 가지고 재림할 때까지 서로 실질적으로 사랑하며 깨끗한 삶을 살라고 권면하고 가르친다.

그들의 정체성에 대해서, 그들은 적그리스도며, 거짓 선생들이며, 진리에 속하지 않으며, 하나님과 상관없이 세상에 속한 세상을 사랑하는 사람들이라고 밝힌다. 그 이유는 그들의 가르침은 진리가 아니며, 속이는 거짓이며, 그들의 삶은 형제를 미워하며, 죄 가운데 산다는 것이다.

그들의 정체성과 주장, 그리고 삶의 양식에 대해서 밝히는 가운데, 요한은 하나님께 속한 하나님의 백성들의 정체성과 가르침, 그리고 삶의 양식을 대조적으로 제시하고 있음을 본다.

위에서 밝힌 이 서신의 특성은 바로 이 두 가지 사실을 반영하고 있다. 즉 적그리스도에 속한 마귀의 백성의 양태와 그리스도에게 속한 하나님의 백성의 양태를 반영하고 있다는 말이다.

‖ 개요

요지: 예수의 성육신 사실을 부인하고, 교회에서 분리한 이단의 주장과 삶의 양태에 대해서 노출시키면서, 하나님의 백성이 가진 사랑이라는 삶의 양태를 제시하다.

1. 경험된 생명의 말씀(1: 1-4)

실제로 경험한 생명을 전함으로써 참 사귐을 가능케 한다. 영원 전부터 존재했던 생명의 말씀이 육신으로 왔으며 요한은 그것을 몸소 체험했고 그것을 전하는 사명을 가지고 있고 그것을 전함으로 참 사귐과 기쁨이 가능해 진다고 말한다.

2. 진리 안의 삶(1: 5-10)

우리가 행하고 고백하는 바에 의하여 삶의 성격이 결정된다. 죄를 고백하면 하나님 편에서 죄 사함의 길을 예비하였다.

3. 대언자 예수(2: 1-2)

죄를 지을 때 하나님은 대언자와 화목제물인 예수를 통하여 죄 사함의 길을 마련하였다. 대언자는 우리를 대변하는 존재이며 화목제물은 하나님과 사람 사이의 화목을 위해 드려진 제물임을 말한다.

4. 참 지식(2: 3-6)

우리가 예수님이 행한 것처럼 행하는 것으로 그를 안다는 사실이 입증된다. 계명을 지킬 때 하나님의 사랑이 온전하게 되고 결과는 하나님에 대한 참 지식을 갖는다.

5. 빛 가운데 거함(2: 7-11)

빛 가운데 사는 사람은 그의 형제를 사랑한다. 하나님은 사랑이고 빛이며 그 둘은 분리되지 않는 것이기에 빛 가운데 거한다는 것은 사랑을 통해서 이루어진다.

6. 요한이 쓴 내용(2: 12-14)

요한 공동체가 반드시 알아야 할 내용을 요한이 기록하고 있다. 아이들과 아비와 젊은이에게 죄 용서와, 참 지식과 승리가 있음을 확인시키고 있다.

7. 삶의 동력(2: 15-17)

언젠가는 없어질 세상에 있는 것들을 사랑하지 말고 영원한 하나님의 뜻을 행하라. 세상 안에 사는 그리스도인들이 가지고 있는 삶의 동력은 영원히 거할 수 있게 하는 하나님의 뜻을 행하는 것이다.

8. 적그리스도(2: 18-23)

적그리스도의 역사는 분리시키며, 진리를 왜곡시키는 것이다. 적그리스도는 거짓말하는 자들인데 이미 나타났으며 거짓말은 인간 예수가 그리스도임을 부인하는 것이다.

9. 거하라(2: 24-27)

배운 진리 안에 거하면 진리와 영생 안에 거한다. "거하라"는 동사형이 요한 1서 전체에서 23회 나오는데 그 중에서 본문에서만 5회 집중되고 있다. 듣고 배운 진리 안에 거하는 것의 중요성을 강조하고 있다.

10. 참 소망(2: 28 - 3: 3)

주님의 재림에 소망을 둔 자녀들은 자신을 정결케 한다. 주님이 재림할 소망을 가진 자들은 담대함을 얻고 의로운 행위를 하며 자신을 깨끗하게 한다.

11. 하나님의 자녀의 표지(3: 4-10)

하나님의 자녀는 범죄 하지 않는다. 그리스도가 죄가 없기 때문에 그 안에 거하는 자는 죄를 짓지 않는다. 죄를 이기게 하는 하나님의 씨가 그 안에 있기 때문이다.

12. 그리스도인의 형제애(3: 11-18)

그리스도인은 실천적으로 형제를 사랑해야 한다. 사랑의 반대인 미움은 죄의 결과이고 참 사랑은 주님이 목숨을 버린 것과 같은 것이다. 그러므로 진정한 사랑은 실질적인 도움을 주는 것으로 나타난다.

13. 하나님 앞에 담대함(3: 19-24)

그의 계명인 형제애를 실천함으로 하나님 앞에 담대함을 갖는다. 형제애를 실천함으로 양심의 가책을 받지 않기 때문에 하나님 앞에 담대함을 가질 수 있고 무엇이든지 구하는 바를 받을 수 있다.

14. 영 분별(4: 1-6)

하나님께 속한 자는 예수가 육체로 오심을 시인하는 우리의 말을 듣는다. 거짓 선지자의 출현은 적그리스도의 영과 하나님의 영의 구분을 만들었다. 적그리스도의 영은 세상에 속한 말을 하는데 그것은 예수의 성육신을 부인하는 것이고 우리의 말을 듣지 않게 한다.

15. 하나님의 사랑(4: 7-12)

하나님이 우리를 먼저 사랑하심과 같이 우리도 형제를 사랑해야 한다.

16. 완성되는 사랑(4: 13-21)

하나님이 우리를 사랑한 그 사랑은 형제애를 통하여 완성된다. 우리에게 주신 성령으로 사랑이 온전히 이루어지게 한다. 사랑에는 두려움이 없고 그 사랑의 모범은 그리스도에게서 나타났다. 하나님을 사랑하는 표는 형제 사랑을 통해서 완성된다.

17. 세상을 이기는 힘(5: 1-4)

하나님에 대한 사랑은 세상을 이기는 믿음에 기인한다. 그리스도를 믿는 자는 하나님께로부터 난 자들이기 때문에 사랑한다. 믿음에 기초한 사랑은 세상을 이기는 힘이 된다.

18. 참 믿음의 확인(5: 5-12)

그리스도의 성육신의 증거를 받아들인 자에게는 세상을 이기며 영생이 있다. 예수가 성육신했다는 사실은 성령과 물과 피로써 증거 되었기에 확신한 것이다. 바로 이 확신이 세상을 이기게 하며 영생에 대한 확신을 준다.

19. 그리스도인의 확실성(5: 13-21)

하나님께 속한 자는 영생과 기도의 담력을 갖는다. 하나님의 아들을 믿는 자에게 영생이 있고 뜻대로 구하는 바를 얻는 담대함을 가지게 된다. 하나님께로 난자는 범죄 하지 않고 참 하나님을 알게 하고 영생이 있음을 확신할 수 있다.

요한 2, 3서

‖ 배경

요한 2, 3서는 요한이 개인에게 쓴 편지이다. 개인 편지지만 교회의 사역과 관계된 서신이다. 요한 2서에서 수신인은 "택함 받은 부녀와 그의 자녀들"이라고 한다. 여기서 '부녀'로 번역된 이 단어는 여자에 대한 존칭으로 사용되는 단어다. 아마도 남편을 여의고 자녀들만을 데리고 살면서 헌신적으로 복음을 위해 사는 여자였을 것이다. 그녀가 봉사하던 지역에 미혹하게 하는 자들이 출현하였고, 이 여인은 그들을 대면하는 데 문제가 생긴 것 같다. 그래서 요한은 이 여인에게 미혹하는 자의 위험성을 보여주고, 그런 자를 집에 들이지도 못하도록 권면하고 있다. 아울러 그녀의 자녀들이 사랑 가운데 행하는 사실을 알고, 격려하며, 계속해서 사랑의 행위를 나타내도록 권면한다.

요한 3서의 수신인은 가이오라는 사람인데, 이 사람이 누구인지는 정확히 알 수 없다. 신약에는 가이오라는 사람이 바울의 3차 전도 여행 중 동행한 사람(행 19: 29)인지, 더베의 가이오(행 20: 4)인지, 아니면 고린도의 식주 가이오(롬 16: 23)인지 분명하지 않다. 하여튼 이 가이오가 속해 있었던 교회에 한 사람이 문제를 일으키고 있다. 그것은 디오드레베라는 사람이 요한을 악한 말로 비방하며, 순례 전도자들 중 한 사람인 데메드리오를 받아들이기를 거부하고 접대하지도 않을 뿐만 아니라, 접대하려는 자들을 교회에서 추방하려고 했다는 것이다. 그래서 요한은 이 일을 처리하기 위해 교회를 방문하고자 했으며, 사전에 가이오에게 데메드리오가 접대 받을 만한 사람임을 밝히고 있는 것이다.

‖ 요한 2서의 개요

요지: 서로 사랑하되 그리스도의 성육신을 부인하는 이단에 속한 사람은 용납하지 말라.

1. 인사(1: 1-3)

2. 자녀들의 계명에 따라 행함에 대한 칭송(1: 4)

3. **계명은 서로 사랑하는 것**(1: 5-6)
4. **미혹하는 자를 용납하지 말라**(1: 7-11)
5. **문안**(1: 12-13)

‖요한 3서의 개요

요지: 하나님께 속한 자는 동역자들에게 선을 행한다.

1. **가이오에게 인사: 진리 안에서 행함에 대하여 기뻐함**(1: 1-4)
2. **동역자에게 선을 베푸는 것은 합당하다**(1: 5-8)
3. **악한 일을 하는 드오드레베에 대한 경고**(1: 9-11)
4. **데메드리오에 대한 천거**(1: 12)
5. **속히 보기를 바란다는 문안 인사**(1: 13-15)

유다서

마태복음 13장 55절, 마가복음 6장 3절에 따르면, 예수님의 형제들 이름이 나오는데, 그 중 한 사람이 유다이다. 유다서를 쓴 사람은 자신이 야고보의 형제라고 지칭하고 있다. 여기서 야고보는 예수님의 동생이고, 결과적으로 이 서신을 쓴 사람은 그의 동생 유다인 것이다. 이 서신을 받은 교회, 사람, 혹은 지역에 대해서 전혀 아는 바가 없다. 그는 수신인을 "부르심을 받은 자 곧 하나님 아버지 안에서 사랑을 얻고 예수 그리스도를 위하여 지키심을 받은 자들"이라고 밝히는 것 외에는 아무 것도 그들이 어디에 있는 누구인지 말하고 있지 않기 때문이다.

수신인을 지칭한 내용은 매우 특이하다. 다른 어떤 서신에서 볼 수 없는 수신인에 대한 서술이 나열되어 있다. 그들은 부름을 받은 자, 하나님 아버지 안에서 사랑을 얻는 자, 예수 그리스도를 위하여 지키심을 받은 자라고 말한다. 그 같은 서술은 이 수신인에게 나타난 거짓 선지자들의 출현과 그들의 가르침과 행위와 관련이 있는 서술이다. 그들은 하나님의 부르심을 받고 사랑을 받고 지키심을 받은 자들이다. 이 같이 이들을 하나님의 보호의 대상으로 제시하고 있는 것은 그들에게 들어온 거짓 선지자들이 한 분이신 하나님을 부인하는 자들(1: 4)이기 때문이다. 악한 자들의 꼬임과 타락한 행위에 물들지 않고 마지막 때까지 믿음을 지키며 보호를 받아야 한다는 점을 강조하기 위함이다.

이런 수신인들에게 가만히 들어와서, "하나님의 은혜를 도리어 방탕한 것으로 바꾸고 홀로 하나님이신 주재 곧 우리 주 예수 그리스도를 부인"하도록 가르쳤다. 이들 거짓 선지자들은 방탕한 행위와 진리를 부인하는 자들이었다. 유다는 이들을 압축하여 "원망하는 자며, 불만을 토하는 자며, 그 정욕대로 행하는 자라 그 입으로 자랑하는 말을 하며 이익을 위하여 아첨하느니라"고 지칭한다. 이 서신은 이 같은 상황에서 그들의 정욕대로 행하는 행위가 어떤 것인지 자세하게 설명하며, 그들이 권위를 무시하는 말로 유혹한다고 말한다. 유다는 그 같은 위험에 처한 수신인들을 믿음 안에서 지키고 마지막 때까지 믿음 안에서 자라가게 하기 위하여 이 편지를 쓴다.

‖ 개요

요지: 정욕적인 행위와 권위를 무시하는 말로 믿음을 무너뜨리려는 거짓 선지자들의 위

협 하에 있는 사람들이 믿음을 위하여 싸우고, 지키고, 성장해야 한다.

1. 인사(1-2)

인사에서 유다는 자신이 야고보의 형제(주의 형제 야고보)라고 부르며, 특이한 사안은 그리스도를 위하여 지킴을 받은 자들이라고 한다.

2. 거짓 선지자들의 출현이 이 서신을 쓰게 된 배경이다(3-4)

베드로후서와 같이 거짓 선지자들의 출현이 서신을 쓰게 된 배경임을 말하고, 그들의 근간에 대해서 밝히고 있다.

1) 이들은 가만히 들어온 자들이다.

2) 이들은 방탕한 삶으로 하나님을 부인 하는 자들이다.

3. 심판에 대한 구약의 세 가지 모형(5-7)

1) 출애굽의 모형(5)

출애굽한 자들도 불신앙으로 멸망을 당하였다.

2) 천사들의 모형(6)

자기 처소를 떠난 천사들을 흑암에 가두다.

3) 소돔과 고모라의 모형(7–8)

음란을 따르다가 불의 형벌을 받았다.

4. 거짓 선지자들의 멸망(8-10)

이들은 육체를 더럽히며, 권위를 업신여기며, 자신들이 알지 못하는 것을 훼방하는 이성 없는 짐승 같이 본능으로 행하지만, 결국은 멸망당한다.

5. 심판에 대한 구약의 예를 세 개 더 추가함(11-13)

1) 가인, 발람, 고라의 패역과 멸망(11)

2) 이들의 부정적 정체성 7가지(12–13)

(1) 기탄없이 함께 먹는다.
(2) 애찬의 암초다.
(3) 자기 몸만 기르는 목자다.
(4) 바람에 불려가는 물 없는 구름이다.
(5) 뿌리 채 뽑힌 열매 없는 가을 나무다.
(6) 바다의 거친 물결이다.
(7) 캄캄한 흑암에 들어갈 유리하는 별들이다.

6. 에녹의 예언과 정체성의 요약(14-16)

유다는 신약에서 유일하게 에녹의 예언에 대해서 언급한다. 그는 아담의 칠 세 손으로, 주께 대적하는 경건치 않은 자들의 모든 강퍅한 말과 행위에 대해 심판한다고 예언했다. 유다는 이들에 대해서 요약하여, 원망하며, 불만을 토하며, 정욕대로 행하며, 자랑하는 말을 매며, 이득을 위하여 아첨하는 자들이라고 한다.

7. 이들의 출현에 대한 사도들의 예언(17-19)

사도들이 이 같은 거짓 선지자들이 출현할 것이라고 예언했음을 상기시키며, 반복해서 그들이 누구인지 밝힌다. 그들은 당을 지며, 육에 속한 자며, 성령이 없는 자이다.

8. 권면(20-23)

1) 지극히 거룩한 믿음 위에 자신을 세우며 성령으로 기도하라(20).

2) 자신을 지키며 그리스도의 긍휼을 기다리라(21).

3) 의심하는 사틀 긍휼히 여기라(22).

4) 불에서 끌어내어 구원하며, 두려움으로 긍휼히 여기라(23).

9. 마침과 영광송(24-25)

흠 없이 보존하시는 하나님께 영광을 돌리라.

제 5 부

역사 속의 교회와 계시록

하나님의 창조 섭리 가운데서, 예수님의 출현으로 시작된 교회의 시작과 확장은 역사 안에서 이루어진 것이다. 그리고 역사 안에서, 교회는 복음의 전통을 보존하며, 후대에게 전수하고, 새 하늘과 새 땅에 들어가기까지 이어진다. 교회는 사람들의 문화적 관습과 인성의 문제로 인하여 많은 문제점들을 노출하였고, 사도들은 그 문제점들을 해결하려고 많은 노력을 기울였다. 그 노력의 일환으로 문제를 안고 있는 교회에게, 또는 그 문제에 도움을 줄 개인에게 서신이 기록되었다.

그러나 세상 안에 존재하는 교회와 세상 역사와의 관계, 그리고 마지막에 일어날 일들에 대해서는 그다지 많은 것들이 알려지지 않았다. 그렇지만 교회는 세상의 역사에서 무슨 일들이 교회를 향하여 일어나고 있는지, 교회의 궁극적 사명은 무엇인지, 그리고 교회의 마지막은 어떻게 되는 것인지 알아야만 했다. 그래야만 교회의 정체성과 세계관, 그리고 역할에 대한 명확한 그림이 그려지고, 그 그림에 따라서 교회가 세상에 대한 올바른 해석 체계를 가지고 움직여 나갈 것이기 때문이다. 그러한 그림을 그려주고 있는 것이 신약성경의 마지막 책인 계시록이다.

‖ 계시록의 해석의 문제

계시록은 본질적으로 그러한 책이지만, 그 안에 담겨 있는 많은 내용들이 묵시문학적 성격을 띠고 상징적 표현들로 구성되어 있기 때문에, 그 같은 그림을 그리기에 매우 난해하다. 이 책이 가지고 있는 난해성 때문에, 많은 사람들이 그것을 자의적 주관적으로 억지로 풀다가 이단으로 빠져들어 갔다. 그러므로 이 책에 대한 해석의 원칙을 아는 것이 매우 중요하다. 그래야만 자의적 주관적인 억지 해석을 피하며, 과거의 이단의 오류에 빠지지 않고, 그들의 오류를 볼 수 있는 것이다. 지금까지 알려진 계시록의 해석은 네 가지 접근법이 있다. 첫째, 당대의 역사에 관한 기록, 둘째, 기독교 역사의 흐름에 대한 기록, 셋째, 미래사에 대한 예언의 기록, 넷째, 영적 교훈을 위한 기록이다.

첫째, 당대의 역사에 관한 기록이라는 접근법은 이 책에 언급되어 있는 7교회의 역사, 교회들과 주변, 특히 로마 제국과의 관계에 대한 상징적 기록이라는 것이다. 이 접근법은 일면으로는 당대의 7교회와 관련한 역사와 로마 제국과의 관계라는 측면에서 수용할 부분들이 있지만, 그것만이 전부가 아니다. 그것은 이 책의 성격, 즉 예언이 담겨있다는 사실을 어떻게 해석해야 할지를 말해주지 못한다.

둘째, 기독교 역사의 흐름에 대한 기록이라는 점에 있어서, 7교회는 기독교 역사의 일정한 기간의 기독교회의 단면들을 보여주고 있으며, 그 교회의 역사와 세상 역사와의 관계를 설명한다는 것이다. 초기 1세기까지를 에베소교회의 기간으로 보고, 다음 2세기 후에서 콘스탄틴 대제의 출현 전까지의 기간을 핍박받는 서머나교회의 기간으로 보고, 다음 콘스탄틴 후 교황 제도의 도입까지 약 200년간의 기간을 버가모교회의 기간으로 보고, 다음 교황 제도의 도입으로부터 종교개혁까지 약 천년의 기간을 두아디라교회의 기간으로 보고, 다음 종교개혁 후부터 선교의 역사가 활발하게 시작되는 19세기 이전까지 약 300년의 기간을 사데교회의 기간으로 보고, 다음 선교가 활발하던 19세기의 기간을 빌라델비아교회의 기간으로 보고, 끝으로 오늘날의 기간을 라오디게아교회의 기간으로 보는 견해다. 이들은 주로 세대주의의 입장에 근거한 것이다. 이 같은 입장은 7교회가 당대의 역사적 상황과 직접적인 연관이 있다는 사실을 배제하고 있기 때문에, 따르기에는 무리가 있다.

셋째, 미래사에 대한 예언으로 보는 견해는 앞으로 있을 사건들에 대한 예언이라고 보는 견해이다. 이 같은 견해를 따라서, 많은 사람들이 계시록의 어떤 특정한 숫자나 사물을 역사적으로 나타날 인물이나 사건과 일치시키려는 노력들을 해 왔다. 예를 들면, 적그리스도의 숫자가 666인데, 이 숫자를 어떤 특정 인물에다가 적용시켜서, 그가 적그리스도이며 계시록은 그것을 미리 예언한 책이라고 하는 것이다. 분명한 것은 이 책에 앞으로 일어날 일에 대한 예언이 기록되어 있는 것은 사실이지만, 그것들이 상징적으로 표현되어 있기 때문에 정확하게 밝혀지지 않는다는 점이 문제가 된다. 예언에만 집중하면 다른 역사성을 무시하는 경향을 띤다는 점도 역시 문제로 지적된다.

넷째, 영적 교훈을 위한 책은 이 책 속에 담겨 있는 많은 것들이 영적 진리를 담고 있기 때문에 그리스도인들의 영적 성장과 영성의 진작을 위해 사용되어야 한다는 주장이다. 이 같은 주장도 역시 일면으로는 계시록에서 언급하고 있는 부분이다. 여기에는 7회(1: 3; 14: 13; 16: 15; 19: 9; 20: 6; 22: 7; 22: 14)에 걸쳐서 이 책을 읽는 자는 복이 있다고 말하고 있기 때문이다. 그러나 영적 해석의 접근법만을 취하면, 지나치게 모든 것을 영적인 교훈을 얻으려는 주관적 자의적인 무모한 해석이 가능해 진다.

이상의 네 가지 접근법은 일면으로는 타당한 면이 있지만, 다른 면으로는 계시록에서 의도하고 있는 바를 지나칠 가능성이 있다. 이 같은 사실은 계시록의 해석을 어느 한 가지 접근법에 의해서만 해석할 수 없고, 이 책에서 언급하고 있는 모든 면을 포함한 해석의 원리를 채택해야 한다는 것을 보여준다. 즉 위의 네 가지 접근법을 종합적으로 활용해야 한다는 것이다. 이 같은 원칙을 적용하여 계시록을 일별하면, 1 - 3장은 요한 당시 7 교회의 역사적 상황을 그리고 있으며, 4 - 18장은 교회가 바벨론으로 상징된 로마 제국 내에서의 핍박 가운데서 타협하지 않고 견디지만, 마침내 승리한다는 역설에 대한 당대의 역사적 상황을 그린다. 그리고 19 - 22장은 승리한 교회와 교회가 처할 영광의 자리에 대해서 그리고 있다. 이 같은 역사적 상황은 단지 당대의 역사적 상황만을 그리고 있는 것이 아니라, 계속해서 이어지는 바벨론으로 상징된 강력한 힘을 가진 세상에서 7교회의 특성을 띤 교회가 세상과 갈등하면서 이어갈 주님 재림 때까지의 역사와 재림 후의 새 하늘과 새 땅의 모습을 예언하고 있다. 이 같은 역사적 과정에 있는 교회는 승리자 그리스도의 재림과 그 후의 영광을 소망하면서 참고 견뎌야 한다는 영적 진리를 얻어야 한다.

‖ 계시록 해석에서 주의할 점

이미 언급한 바와 같이, 계시록은 많은 사람들이 자의적 주관적으로 무모하게 해석하다가 이단이 생기게 되는 책이다. 그러므로 계시록을 대할 때 주의할 점을 지적한다면 다음과 같다. 첫째, 이 책에는 많은 상징적 사건과 사물들이 있는데, 이것들을 자기화하는 것을 금해야 한다. 둘째, 이 책에는 많은 종류의 숫자가 나타나는데, 이것을 지나치게 문자적으로 받아들이거나, 그 숫자를 역사의 현존하는 인물이나 사건과 일치시키려는 노력을 금해야 한다. 셋째, 이 책이 쓰일 당시의 역사적 조명을 정확하게 할 필요가 있다. 넷째, 많은 예언들이 언급되는데, 그것들의 성취에 대하여 지나치게 역사적 사건이나 인물들과 일치시키려는 노력을 피하고, 알 수 있는 확실한 예언, 예를 들면, 그리스도의 재림의 확실성, 천국과 지옥의 확실성, 마귀의 완전한 패배, 마귀의 권세 아래 있는 세상의 권력의 필연적인 붕괴 등과 같은 예언을 굳게 믿어야 한다는 것이다.

‖ 계시록의 의도

계시록은 아무 힘없는 어린 양 예수 그리스도가 세상 권력에 의해서 죽었지만, 죽음을 이기고 부활하셔서 하나님 보좌 우편에 앉으셨다는 것이 전체의 중심을 차지하고 있다. 그 분이 교회의 주관자이며, 동시에 보이지는 않지만 세상 역사의 흐름을 주도한다는 것이다. 그러다가 마침내 심판의 주로 재림하여, 이 힘센 세상을 멸하고, 그 뒤에서 조정하는 마귀와의 싸움에서 승리할 것이다. 그는 하나님께 속한 거룩한 무리와 마귀에게 속한 거룩치 못한 무리들을 구별하여, 전자는 영원한 복락의 세계인 하나님이 거하시는 나라에 들어가게 하지만, 후자는 그 주인인 마귀와 함께 영원한 지옥 형벌을 받게 한다는 것이다.

이 같은 세계관 속에서, 교회들은 마귀가 모든 사람들로 하여금 자신에게 숭배하고 자신을 섬기도록 협박하는 강력한 힘 앞에 놓여 있지만, 하나님의 대리자인 그리스도는 교회에게 하나님만을 섬기도록 권면하고 힘을 준다. 그러나 마귀의 힘은 너무나도 세서 교회가 고난과 어려움을 겪고 시련에 부딪친다. 마귀에 의해서 죽임을 당한 약한 어린 양 같은 힘없는, 그래서 온갖 핍박을 당할 수밖에 없었지만, 하나님을 섬기는 일을 포기하지 않고 죽기까지 복종한 그리스도의 발자취를 따라서 참고 견디며 순종하면서 오직 하나님만을 섬기는 교회는 마침내 그리스도가 최후 결전에서 승리함으로써 새 하늘과 새 땅에 들어가게 한다는 것이다. 그러므로 교회는 이 세상에 있는 동안 어떤 역경과 고난과 핍박과 환난이 오더라도, 그것에 굴하여 섬김을 강요하는 마귀에게 무릎 굶지 말고, 참고 견디며 오직 살아계신 하나님만을 섬기며, 주님이 다시 오실 날을 대망하면서 복음의 빛을 비춰야 한다는 것이다.

7교회의 특징들 중에 드러난 것처럼 많은 약점이 교회 안에 있지만, 그것들은 회개라는 처방책을 통하여 해결될 수 있고, 끊임없는 내적 개혁을 통해 이 세상 안에서 구별된 공동체로서 이 세상의 다른 공동체에서 볼 수 없는 도덕적 사회적 영적 모범을 보임으로써 살아계신 하나님과 구속하신 그리스도에게 영광을 돌려야 한다는 의도가 담겨 있다.

그림 112) 밧모섬의 한 동굴에서 요한이 계시를 받았다는 동굴 입구

그림 113) 계시동굴 내부 왼편에는 예수님이 7교회의 사자에게 메시지를 전하며 요한은 무릎을 꿇고 있는 벽화가 보인다. 위 천정의 갈라진 바위는 요한이 계시를 받을 때 갈라졌다는 전설이 있다.

사도 요한이 귀양 간 밧모섬은 에베소 인근의 항구에서 약 60km 떨어진 외딴 섬이다. 이 섬의 크기는 남북이 약 16km, 동서는 넓은 곳이 약 10km이다. 섬 둘레는 약 60km에 달한다. 면적은 우리 나라의 영종도 크기와 거의 같은 34평방 km이다. 로마제국 시대에는 이 섬은 정치, 종교 중범자들의 유배지였다. 사도 요한은 도미티아누스 황제 때 이 섬으로 유배됐다가 황제가 죽은 96년 경 석방되어서 에베소로 귀환하였다고 한다.

‖ 개요

1. 서언(1: 1-3)

서언에서 요한은 자신이 본 것과 속히 될 일을 기록한다고 말하면서, 자신은 하나님의 말씀과 그리스도의 증거를 증언한다고 한다. 계시록의 7번의 복 중에서 첫 번째 복에 대한 언급이 나와 있다.

2. 인사 및 머리말(1: 4-8)

7교회에게 편지하면서, 이 편지의 배경에는 이제도, 전에도, 장차 오실 이인 하나님(8절에서 다시 이를 반복함)이, 그리고 충성된 증인이며, 죽은 자 가운데서 먼저 나신 이이며, 임금들의 머리인 예수로부터 은혜와 평강이 있으라고 한다. 예수님은 우리를 사랑하여 그 피로 우리를 죄에서 해방시켰으며, 하나님 아버지를 위해 우리를 제사장으로 삼았다고 한다.

3. 밧모 섬에서 본 환상(1: 9-20)

요한은 핍박을 받아, 밧모 섬에서 환상을 보고, 그 본 것을 7교회에게 써 보내라는 명령을 받았으며, 인자의 모습을 보았다고 한다.

1) 편지를 보내라는 명령(1: 9–11)

2) 요한이 본 인자에 대한 환상(1: 12–16)

(1) 발에 끌리는 옷을 입고 가슴에 금띠를 띰.
(2) 머리와 털의 희기가 흰 양털과 눈 같음.
(3) 그의 눈은 불꽃같음.
(4) 발은 풀무에 단련한 빛난 주석 같음.
(5) 음성은 많은 물소리 같음.
(6) 오른손에 일곱 별이 있음.
(7) 입에서 좌우에 날선 검이 나옴.
(8) 얼굴은 해가 힘 있게 비취는 것 같음.

3) 요한에게 주는 명령(1: 17-20)

죽었다가 산 자인 예수님이 사망과 음부의 열쇠를 가졌으며, 요한에게 그가 본 것과 이제 있는 일과 장차 될 일을 기록하라고 명한다.

4. 일곱 교회에게 보내는 편지(상세 내용은 부록 참조, 2: 1 - 3: 22)

1) 에베소교회(2: 1-7)

2) 서머나교회(2: 8-11)

3) 버가모교회(2: 12-17)

4) 두아디라교회(2: 18-29)

5) 사데교회(3: 1-6)

6) 빌라델피아교회(3: 7-13)

7) 라오디게아교회(3: 8-20)

5. 첫 번째 막간: 하늘 문 열린 후의 환상(4 - 5장)

하늘 문이 열린 후에, 하늘 보좌 주변에서의 상황과 찬양과 일곱 인에 대한 환상이 보인다. 그리고 이후에 될 일을 요한에게 보인다고 증언한다.

1) 하나님의 보좌-하늘의 성가대와 합창(4: 1-11)

(1) 보좌의 형상: 앉으신 이의 모양은 벽옥 홍보석 같고 무지개가 보좌를 둘러있음.
(2) 보좌에 이십사 장로들이 흰옷을 입고 금 면류관을 쓰고 앉아 있다.
(3) 보좌로부터 번개와 음성과 뇌성이 나고 그 앞에 하나님의 일곱 영이 있다.
(4) 보좌 앞에 수정과 같은 유리 바다가 있다.
(5) 보좌 주위에 네 생물이 있는데 앞뒤에 눈이 가득하다.
첫째 생물은 사자 같고, 둘째 생물은 송아지 같고, 셋째 생물은 사람 같고, 넷째 생물은 독수리 같다. 네 생물은 여섯 날개가 있고, 밤낮 쉬지 않고 전능하신 하나님께 송영한다. 전에도 계시고, 이제도 계시고, 장차 오실 자라고 송영한다. 이는 세 번째 언급이다. 생물들이 영광과 존귀를 하나님께 드린다.
(6) 24명의 장로들이 보좌에 앉으신 이에게 경배한다.

2) 책을 취한 어린 양(5: 1-8)

죽임을 당한 어린 양이 보좌에 앉으신 이의 오른 손에서 책을 취하다.

3) 하나님과 어린 양에게 찬양과 경배(5: 9-14)

그 피로 사람들을 사서 하나님께 드리고 나라와 제사장으로 삼으신 어린 양이 그 인봉을 떼기에 합당하다. 보좌에 둘러선 수많은 천사들이 어린 양에게 영광을 돌리다.

6. 여섯 인의 환상(6: 1 - 8: 6)

1) 처음 네 봉인: 묵시적인 말을 탄 자들(6: 1-8)

(1) 흰 말을 탄자가 활을 가지고 이기려고 함
(2) 붉은 말을 탄자가 화평을 제하고 서로 죽이게 함

(3) 검은 말을 탄자가 손에 저울을 가졌음.
(4) 청황색 말을 탄자가 사망이며 음부가 따름.

2) 다섯째 봉인(6: 9–11)

제단 아래에서 피 흘린 증인들의 영혼들이 신원의 시기를 물을 때 잠시 동안 기다리라고 한다.

3) 여섯째 봉인: 우주의 동요(6: 12–17)

여섯째 인을 뗄 때에 하늘과 땅에 큰 동요가 일어난다. 땅에서는 지진으로 산과 섬들이 요동치며, 왕들은 진노의 두려움으로 떨며, 하늘의 별들이 떨어지며, 하늘은 종이축이 말리듯이 떠나간다.

4) 두 번째 막간: 찬양과 준비(7: 1 – 8: 6)

일곱째 인과 연이은 일곱 나팔의 환상이 보이기 전에 두 번째 막간이 있으며, 이 때도 첫 번째 막간 때와 같이 하늘에서 찬양과 송영과 경배가 있다.

(1) 인 치심을 받은 12지파의 십사만 사천 명(7: 1-8)
여기에서 단 지파가 빠지고, 대신 므낫세 지파가 들어온다.
(2) 하나님의 보좌 앞에 있는 셀 수 없는 무리의 찬양과 경배(7: 9-17)
하나님과 어린양에게 구원하심이 있다고 찬양하며 경배한다. 앞으로 성도들이 들어갈 하늘나라의 전조가 보인다.
(3) 일곱 번째 인과 일곱 나팔의 준비(8: 1-6)
일곱 번째 인을 뗄 때에 일곱 나팔을 불 준비가 완료된다.

7. 일곱 나팔 환상(8: 7 - 11: 18)

일곱 천사가 차례로 일곱 나팔을 분다. 여섯 번째 나팔이 불 때 세 번째 막간이 잠시 있으며, 그 막간에 일곱 번째 나팔을 불기 전의 여러 가지 상황이 전개된다. 그러고 나서 마침내 일곱 번째 나팔을 분다.

1) 처음 네 나팔들(8: 7-13)

(1) 첫 번째 나팔: 피 섞인 우박과 불이 나와서 땅에 쏟아진다. 이로 인해 땅의 삼분의 일이 타고 수목의 삼분의 일이 타 버린다.
(2) 두 번째 나팔: 바다의 삼분의 일이 피가 되고, 바다 생명체의 삼분의 일과 배들의 삼분의 일이 침몰한다.
(3) 세 번째 나팔: 타는 큰 별이 강의 삼분의 일과 물의 삼분의 일에 떨어지므로, 쓴 쑥이 되매 많은 사람이 죽는다.
(4) 네 번째 나팔: 해, 달, 별들의 삼분의 일이 어두워진다. 그리고 독수리가 날면서, "화, 화, 화"를 외친다.

2) 다섯째 나팔(9: 1-12)

독수리가 외치는 세 번의 화 중 첫 번째 화가 닥친다.

(1) 하늘에서 떨어진 별 하나가 무저갱의 열쇠를 받아서 화를 부른다. 그가 무저갱을 열자, 거기서 연기가 올라오고 해와 공기가 어두워진다.
(2) 황충이 연기 가운데서 나오는데, 전갈 같은 권세를 가졌다. 그가 이마에 하나님의 인 치심을 받지 못한 사람들로 하여금 죽지 못하고 다섯 달 동안 괴롭을 당하게 한다.
(3) 황충의 모양은 전쟁을 준비한 말들 같고, 머리에 금 같은 관을 썼고, 얼굴은 사람의 얼굴 같다.
(4) 여자의 머리털 같은 머리털이 있고, 그 이름은 사자의 이빨 같다.
(5) 철 호심경 같은 호심경이 있다. 날개는 전쟁터로 가는 소리 같다.
(6) 전갈과 같은 꼬리와 쏘는 살이 있다.
(7) 이들에게 왕이 있는데, 무저갱의 사자다.
(8) 이와 같이 첫째 화가 지나가고, 나머지 두 개의 화가 이를 것이다.

3) 여섯째 나팔(9: 13-21)

여섯 번째 나팔이 부니, 각양 사건들이 나타나며, 두 번째 화가 미친다.

(1) 큰 강 유브라데에 결박한 네 천사를 놓아 준다. 이들은 사람 삼분의 일을 죽이기로 준비된 자들이다.

(2) 그 마병대의 수를 셀 수가 없다.

(3) 말들과 말 탄 자들은 불빛, 자줏빛, 유황빛, 호심경이 있고, 말들의 머리는 사자 머리 같다. 그 입에서는 불과 연기와 유황이 나온다.

(4) 이것으로 말미암아 사람 삼분의 일이 죽임을 당한다.

(5) 이 말들의 힘은 입과 꼬리에 있다.

(6) 이 재앙에 죽지 않은 사람들은 회개치 않고 오히려 우상에게 절한다.

(7) 살인과 복술과 도둑질을 회개하지 않는다.

4) 세 번째 막간(10: 1 – 11: 14)

여섯 번째 나팔과 일곱 번째 나팔 사이에 잠시의 막간이 있고, 한 천사와 그의 선언이 언급되어 있다.

(1) 천사와 열려진 책(10: 1-11)

천사는 손에 두루마리를 들고, 오른 발은 바다를 왼발은 땅을 밟고 사자처럼 부르짖는다. 그 때 일곱 우레가 소리를 내어 말한다.

(2) 성전 측량과 두 증인(11: 1-14)

그 천사가 요한에게 성전과 제단과 그 안에서 경배하는 자들을 측량하게 한다. 그리고 두 증인이 핍박을 받아 길거리에서 죽임을 당한다. 그 후 지진이 나므로, 성 삼분의 일이 무너지고, 지진에 죽은 사람이 칠천이다. 남은 자들이 하나님께 영광을 돌린다.

5) 일곱째 나팔(11: 15–18)

(1) 세상 나라가 그리스도의 나라가 된다.

(2) 24명의 장로가 하나님께 경배한다.

8. 네 번째 막간: 하늘의 성전 문 열림과 환상(11: 19 - 14: 5)

하늘의 성전이 열리고, 또 다른 환상이 보인다.

1) 성전 안의 언약궤가 보이며, 번개, 음성, 우레, 지진, 그리고 큰 우박이 있다(11: 19).

2) 용의 핍박이 여자와 아기에게 가해진다. 그 붉은 용은 머리가 일곱이고, 머리에 일곱 왕관이 있다. 여자는 광야에서 천이백육십일 동안 아기를 돌본다(12: 1-6).

3) 하늘에서 천사장 미가엘과 용의 싸움이 있고, 그들이 패하므로 하늘에서 쫓겨난다. 이는 옛 뱀, 곧 마귀라고도 하고 사탄이라고도 한다. 이는 천하를 꾀는 자다 (12: 7-12).

4) 용을 피해 도주하는 여인(12: 13-17)

용이 쫓겨난 것을 알고 남자를 낳은 여자를 박해한다. 여자는 뱀을 피하여 양육을 받는다.

5) 바다에서 올라온 첫 번째 짐승은 뿔이 열이고, 머리가 일곱이며, 그 뿔에는 열 왕관이 있고, 머리에는 신성모독 하는 이름들이 있다(13: 1-10).

(1) 짐승은 표범과 비슷하고, 그 발은 곰의 발 같고, 그 입은 사자의 입 같다.
(2) 용이 자신의 능력과 보좌와 큰 권세를 그에게 준다.
(3) 머리 하나가 상하여 죽게 된 것 같더니, 상처가 고침을 받는다.
(4) 용이 짐승에게 권세를 주므로, 용에게 경배하며, 짐승에게 경배한다.
(5) 짐승이 마흔두 달 동안 하나님을 비방한다.
(6) 성도들과 싸워 이기며 온 세상을 다스리는 권세를 받는다.
(7) 어린 양의 생명책에 이름이 기록되지 않은 자들은 다 그 짐승에게 경배한다.

5) 땅에서 올라온 두 번째 짐승(13: 11-18)

땅에서 올라온 다른 짐승이 있는데, 어린 양 같이 두 뿔이 있고, 용처럼 말을 한다.

(1) 첫 번째 짐승의 모든 권세를 행한다.
(2) 땅과 땅에 사는 자들을 처음 짐승에게 경배하게 한다.
(3) 큰 이적을 행한다. 땅에 거하는 자들이 미혹되어 우상을 만들게 한다.
(4) 짐승의 우상에게 생기를 주어 말하게 하고, 경배하지 않는 자들을 죽이게 한다.
(5) 그가 각 사람에게 오른손 아니면 이마에 표를 받게 한다.
(6) 표가 없는 자는 매매를 못하게 한다.
(7) 그 짐승의 수는 666이다.

6) 어린 양과 144000명: 합창(14: 1–5)

(1) 어린 양과 함께 144000명이 시온 산에 서 있다.
(2) 정결을 지키고 속량함 받은 자 중에 처음 익은 열매다.
(3) 거짓과 흠이 없는 자들이다.

9. 천사들의 선포와 역할(14: 6-20)

서로 다른 여섯 천사가 차례로 나와서 각기 다른 선포와 행위를 하는 것을 본다.

1) 첫 번째 천사의 선포(14: 6–7)

첫 번째 천사는 모든 민족과 종족에게 전할 복음을 가졌다. 그의 선포는 창조주 하나님을 두려워하고 경배하라는 것이다.

2) 두 번째 천사의 선포(14: 8)

두 번째 천사가 바벨론이 무너졌다고 선포한다.

3) 세 번째 천사의 선포(14: 9–14)

세 번째 천사는 짐승과 그의 우상에게 경배하고 이마에나 손에 표를 받으면 하나님의 진노를 받을 것이라고 선포한다. 반면 주 안에서 죽는 자는 복되다고 성령이 이른다.

4) 네 번째 천사의 낫과 심판(14: 15–16)

네 번째 천사가 성전에서 나와서 낫을 휘둘러서 거두어들이라고 외친다.

5) 다섯 번째 천사의 낫과 여섯 번째 천사의 명령(14: 17–20)

다섯 번째 천사가 성전에서 낫을 들고 나오고, 여섯 번째 천사는 제단에서 나와서 그 낫으로 땅의 포도송이를 거두어들이라고 말하고, 다섯 번째는 그렇게 한다.

10. 일곱 대접: 일곱 재앙(15: 1 - 16: 22)

7인, 7나팔, 그리고 7대접으로 차례로 이어지는 하나님의 진노는 일곱 천사의 일곱 대접으로 끝을 맺는다. 일곱 천사가 그 대접을 차례로 땅에 붓기 전에, 잠시 본 다른 환상에 대해서 기록하고, 마침내 마지막 일곱 재앙이 시작된다.

1) 재앙의 서막(15: 1 - 15: 8)

(1) 일곱 재앙을 가진 일곱 천사(15: 1)
(2) 하나님을 찬양(15: 2-4)
(3) 일곱 천사의 재앙 준비 완료(15: 5 - 16: 1)

2) 일곱 대접을 쏟음(16: 1–21)

(1) 첫째가 대접을 쏟음으로 짐승의 표를 받고 우상에게 경배하는 자들에게 악하고 독한 종기가 퍼진다(16: 2).
(2) 둘째가 대접을 바다에 쏟음으로 바다의 생물이 죽는다(16: 3).
(3) 셋째가 대접을 강과 물 근원에 쏟음으로 그곳들이 피로 변하였다(16: 4-7).
(4) 넷째가 대접을 해에 쏟음으로 불로 사람을 태우다. 그러나 사람들이 하나님을 비방하고 회개하지 않는다(16: 8-9).
(5) 다섯째가 대접을 짐승의 왕좌에 쏟음으로 사람들이 아파고 종기가 생기지만, 하나님을 비방하고 회개치 않는다(16: 10-11).
(6) 여섯째가 대접을 유브라데 강에 쏟음으로 강물이 마르고 동방의 왕의 길이 예비된다. 세 더러운 영이 용의 입과 짐승의 입과 거짓 선지자의 입에서 나와서 아마겟돈으로 왕들을 모은다(16: 12-16).
(7) 일곱째가 대접을 공중에 쏟음으로 큰 음성이 보좌로부터 나서 번개와 음성들과 우렛소리가 나고 큰 지진이 일어난다. 그 결과 큰 성이 세 갈래로 갈라지고 만국의 성과 바벨이 심판을 받는다. 그리고 무게가 한 달란트나 되는 큰 우박이 사람들에게 내린다(16: 17-21).

11. 천사들이 말하고 보여준 것(17: 1 - 19: 10)

연이어 천사들이 요한에게 말하고 보여주고 들려준 것을 기록하고 있다.

1) 음녀 바벨론과 짐승에 대해 보여준 것(17: 1–18)

일곱 대접 가진 일곱 천사 중 한 천사가 큰 음녀의 받을 심판에 대해서 보여준다. 그 여자는 붉은 빛 짐승을 탔는데, 짐승의 머리는 일곱 개이고 열 뿔이 있다. 그 여자는 음행의 더러운 것이 가득하고 성도들이 피와 예수의 증인들의 피에 취하였다. 이것을 보여준 후에, 그 천사는 요한에게 이 짐승의 비밀에 대하여 말한다. 그 말 후에 음녀가 앉은 물은 백성과 무리와 열국과 방언들이라고 천사가 다시 말해 준다. 이 여자는 땅의 임금들을 다스리는 큰 성이라고 말한다.

2) 바벨론에 대한 심판의 선포(18: 1–20)

그 같은 환상과 천사의 말이 있은 후에, 다른 천사가 하늘에서 내려오는 환상을 요한이 본다. 그 천사는 힘센 음성으로 큰 성 바벨론이 무너졌다고 외친다. 그 소리 후에 또 다른 음성이 하늘로서 나오는데, 하나님의 백성이 그곳에서 나오라고 외친다. 바벨론과 함께 음행하고 치부한 모든 것들이 망하게 되었다고 외친다.

3) 바벨론이 망하게 됨(18: 21–24)

세 번째 천사인 힘센 천사가 큰 맷돌을 바다에 던지는데, 바벨론이 그렇게 떨어져 멸망하게 되고 ,더 이상 바벨론의 풍류 소리가 들리지 않는다고 한다.

4) 하늘에서의 승리의 찬가: 할렐루야 찬양(19: 1–10)

이 일 후에 요한은 하늘에서 할렐루야 외치는 큰 음성을 듣는다. 그리고 이십사 장로들과 네 생물이 하나님께 경배하는 것을 본다. 어린 양의 혼인 잔치에 청함을 입은 자들이 복이 있다고 외치는 소리를 듣는다.

12. 하늘이 열린 후의 환상(19: 11 - 21: 8)

짐승과 용 즉 마귀와 사단에 대한 예수님의 싸움과 최후 승리를 요한에게 보여주고 있다.

1) 그리스도와 그의 군대가 나타나다(19: 11-16).

백마를 탄 그리스도와 하늘에 있는 군대들이 나타나는데, 그는 만왕의 왕 만주의 주이며, 그 이름은 충신과 진실이며 공의로 심판하는 이다.

2) 지옥 불의 심판(19: 17-21)

짐승과 거짓 선지자가 붙잡히고, 유황 불붙는 곳에 갇힌다.

3) 천년 왕국과 사탄에 대한 최후 승리와 심판(20: 1-10)

요한은 천사가 무저갱 열쇠를 가지고 와서, 용, 곧 옛 뱀, 즉 마귀요 사단을 일천년 동안 잡아 가두고, 그 후에 잠시 놓였다가 짐승과 거짓 선지자가 있는 유황 불 못에 갇혀서 영원토록 괴로움을 받게 되는 것을 본다.

4) 둘째 사망(20: 11-15)

요한은 다시 백 보좌 심판을 보고, 생명책에 그 이름이 기록되지 못한 사람들이 자기의 행위대로 심판을 받아 유황 못에 떨어져 영원토록 고통을 받는 것을 본다.

5) 새 하늘과 새 땅(21: 1-8)

요한은 새 하늘과 새 땅을 본다. 처음 하늘과 처음 땅이 없어지고 바다도 다시 있지 않다. 그리고 보좌에서 큰 음성이 나서 하나님의 장막이 사람들과 함께 있다고 외치는 소리를 듣는다. 두려워하는 자들과 믿지 않는 자들과 흉악한 자들과 살인자들과 행음자들과 술객들과 우상 숭배자들이 불과 유황에 타는 못에서 영원토록 고통을 당한다.

13. 천사가 말하고 보여준 것(21: 9 - 22: 11)

일곱 대접을 가진 일곱 천사 중 하나가 하늘에서 내려오는 거룩한 성 예루살렘을 보여준다. 그 성이 아름다운 온갖 보석류로 장식되었음을 보여주고 있다. 그리고 생수의 강을 보여준다.

1) 새 예루살렘(21: 9–27)

예루살렘의 아름다움을 보여주고, 그 성에 들어 올 수 있는 자들은 어린 양의 생명책에 기록된 자들뿐임을 알려 준다.

2) 새 생명수와 새 생명나무(22: 1–5)

그 천사는 요한에게 수정 같이 맑은 생명수의 강이 어린 양과 하나님의 보좌로부터 나와서 흐르는데, 좌우에는 생명나무가 다시 등장함을 보여준다.

3) 임박한 재림을 말한다(22: 6–7)

그 천사가 요한에게 예수님이 속히 올 것을 말해준다. 그리고 이 책의 예언의 말씀을 지키는 자가 복이 있다고 말한다.

4) 천사가 요한에게 하나님만을 경배하라고 말한다(22: 8–9).

5) 천사의 마지막 말(22: 10–11)

천사는 이 책의 예언의 말씀을 인봉하지 말라고 말하면서, 불의한 자는 불의한 대로 거룩한 자는 거룩한 대로 그대로 있게 하라고 말한다.

14. 예수님의 마지막 선언(22: 12-21)

계시록은 예수님의 마지막 말과 경고, 그리고 약속으로 끝을 맺고 있다.

1) 임박한 재림과 보응(22: 12–15)

예수님은 재림이 임박하였고, 일한대로 갚아 주지만, 두루마리를 빠는 자는 복이 있다고 선언한다.

2) 마지막 초청(22: 16–17)

예수님은 교회들을 위하여 이 모든 것을 증거 하게 하였다고 확인하면서, 듣는 자, 목마른 자, 원하는 자는 값없이 생명수를 받으라고 마지막으로 초청한다.

3) 마지막 경고와 임박한 재림의 약속(22: 18–21)

이 예언 외에 더하거나 제하면 재앙을 받으며, 거룩한 성에 참예치 못한다고 마지막 경고하면서, 속히 다시 오겠다고 약속한다.

‖ 부록: 계시록의 일곱 교회

서머나: 에베소에서 북서쪽으로 60km
버가모: 서머나에서 북동쪽으로 100km
두아디라: 버가모에서 남동쪽으로 60km
사데: 두아디라에서 남동쪽으로 70km
빌라델비아: 사데에서 남동쪽으로 45km
라오디게아: 빌라델비아에서 남동쪽으로 70km

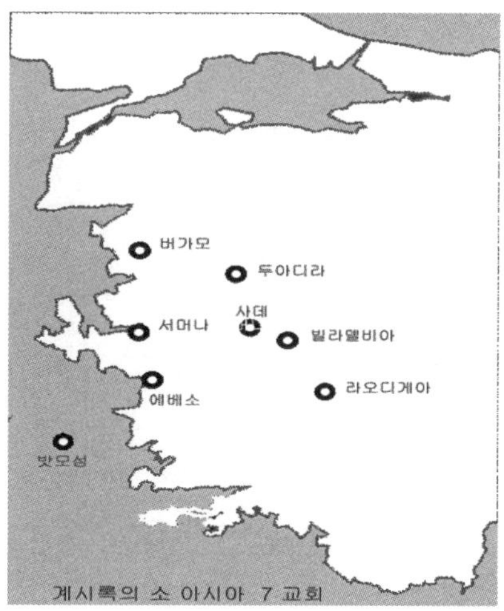

그림 114) 계시록에 나오는 소아시아의 7교회

1. 계시록 2 - 3장에 나타난 일곱 교회에게 부치는 편지의 요약

교회 특성	에베소(2: 1-7) 변화의 도시	서머나(2: 8-11) 생명의 도시	버가모(2: 12-17) 권위의 도시
메신저	일곱 금 촛대 사이에 다니시는 이	처음, 나중 죽었다가 다시 사신 이	좌우에 날선 검 가진 이
수신인 상태	행위 수고, 인내, 악한 자 불용납, 거짓 밝힘, 견딤	네 환난, 궁핍, 유대인의 훼방	사단의 위가 있는 도시에 거주함
칭찬	니골라 당의 행위 미워함, 내 이름을 위하여	가난한 자 같으나 부요한 자	내 이름을 굳게 잡음, 믿음 저버리지 않음
책망	처음 사랑 버림	없음	발람의 교훈 니골라 당의 교훈
경고	네 촛대를 그 자리에서 옮기리라	시험이 온다, 환난이 온다	속히 임하여 내입의 검으로 싸움
권고	처음 행위 가짐 회개	두려워 말라 죽도록 충성하라	회개하라
약속	하나님의 낙원에 있는 생명나무의 과실	생명의 면류관	감추었던 만나, 흰 돌 새 이름 기록
핵심 메시지	신앙적 열심만으로는 부족하고 늘 첫사랑 지켜야 한다	주님을 위한 희생은 헛되지 않는 다	믿음 있다 해도 이단의 교훈 따를 수 있다

교회 특성	두아디라(2: 18-29) 약함이 강하게 됨	사데(3: 1-6) 죽음의 도시	빌라델피아(3: 7-13) 선교의 도시	라오디게아(3: 14-21) 타협의 도시
메신저	그 눈이 불꽃같고 ― 하나님의 아들	하나님의 일곱영과 일곱별 가진이	다윗의 열쇄를 가진 이	충성되고 참된 증인 q의 창조의 근본
수신인 상태	나중 행위 처음보다 나음	네 행위 살았다 하나 죽음	적은 능력, 내말을 지킴, 배반치 않음 열린문	차지도 덥지도 않음
칭찬	네 사업과 사랑과 믿음과 섬김과 인내	몇 명이 더럽히지 않은 옷 입음	네가 나의 인내의 말씀 지킴	없음
책망	이세벨 용납 행음, 우상, 회개치 않음	네 행위의 온전한 것 찾지 못함	없음	미지근함, 곤고, 가련, 가난, 눈먼, 벌거벗음
경고	침상에서 던짐 큰 환난 가운데 던짐, 행위대로 갚아줌, 사망으로 자녀 죽임	도적 같이 임한다.	장차 올 시험의 때	토하여 내침
권고	있는 것 올 때까지 굳게 잡음, 끝까지 내 일을 지킴	생각하고 지키어 회개하라	가진 것 굳게 잡아 네 면류관 빼앗기지 말라	불로 연단, 흰옷 수치 가림, 안약, 열심, 회개
약속	만국을 다스리는 권세 줌, 새벽별 줌	흰옷을 입음, 생명책 이름 시인하리라	성전의 기둥, 내가 속히 오리라	교제의 회복 보좌에 함께 앉을 것임
핵심 메시지	종교의 정치 권력화는 배교의 위험이 있다.	외형에 의하여 스스로 속임을 당할 수 있다	말씀 가운데 죽도록 충성을 다해야 한다	하나님과 등지고 세상과 짝하는 것은 영적 간음이다

2. 각 도시의 특성과 교회의 상관관계(이것은 윌리엄 람세이의 '7교회에게 부치는 편지'를 참고하였음)

각 교회에게 부치는 결론에서의 약속은 각 교회마다 다른데, 이것은 각 교회가 속한 지역의 특성과 필요에 적합한 것이었다.

1) 에베소: 변화의 도시

에베소는 버가모. 서머나와 함께, 로마 제국에서 소아시아의 3대 도시이며, 유대인들이 거대한 공동체를 형성하고 있었다. 이 도시는 초기 기독교의 중심지이며, 신약에서 자주 거론되는 도시이다(행 18: 19-28; 19: 1; 20: 16-17; 고전 15: 32; 16: 8; 딤전 1: 3; 딤후 1: 18; 4: 12). 여행, 무역, 상업의 중심지이며, 로마의 총독부가 있는 곳이다.

이 도시의 흥망은 변화하는 자연 조건의 특성에 의해서 결정되었다. 바다가 있던 곳이 땅이 생기고, 한 때 주민들로 북적대던 곳이 다른 때에는 그렇지 않았다. 한 때는 황량한 언덕만 있던 곳이 다른 때는 주민들로 가득 찬 거대한 도시로 변화되었다. 바울과 요한이 도착한 항구는 현재에는 갯벌에 지나지 않는다. 이 도시는 바다와 함께 변화하기 때문에, 그 유역의 유일한 항구로서의 중요성을 유지하기 위해 이곳저곳으로 옮겨야 했다. 이 같은 변화의 도시 사람들로 구성된 교회에게 촛불을 움직이겠다는 위협은 낯선 이야기가 아니다. 에베소시의 역사에 대비하여 볼 때, 이 교회가 첫 번째의 영적 생명력을 잃고 다시 회복할 때 그 영향력이 다시 회복된다는 메시지를 담고 있다.

그림 115) 에베소의 폐허에 교회 터로 보이는 곳에 십자가 조각이 보인다. 초기 기독교에서 가장 큰 영향력을 가졌던 교회가 완전히 죽어버린 교회가 되었음을 보여준다.

2) 서머나: 생명의 도시

에베소에서 북서쪽으로 약 60km에 위치한 큰 항구 도시이다. 서머나는 그 영향력이 굉장한 도시였으나, 기원전 600년에 멸망한 후 400년간 죽은 도시였고, 존재하지 않은 도시였다. 평지와 언덕위에 흩어진 마을들로 구성된 황량한 도시였으나, 주전 3세기에 다시 회복되었다. 그 기간 동안 흩어진 도시 국가로 존재하다가 자주적인 통치를 하는 헬라 도시로 부활했다. 이 도시는 표면적으로 보면 멸망당하여 죽어 없어진 것처럼 보였지만, 그 가운데 감추어진 삶은 지속적으로 계속되었다.

계시록의 편지에서 보듯이 이 도시는 가난했지만 부요했고, 죽었지만 생명의 면류관을 쓴 도시였다. 이 도시의 유대인들은 소아시아에서 가장 기독교에 대해 적대감을 가졌다. 그들은 참 유대인들임을 자랑했지만, 실은 사단의 회당을 자랑한 것이었다. 소아시아에서 초기에 세워진 교회 중에서 유일하게 살아남아서 예배를 드리고 있는 교회는 서머나교회 밖에 없다. 모든 교회들이 죽었지만, 오직 이곳만 생존해 있는 것이다. 이곳의 감독 폴리캅의 순교 사화는 너무나 잘 알려져 있다.

폴리캅(69-156)은 이미 11명이 맹수의 밥이 된 상황에서 원형 극장으로 끌려갔다. 이방인들과 유대인들이 합세해서 그는 로마 국교에 대적한 로마의 역적이라고 다음과 같이 참소하였다. “이놈은 아이아의 선생, 그리스도인들의 아비, 우리 신들을 뭉개는 자다. 수많은 사람들에게 제사도 드리지 말고, 경배도 드리지 말라고 가르치는 놈이다.” 군중은 고함을 치면서 아시아의 총독과 대제사장 빌립에게 폴리캅을 처형할 것을 요구하였다. 그 날이 안식일인데도 유대인들은 개의치 않고 폴리캅을 태울 장작을 운반했다. 총독은 그에게 가이사의 이름을 맹세하고 그리스도를 욕하라고 명했다. 그러나 그는 “저는 86년간 주님을 섬겼습니다. 그분은 한 번도 제게 나쁜 일을 하시지 않았습니다. 그런데 제가 어떻게 저를 구원하신 왕을 욕할 수 있습니까? 당신은 한 시간 동안 타는 불로 나를 위협하나, 그 불은 이내 꺼질 것이오. 그러나 당신은 장차 올 심판의 불과 영원한 징벌의 불은 모르고 있소. 당신 마음대로 처결하시오.” 그는 11시 경 경기가 끝나고, 오후 2시에 드디어 화형을 당했다. 그는 다음과 같이 기도하였다.

“우리의 복된 구주 아버지 하나님이시여, 나를 순교의 관을 씌우기에 합당한 자로 여겨주시고, 주님을 위하여 또한 주님 때문에 죽는 자로 삼아 주신 하나님께 감사드립니다.” 본문에서는 “이기는 자는 둘째 사망의 해를 받지 아니 하리라”고 약속한다.

그림 115) 폴리캅 기념교회 내부

그림 117) 화형 당하는 폴리캅: 교회내의 벽화

3) 버가모: 권위의 도시

본문에서 "좌우에 날선 검"이라는 표현이 있는데, 이것은 생명과 죽음의 권한을 가진 절대적 권위의 상징이다. 이 도시는 고대 왕국과 로마 정부 권세자의 자리, 즉 소아시아 주의 공적인 수도였다. 일곱 교회가 위치한 어떤 도시들도 이러한 위상을 가지지 못했다. 버가모교회에 보낸 편지의 특색은 반복적으로 로마의 공식적인 권위의 자리로서의 버가모의 위상에 대해 언급하고 있음을 본다. "좌우에 날선 검"은 로마 군인들이 사용하는 자르고 찌르는 칼을 의미하는데, 다른 동양 국가에서는 사용하지 않는다. 로마 사람들에게 있어서 이 칼은 공식적인 권위의 최상위 신분의 상징으로, 소아시아의 총독에게 부여된 권위를 상징하였다. 당대에는 각 주의 총독들은 생명과 죽음의 권세를 가졌는지 아닌지에 따라서 높낮이가 구분된다. 버가모의 총독에게는 이러한 생명과 죽음의 권세가 부여됐다. 사단의 위라는 것은 당시 모든 지역에서 황제 숭배라는 국가 종교가 지배적이었는데, 그 중에서 버가모는 그 국가 종교의 중심지였기 때문이다.

서머나교회의 핍박은 유대인들로부터 온 것이지만, 이곳의 핍박은 그러한 유의 것이 아니다. 여기서는 그의 이름 때문에 그리스도인들이 총독의 법정에 서서 국가 종교에 순응할 것인지, 아니면 사형언도를 받든지 하였다. 버가모 사람들이 아닌 경우도 많은 사람들이 이곳에서 재판을 받고 순교를 당했다. 소아시아의 생명과 죽음의 권한을 쥐고 있는 소아시아의 총독이 있는 이곳에 와서 재판을 받았다. 충성심을 시험하는 것으로 황제의 명예를 위하여 약간의 향을 태우는 것쯤이야 별 문제가 없는 것처럼 보이지만, 그것은 국가 종교의 전 의식을 따라야 하는 것을 의미한다. 즉 그리스도와 가이사의 왕좌가 곁에 나란히 있는 것이다. 그렇게 되면, 기독교의 생명력에 관한 모든 것이 상실된다. 교회가 황제 우상을 정복하고 분쇄할 것이냐, 아니면 타협하고 자신이 스스로 파괴될 것이냐의 문제이다. 이기는 자는 그 이름을 흰 돌 위에 기록한다고 약속한다. 즉 최후 승리자의 자유의 방패를 받을 것이라는 것이다.

그림 118) 버가모에 세워진 60 x 26m 크기의 거대한 세라피스 신전.
후대에 이곳에 교회가 세졌지만, 초기 교회 터전은 보이지 않는다.

4) 두아디라: 약하지만 강한 도시

두아디라 교회가 위치한 두아디라 시는 버가모에서 남동쪽으로 60km에 위치하였는데, 그곳의 관문이자 요새다. 이곳은 북쪽에 자리 잡고 있는 버가모 왕국을 침략하는 외적을 막는 요새였으며, 나중에는 남쪽의 실루키드 왕국에 대한 침략을 막는 요새 역할을 하였다. 주전 190년 경 로마의 속령이 된 이래로 버가모에서 두아디라로, 두아디라에서 사데로, 그리고 빌라델피아를 거쳐 라오디게아에 이르는 중요한 도로가 개설되었다. 이곳은 군사 도시, 상업 도시였다. 빵 굽기, 염색, 가죽, 의복, 요업, 구두 만들기, 구리, 용접, 노예 거래 등이 활발했다. 길드를 만들어 산업과 상업이 활발한 도시였으며, 상인들의 길드가 형성되어 있었으며, 각 길드는 각각의 수호신을 가지고 있었다. 당시에 군인, 시 행정, 길드들은 정기적인 모임을 가지면서 종교 의식을 행하는데, 식사와 성 행위를 함께 가진다. 그러므로 이 종교 의식에 참여하는 것은 우상 숭배와 행음에 참여하는 것이었다. 이 교회를 향하여 이세벨의 가르침을 쫓아서 행음하고 우상의 제물을 먹게 하였다고 책망한 점은 이 도시의 종교적 혼합주의의 영향력이 교회 내에서도 그대로 나타났음을 보여주는 것이 된다.

그림 119) 두아디라에 교회 건물로 사용되었던 터

5) 사데: 살아있는 것 같지만 죽음의 도시

두아디라에서 남동쪽으로 70km 떨어진 사데교회가 세워졌던 사데는 평지에서 450m 고지대에 자리 잡은 평야에 세워진 도시였다. 이 도시의 유일한 입구는 남쪽이었으며, 북, 동, 서쪽은 직각으로 이루어진 바위산이 둘려져 있다. 비록 작지만, 고대 도시들이 그리 큰 규모가 아니었기 때문에 루디아 왕국의 수도로 충분하였다. 주전 6세기 경, 루디아 왕 크뢰수스가 델피의 신전에서 신탁을 받았다. 그는 고레스 왕을 공격하라는 신탁에 따라서 고레스 왕을 공격하였다가 참패하고 사데에 돌아와서 재정비하려고 하였고, 페르시아 군은 도시를 완전히 포위하였다. 크뢰수스 왕은 사데의 난공불락의 지형적 이점을 철두철미하게 믿고, 오직 유일한 접근로인 남쪽의 성문만을 지키도록 하였다. 그러나 그토록 철옹성 같은 수직 바위산의 약점이 있었다. 즉 기후의 변화에 따라서 바위산의 일부가 침식되어 표면이 거칠고 푸석푸석한 침적물에 지나지 않았던 취약점이 있었음을 그는 알지 못했다. 외관상으로는 깎아지른 바위처럼 보였으나, 실상은 전문가들이 쉽게 오를 수 있는 지형지물에 지나지 않았다. 고레스 왕은 야밤에(눈에 띠지 않게) 군인들을 잠입시켰고, 결국 그 성은 함락되었다. 크뢰수스 왕은 자연의 기만, 태만, 부주의, 자신만만함, 철두철미하게 준비하지 않음(방어를 위한 모든 준비와 대비책 완비하지 않음)으로 인해 죽은 신세가 되었다.

주전 215년(320년 후), 그레데 출신 라고라스 장군은 톨레미 왕의 명령을 받아 안티오커스 3세의 남하를 저지하려고 하였지만, 자신의 주둔지를 점령당하고, 사데로 들어가 요새화를 시도하였다. 그는 어렸을 적에 그레데에서 배운 절벽은 난공불락이라는 사실을 알았지만, 역시 역사의 교훈을 배우지 못했다. 오직 남쪽 문에만 방어 진지를 구축하고 다른 곳은 방어를 게을리 하였던 것이다. 요새를 철저히 탐색하여 취약점을 찾아내어 보강해야만 했다. 그러나 적들은 구석구석을 살펴 어느 지점이 약점인지를 찾아내는 노력을 경주하였고, 미침내 그 약점을 발견하였다. 그레데 출신 용병들로 구성된 군인들이 한밤중에 그곳을 이용하여 절벽을 넘어 도성 안으로 들어갔다. 그는 역사의 교훈을 배우지 못했고, 과거의 경험을 잊어버렸으며, 사람들은 게을렀으며, 부주의 했고, 위기의 순간이 왔을 때, 사데는 준비가 되지 않았다. 결국은 이 위대한 지배적인 도시는 죽어버렸다.

사데교회는 이단을 용납할 정도거나 거짓된 제도에 빠져 속는 교회는 아니었지만, 모든 영적 열정과 생명력을 잃은 교회였다. 그리고 일상적인 이교도의 생활 습관으로 퇴락한 교회였다.

그림 120) 폐허된 사데; 두 기둥은 신전의 기둥이었다.
이곳에는 교회의 터가 보이지 않는다.

6) 빌라델피아: 선교의 도시

이 도시는 사데에서 남동쪽으로 45km, 서머나에서 동쪽으로 96km 떨어져 있다. 빌라델피아라는 이름은 아탈루스 2세(Attalus II, 159-138 B.C.)로부터 유래되었다. 그는 그의 형제 유메네스(버가모의 왕)에 대한 진실성과 충성심에 의해서 빌라델푸스(Philadelphus)라는 별명을 얻었다. 이 지방에서 출토된 동전을 보면 두 형제가 나란히 서 있는 가운데 아테미 여신이 있는 것을 본다. 바로 이들이 위의 두 형제며, 두 형제의 사랑을 말해주는 상징이다.

이 지방은 버가모 왕국의 중심부에 위치하고 있었기에, 군사적 요충지로 생긴 것이 아니다. 이 도시는 버가모 왕에게 예속된 중부 지역의 백성들을 공고히 하며, 규칙을 만들며, 교육시키기 위해 건설된 도시다. 이 도시를 창건한 자의 의도는 이 도시를 그레꼬-아시아 문명화의 중심지로 삼고, 헬라 언어와 생활양식을 루디아의 동쪽 지역과 브리기아 지역에 확장시키는 수단으로 삼으려는 것이었다. 즉 이 도시는 처음부터 선교적인 도시였다. 다시 말하면, 이 도시는 그 지역 내의 정신, 관습, 충성심을 통합시키는 일을 진작시키기 위해 건설되었다는 말이다. 동양 땅에서 헬레니즘을 전파하는 사도적인 역할을 하기 위해 건설되었다. 19년에 루디아 언어는 루디아에서 더 이상 사용되지 않고, 그 나라의 유일한 언어는 헬라어가 되었다.

일세기의 로마 제국 시기에 로마에서 드로아를 지나 버가모와 사데를 지나 동쪽으로 가려면 반드시 빌라델피아를 거쳐야 한다. 그러므로 이 도시는 제국의 교통 중심지이다. 이곳을 거쳐 브루기아와 동쪽 지역으로 연결되는데, 이는 열린 문에 비유된다. 이 도시는 신실하기로 유명한 도시였다. 터키가 모든 땅을 손아귀에 넣었지만, 이 도시는 끝까지 기독교의 군기를 들었고, 인내와, 진실함과, 변치 않는 굳건한 믿음을 지켰다. 그리고 14세기의 한 세기 동안에 이 도시만이 터키의 권세에 대항하여 자유를 가진 자치 기독교 도시로 남았다. 이 도시는 두 번씩이나 터키 군에게 점령당하여 주민들이 거의 굶어 죽기에 이르렀지만, 그들은 자신들을 지키는 법을 알았고, 다른 누구도 의지하지 않았다. 결국은 그들은 성공적으로 끝까지 저항하였다. 마침내 터키 군과 비잔틴 군의 연합군에 의하여 1379-1390년에 완전히 점령당하였다.

그림 121) 빌라델비아에 있었던 요한 교회 자리

그림 122) 교회 터임을 보여주는 십자가 마크

7) 라오디게아: 타협의 도시

이 도시는 안티오커스 2세(Antiochus II, 261-246 B.C.)에 의해 건설되었다. 이 도시는 그 나라의 도로와 관련해서 아주 중요한 자리를 차지하고 있었다. 에베소로부터 이어지는 대 도로는 동쪽의 미앤더 계곡으로 이어지고 브리기아의 관문으로 통과한다. 라오디게아는 서쪽으로는 에베소 관문이 있고(160km), 북동쪽으로 10km 떨어진 히에라볼리, 남시쪽으로는 20km 떨어진 골로새가 있다. 그리고 동쪽으로는 수리아 관문이 있다. 라오디게아는 이 거대한 도로 변에 위치한 강력한 요새였다. 그런데 이곳은 아주 심각한 약점이 하나 있었다. 이 도시는 전적으로 외부로부터의 물 공급이 필요한 도시였다. 약 10km 떨어진 히에라볼리로부터 수로관을 이용하여 물을 공급받는다. 이 수로관을 통해서 라오디게아에 온천수가 도달하면 미적지근한 물이 된다. 이 수로관은 지면 밑에 길게 이어지는데, 포위하는 군대에 의해서 쉽게 노출된다. 만일 이 수로관이 끊기면 이 도시는 절망적이다. 그러므로 이러한 결정적 약점은 이 도시의 요새로서의 성격을 훼손하는 것이 된다. 이것은 공격의 위험으로부터 백성들을 늘 불안하게 만드는 요인이었다. 이 도시가 상업과 금융의 중심지가 되기 위하여 반드시 평화가 필요했던 것이다. 그러므로 이 도시는 25개의 주변 도시와 연합 공동체를 이루고 있었다.

통하여 유입되었고, 헬라인들이 사용했던 것으로 알려져 있다. 이 도시는 어떤 극단적인 것이나 아주 강한 면이 보이지 않는다. 그럼에도 불구하고, 이 도시는 무역의 도시며, 은행과 금융의 도시로서 다른 사람들의 필요와 요구에 잘 적응하며 순응하는 특성을 지니고 있었다. 즉 타협의 정신으로 가득 찬 도시였다. 이곳의 그리스도인들은 이 도시민들의 특성처럼 부를 누리고 있었고, 주변의 사회와 모질게 분리하지 않고 편리에 따라서 타협하며 그리스도인의 특성을 증거 하지 못하고 있었다.

그림 123) 폐허가 된 라오디게아: 교회 터는 발굴된 것이 없다